本书为中共山东省委党校（山东行政学院）重大项目攻关创新科研支撑项目（中国式现代化下国家级新区制度建构研究，2023CX060）成果

"唯实图新"

国家级新区制度建构研究

于棋 ○ 著

Institution Construction of
State-level New Areas

中国社会科学出版社

图书在版编目（CIP）数据

"唯实图新"：国家级新区制度建构研究／于棋著．—北京：中国社会
科学出版社，2024.1

ISBN 978-7-5227-2924-4

Ⅰ.①唯…　Ⅱ.①于…　Ⅲ.①经济开发区—区域经济发展—研究—
中国　Ⅳ.①F127.9

中国国家版本馆 CIP 数据核字（2023）第 246368 号

出 版 人	赵剑英
责任编辑	耿晓明
责任校对	王佳玉
责任印制	李寡寡

出　　　版	中国社会科学出版社
社　　　址	北京鼓楼西大街甲 158 号
邮　　　编	100720
网　　　址	http://www.csspw.cn
发 行 部	010-84083685
门 市 部	010-84029450
经　　　销	新华书店及其他书店

印　　　刷	北京明恒达印务有限公司
装　　　订	廊坊市广阳区广增装订厂
版　　　次	2024 年 1 月第 1 版
印　　　次	2024 年 1 月第 1 次印刷

开　　　本	710×1000　1/16
印　　　张	21
插　　　页	2
字　　　数	263 千字
定　　　价	89.00 元

与时代同行，见证国家级新区的变革力量

（代序）

改革开放 45 年以来，中国社会实现了深刻转型，国家经济形态、区域空间格局、体制机制设定等关键构成要素均发生了翻天覆地的革新迭代。这是一场全周期、全场域的探索征程！尽管各领域的改革进程有所不同，但国家意志在总体上实现了对改革开放进度、深度和速度的有效把控，国家治理体系与治理能力正向中国式现代化阔步迈进。而在这一过程中，国家级新区作为我国政策试验区的重要类型，不仅是我国持续探索地方体制机制改革边界的重要空间载体，更是新中国建设史、改革开放史等壮阔画卷的重要见证。立足新时代，我国的公共管理者显然需要在讲好中国故事、构建本土理论等方面肩负起更多责任，系统总结长期以来国家级新区的中国经验，窥视提炼新区建构的内在机理，恰逢其时，意义重大。

从世界范围来看，各类政策试验区层出不穷，其类型规模往往各具特色。由于国家间发展的阶段差异，西方社会的试验区建设并没有服务国家层面整体改革的现实需求，这一点是认识中国各类政策试验区的重要前提。就国家级新区而言，其核心特征在于如下两点。一是浓厚的"国家"色彩，意味着这类新区肩负着极高量级的国家使命。既需要回应国家发展转型的宏观要求，又要满足治国理政的实际需要。二则是对"新"改革的极高期待，国家级新区至少应在结果层面上，呈现出显著

区别于一般行政区和其他政策试验区的特征属性。尤其需要用更加灵活的制度安排突破掣肘，以在最大程度上释放创新红利。从这个意义上来讲，中共山东省委党校（山东行政学院）于棋博士的专著《"唯实图新"：国家级新区制度建构研究》对于国家级新区"唯实求新"的属性界定，契合国家期望与新区实际，较好体现了本书在历史视野与现实关怀中的辩证统一色彩。

立足国家治理现代化进程这一宏大叙事，国家级新区建设的重要意义，不仅体现在优化对外开放格局、引领区域经济等发展维度，更在赋能地方治理架构变革等深化改革方面具有重要价值。从改革开放初期的经济特区、到后期大量批设的开发区，再到近年来逐步涌现的国家综合配套改革试验区等，各类政策试验区逐渐成为自下而上助力地方体制机制变革的显性制度变量。2021年4月，国家发改委出台《关于推广借鉴上海浦东新区有关创新举措和经验做法的通知》（发改地区〔2021〕345号），进一步凸显了国家级新区在反哺国家治理现代化这方面的重要意义。因此，较之同主题的其他成果，本书最大的特点在于明确指出深化研究国家级新区制度命题的必要性，提出了需要高度重视国家级新区这类综合性政策试验区在制度建构维度上的变革意义，并力图通过"宏观+微观"统合分析的视角，对国家级新区的制度建构命题开展深度解构。立于时代洪流之下，这一点理应成为认知国家级新区历史使命与改革价值的重要切点。

自我国首个国家级新区——上海浦东新区成立以来，至今已过去30年有余。从历史中走来的国家级新区，不可避免地需要不断面临和解决新的挑战。在我国不断加速推进全面深化改革的当下，当前以国家级新区为代表的各类政策试验区，面临着一系列理论和实践问题。其中一个重要问题，便是在国家治理体系现代化转型的改革趋向下，如何处理好各类广泛布局的试验区与地方行政区之间的制度关系。其基本转型要求是，要在各类政策试验区与行政区之间维持稳固、规范的制度链接，以更好整合各类功能单元相对优势和整体效能。青岛西海岸新区所探索的"体制合一型"治理架构，无疑为上述问题的解决提供了诸多有益经验。

中国成功的改革经验已经证明，有效回应各类阶段挑战，将会进一步加速螺旋上升的整体发展态势。我们同样有理由继续期待，在以习近平同志为核心的党中央坚强领导下，中国的改革开放事业将会在高度、深度与广度上实现进一步突破，国家级新区等本土化故事，将愈加精彩，中国式现代化必将更为绚丽夺目。

中国行政管理学会副会长

2023 年 2 月

目　　录

前　言

　　国家级新区是重构空间功能布局和区域治理结构的重要政策工具，兼具空间功能单元和深化改革试点的双重使命。作为对既有政策试验区的经验延续和模式深化，国家级新区的空间构成规模、功能使命定位和制度变革深度远超开发区等早期新区，业已成为地方治理架构运行中不容忽视的制度存量：国家级新区既要成为引领性的空间功能单元，更要以其先行先试的制度创新经验反哺国家治理和社会发展的现代化建设，并带来实质性的功能成效。可见，国家级新区的制度建构命题，不仅直接关乎其自身运转情况，更要立足于国家层面体制机制改革的功能预期，继而需要重新审视国家级新区制度建构的多重价值与内在逻辑。因此，本书聚焦国家级新区由"政策理念"转变为"政策现实"的建设过程，并以国家级新区制度建构的内容过程及其影响作为主要关注点，旨在探讨以体制机制为主要内容的制度建设是如何实现的以及带来何种空间—制度效果，其间呈现出怎样的建构逻辑。

　　围绕国家级新区制度建构实践这一核心命题，本书试图回答以下三个问题。其一是国家级新区制度缘起的空间解释，即"新区由何而来"。区别于行政组织变革等常见视角，本书对国家级新区制度建构动因的分析，主要是从空间维度，尤其是国家空间战略变迁角度进行切入的，并对于新区由"空间布局现象"向"具体制度载体"的转变进程展开分析。其二是剖析国家级新区制度设计的内容进路，即"新区如何建构"。主要依托宏观制度安排和微观个案挖掘等两个维度，对当前我国国家级新区制度设计内容和运行机理进行具体剖析。其三是对国家级新区制度建构的效能分析，即"新区成效几何"。借助现象研究和个案分析相结合的方式，对于国家级新区创设后的功能成效展开详细探讨，主要涉及管理架构、权力事项以及经济增效等若干方面。

在研究方法的选取上，本书在综合利用 ArcGIS Pro 2.5.2、Stata 16.0 统计软件、"政眼通"政策大数据分析服务系统等多种数据搜集分析工具的基础上，根据实证研究设计、政策文本与数据搜集、研究资料分析等具体环节的差异化需求，灵活运用包括案例研究、访谈法、文本分析、比较研究等多种研究方法。

服务于上述研究问题，本书研究架构设计共分为三个部分。第一部分是理论研究环节，主要是通过对于相关概念与理论研究的系统梳理，明确本书的研究设计与理论焦点。基于对国家级新区体制机制相关研究展开文献述评，进而明确将制度建构作为研究国家级新区建设实践的内容焦点。在此基础上，通过整体分析国家级新区的宏观政策态势，结合政策试验、尺度重构以及新国家空间等相关理论观点，提炼出剖析国家级新区制度建构实践的具体框架。第二部分为实证分析环节，主要遵循"空间布局—制度设计—功能塑造"的阐释思路，透过宏观现象分析和微观个案呈现这两个维度，对国家级新区的制度缘起、制度内容及其制度成效展开具体剖析。第三部分是结论与讨论。本部分试图回应"国家级新区制度建构"这一核心命题，旨在对国家级新区制度建构的实践展开理论解释，并适度回应对策建议、理论对话、模式反思等具体问题。

本书的创新点主要体现在以下方面。一是在研究视角上，从国家空间战略演进中寻求新区制度缘起的空间解释。显著区别于行政组织变革等传统阐释路径，本书基于国家空间战略阶段变迁的发展图景，同时结合政策试点中的空间选择现象，具体阐释对新区由"空间布局现象"向"具体制度内容"的演变进程。二是在研究内容上，以体系嵌入视角审视新区制度对地方治理的建构意义。现有研究多是对新区自身制度形式的内容辨析，而忽视新区制度对地方的反哺效能。新区的制度建构不仅是在地方治理结构中的组织表达，更是理解国家级新区与早期政策试验区之间改革角色差异的关键环节。本书聚焦新区与行政区的体系嵌入，具体阐述新区对地方治理体系的嵌入作用。三是在结果呈现方面，适当分析国家级新区的空间功能和制度影响。既有研究较少关注新区设立所带来的空间—制度影响，本书主要回应如下关切：新区能在多大程度上影响地方治理架构，以及能否达成经济增长等应然功能预设。

2022 年 10 月 16 日，习近平总书记在党的二十大报告中提出"以中国式现代化全面推进中华民族伟大复兴"。国家级新区是观察中国改革开放空间进程和制度变迁的重要窗口，亦是相关学术研究的重要"富矿"。在不断推进中国式现代化的伟大征程中，显然需要持续聚焦新区建设等极富中国特色的治理实践。希冀本书的出版，能为推进国家级新区相关研究略尽薄力。

第一章 "以国之名"的地方探索: 国家级新区何以成真

作为当前我国政策试验区的最新载体形式之一,国家级新区是重构空间功能布局和区域治理结构的重要政策工具。在"以国之名"的极高改革预期和"遍布地方"的发展实态之间,国家级新区的建设无疑面临着更为复杂的环境,这成为理解我国国家治理现代化进程的重要窗口。

第一节 与时代同向的新区

国家级新区是"由国务院批准设立、以相关行政区和特殊功能区为基础,承担国家重大发展和改革开放战略任务的综合功能区"①。作为重构空间功能布局和区域治理结构的重要政策工具②,国家级新区是对开发区等既有政策试验区的经验延续和模式深化,高度契合于我国以政策试点来有序撬动改革的渐进路线。自20世纪90年代,我国就开启了首个国家级新区——上海浦东新区的开发建设。历经30余年的探索建设,我国国家级新区逐渐成为引导区域空间发展和国家改革进程的重要

---

① 国家发展和改革委:《国家级新区发展报告2020》,中国计划出版社2020年版,郭爱君:《序言》。

② 范巧:《国家级新区辐射带动力及其实现机制研究》,经济科学出版社2019年版,郭爱君:《序言》。

治理手段。截至 2021 年年底，我国共设立 19 个功能各异、规模不同的国家级新区，涉及东、中、西部和东北主要经济板块，并已成为所在省市的重要发展引擎和创新高地。从空间功能来看，我国国家级新区地区生产总值约为 4.6 万亿元（不包含雄安新区），约占全国经济总量的 4.6%；经济体量较之 2015 年提高约 43%，单位面积经济密度也远远高于国家平均水平（约为 2.03 亿元/平方千米）。① 因而从宏观发展态势来看，国家级新区在一定程度上完成了将政策和优势导向特定的空间尺度以引领区域发展的功能预设。②

作为在一定时期内国家重点推动的三类区域经济政策之一③，国家级新区与我国国家空间战略密切相关。自改革开放以来，尤其是随着中国特色社会主义市场经济体制的渐趋完善，行政权力逐渐淡化了生产垄断等计划性色彩，转而通过制定各类空间战略、设立政策试验区等间接方式加以引导。在这一过程中，我国国家空间战略先后经历了"点轴开发模式"到"板块开发模式"，再到"点线面协调发展模式"的演进过程。④ 近年来我国区域空间战略最显著的演进趋势在于，更加重视城市群、国家中心城市、战略功能区等"次国家尺度"的经济社会价值⑤：将部分原属于国家层面的管理权限和资源配置下放至区域—城市层面，从而形成特定的空间尺度优势。例如：近年来竞争日趋激烈的国家中心城市、新批建的粤港澳大湾区以及河北雄安新区的稳步建设，无不凸显着我国的国家区域空间战略正在向"次国家尺度"的不断倾斜。可以说，内容指向各异的国家空间战略与包括国家级新区在内的各类政策试验区，既在相当大程度上体现着行政力量在经济社会发展中所扮演的引

---

① 国家发展和改革委：《国家级新区发展报告 2020》，中国计划出版社 2020 年版，第 8 页。

② 晁恒、马学广、李贵才：《尺度重构视角下国家战略区域的空间生产策略——基于国家级新区的探讨》，《经济地理》2015 年第 5 期。

③ 彭小雷、刘剑锋：《大战略、大平台、大作为——论西部国家级新区发展对新型城镇化的作用》，《城市规划》2014 年第 S2 期。

④ 李禕、吴缚龙、黄贤金：《解析我国区域政策的演变：基于国家空间选择变化的视角》，《现代城市研究》2015 年第 2 期。

⑤ 王佃利、于棋：《国家空间的结构调试：中国行政区划 70 年的变迁与功能转型》，《行政论坛》2019 年第 4 期。

导性角色，同时又见证着我国空间发展战略、区域—城市治理结构等方面的阶段性变迁。

国家级新区是当前政策试验区的最新组织形式之一，体现出对既有政策试验区功能定位的延伸拓展，同时也代表着我国在不同时期所采取的差异化制度供给手段和倾斜性政策支持。① 由于具有更显著的政策扶持力度和创新容错程度，国家级新区常常在落实国家空间战略、前瞻探索改革边界等方面扮演着积极的角色。从对外开放早期的"桥头堡"，到深化改革的"创新高地"，国家级新区已成为当前国家空间战略中肩负重大改革探索任务的重要支点和发展载体。尤其是在我国国家空间战略渐进转型的背景下，国家级新区逐渐突破了既有功能区以经济导向为主的单一功能设定，也实现了由单纯强调经济增长向承担多元任务的深刻转变。

国家级新区的长期建设对所在地区的治理体系同样带来了显著影响。从国家治理体系的内容构成来看，当前我国逐渐形成行政区和功能区并存的治理单元格局。② 包括新区管委会在内的各种功能区治理主体已经深刻嵌入地方治理结构之中，成为我国国家治理体系中的重要主体构成和制度存量。基于此，适时关注各类政策试验区的制度建构实践，不仅仅关乎"一城一地"的发展前景，更对于我国国家治理体系的现代化转型具有积极意义。

城市高质量发展已成为我国新型城镇化建设的总体取向。③ 2019 年 12 月，国务院出台《关于支持国家级新区深化改革创新加快推动高质量发展的指导意见》，并指出："国家级新区要大力培育新动能、激发新活力、塑造新优势，努力成为高质量发展引领区、改革开放新高地、城市建设新标杆"④。2020 年 11 月，习近平主席在"浦东开发开放 30

---

① 王佃利、于棋、王庆歌：《尺度重构视角下国家级新区发展的行政逻辑探析》，《中国行政管理》2016 年第 8 期。

② 杨龙：《两种国家治理单元的综合使用》，《学术界》2020 年第 12 期。

③ 王佃利、于棋：《高质量发展中邻避治理的尺度策略：基于城市更新个案的考察》，《学术研究》2022 年第 1 期。

④ 《国务院办公厅关于支持国家级新区深化改革创新加快推动高质量发展的指导意见 国办发〔2019〕58 号》，2020 年 1 月。

周年庆祝大会"上明确提出，浦东新区要"努力成为更高水平改革开放的开路先锋、全面建设社会主义现代化国家的排头兵、彰显'四个自信'的实践范例，更好向世界展示中国理念、中国精神、中国道路"①，进一步表明了国家层面对包括浦东新区在内的各个国家级新区提出了更高的政策期待。种种政策信号表明，以国家级新区为代表的政策试验区，既需要在新发展条件下成为区域协同发展中引领性的空间功能单元，更要以其先行先试的创新经验反哺国家治理和社会发展的现代化建设，并带来实质性的功能成效。上述定位转型背后，其间隐藏着深刻的空间—制度逻辑转变：在国家级新区由"政策理念"转变为"政策现实"的探索过程中，新区兼具空间功能单元和深化改革试点的双重使命。由此，国家级新区的建设与转型不仅需要满足于自身运转需要，更要从国家治理现代化和充分激发空间潜能等更高站位，重新审视国家级新区发展模式的空间—制度价值。

第二节　由愿景到事实：聚焦国家级
新区的建构机理

国家级新区在由"政策理念"转变为"政策现实"的过程中，制度建设是承接国家战略需要、保障新区有序运转、释放新区变革效能的关键一环。审慎思考国家级新区的建构机理，需要对新区制度建构实践的内在机理展开深度剖析。基于此，本书将聚焦国家级新区建设过程中的制度建设命题，以期对国家级新区由"愿景"变为"事实"的内在机理展开分析。

一　研究问题

聚焦国家级新区的制度建构内容及其过程，本书所关注的是体制机

---

① 《努力成为更高水平改革开放的开路先锋——三论深入贯彻落实习近平总书记在浦东开发开放 30 周年庆祝大会上的重要讲话》，《光明日报》2020 年 11 月 15 日。

制等制度维度上的新区建构实践，而非产业集群、人口集聚等意义上的国家级新区发展问题。基于此，本文将国家级新区相关制度限定为管理架构、机构设置、运行机制等常见制度要素，而对于新区制度建构实践的理解则是指制度设立、运转及其完善的过程。由于国家级新区兼具空间功能单元和深化改革试点的多重使命，对于该类新区制度建构实践的解读，不能仅仅从规划布局或管理架构等单一维度展开分析。同时结合我国国家级新区宏观层面上的制度设计现状和国家空间战略转型实践，本书将基于以下认知前提开展进一步探讨：一是随着我国新区规模数量显著增长，日益丰富的探索经验使得当前国家级新区的制度建构实践具备一定的共性特征，围绕特定新区所开展的个案分析能够在一定程度上反映我国国家级新区的制度建构特点。二是国家级新区是我国国家空间战略的重要支点和功能载体，国家层面对国家级新区在体制机制创新等方面具有较高的政策期待和较为明确具体的功能预设，这是新区开展制度探索的重要改革前提。

基于上述前提，本书试图厘清以下三个问题的脉络。其一是国家级新区制度建构的"起跑线"，即国家级新区的管理体制、运行机制等制度设计"由何而来"，其间反映出新区发展面临着何种实践指向与政策期待；其二是我国国家级新区制度建构的"逻辑线"，在明晰当前我国国家级新区体制机制等制度设计宏观内容的前提下，进一步挖掘国家级新区体制机制建构的内在机理，并对当前国家级新区制度建构的内在逻辑进行理论阐释；其三是国家级新区制度建构的"成效线"，进一步探讨国家级新区制度建构所带来一系列的空间—制度影响，主要是围绕管理架构、运行机制乃至空间功能等维度对国家级新区的制度建构效果进行审视。

综上所述，本研究聚焦国家级新区由"政策理念"转变为"政策现实"的建设过程，并以国家级新区的制度建构内容及其影响为主要关注点，旨在探讨以体制机制为主要内容的制度建设是如何实现的以及带来何种空间—制度影响，其间呈现出怎样的建构机理。区别于既有研究中将新区体制机制视为能够独自实现内部运行的理论假设，本书对上述问题的探讨将重点关注在地方治理结构中国家级新区制度设计的变迁过程与结果呈现，从而在探索国家体制机制改革边界的高度上把握国家级新区建构所带来的空间—制度影响。

二 研究意义

（一）现实意义

一是对于国家级新区的宏观制度安排以及具体政策设定进行梳理。作为我国量级最高、数量较多的政策试验区之一，国家级新区历经30余年的长期探索，相关制度安排和具体政策设定渐趋成熟不仅包括各类新区的管理体制、运行机制等制度安排呈现出一定共性特征，且各种倾斜性的扶持政策内容也大致稳定，并体现出区别于常见行政区和其他政策试验区的显著特点。因此，本书将对于国家级新区发展过程中呈现出的制度安排和政策设定进行系统梳理，以具体呈现国家级新区制度建构中的现实图景。

二是对于我国既有政策试验区模式的回应。国家空间战略的制定与政策试验区的建设，代表着国家在对于其权力与政策配置方面具有差别化对待地理空间的倾向。[1] 中华人民共和国成立以来，我国国家空间战略大致经历了"点轴开发—板块开发—点线面协同发展"等阶段变迁[2]，并先后形成经济特区、开发区、国家级新区、综合配套改革试验区等政策试验区。宏观维度上的国家空间战略和微观层面上的政策试验区一直贯穿于我国经济社会发展的始终，成为影响我国区域治理结构和治理尺度的重要变量。当前，我国国家级新区面临着来自"国家—区域—城市—功能区"等多尺度的阶段张力，各类政策试验区的建设经验与运行逻辑也需要更加契合于新时代的改革开放进程。聚焦国家级新区的建构实践，将是剖析我国政策试验区模式内在机理的重要窗口。

---

[1] Jones M. R., Spatial Selectivity of the State? The Regulationist Enigma and Local Struggles over Economic Governance, *Environment and Planning A*, No. 5, 1997, pp. 831–864.

[2] 李禕、吴缚龙、黄贤金：《解析我国区域政策的演变：基于国家空间选择变化的视角》，《现代城市研究》2015年第2期。

　　三是对于国家级新区制度改革效能的关注。国家级新区的广泛设立,既是我国在改革开放过程中有目的、有计划地打造的改革"排头兵",又是我国国家空间战略中的重要功能单元。作为当前我国国家空间战略的重大战略支点和载体形式,国家级新区是既有政策试验区的经验延续和模式深化。相较于其他类型的政策试验区,国家级新区在总体数量、空间布局、功能使命等方面具有显著优势,在空间功能和先行先试等维度具备更高量级的战略地位。在国家较高政策期待和地方政府持续申报热情的共同作用下,已经有越来越多的国家级新区正在由政策理念转变为政策现实。随着我国国家级新区进入相对稳定的发展态势,如何深入剖析既有国家级新区的制度建构实践,而国家级新区创设在空间维度和制度维度又能够带来何种影响,都将是观察国家级新区未来发展走向的重要切点。

　　(二)理论价值

　　其一,对国家级新区的制度建构实践进行理论分析。国家级新区是一个复杂空间—制度现象,不同空间单元和治理主体之间多维互动、多向博弈活动贯穿国家级新区布局、建设再到成熟的全部过程。新区建设不仅涵盖静态维度上的空间布局与动态维度上的体制机制调试进程,更需要平衡空间单元功能和政策试点改革之间差异化发展诉求。因而单纯从空间规划、行政组织变革等单一视角,无法有效窥探国家级新区制度建构实践背后的内在机理。本书试图在新区现象研究与个案剖析、空间功能设定与新区制度设计之间建构起统合分析框架,借助包括案例研究、访谈法、文本分析等多种研究方法,以期对国家级新区的制度建构命题作出有益分析。

　　其二,围绕政策试验、科层制转型、功能区嵌入等若干理论问题展开适当探讨。包括开发区、国家级新区等政策试验区的建设,实际上打破了"上下级之间一一对应的机构设置原则、基于'条块关系'的运转机制以及单一目标的治理目标趋向"等科层体制特征,各类开发区管委会等各类功能区管理主体已经深刻嵌入地方治理结构之中。国家级新区等新一轮政策试验区的推广建设,为进一步思考政策试验过程、科层制转型、功能区体制嵌入等理论问题提供了更加具象的改革场景。因此，本书拟从国家级新区出发，通过对国家级新区建构实践展开理论分析，从而对上述理论展开适当探讨。

第三节　沿波寻源：新区文献梳理及其述评

一　文献回溯

国家级新区的相关研究，与聚焦开发区等政策试验区的早期研究之间存在鲜明的承续性。伴随着我国国家级新区建设实践的不断深化，国内外学者对此类新区的理论认知也同样经历了由"空间现象阐释"转向"具体制度内容分析"再到"变革趋势研判"的探索过程。

（一）聚焦政策试验区的前期理论探讨

国家级新区是通过获得政策支持而发展起来的相关区域，本质上可被视为由行政权力引导所引发的特定空间现象。就具体内容指向而言，国家级新区是中国政策场域下一种特殊的制度安排；但就空间现象而言，依托若干政策并赋予部分区域以发展优先性，则常见于不同国家的空间建构实践之中。但受制于发展阶段、治理情景等差异化制度设定，国内外学者对于广义上政策试验区存在认知一定差异。但从研究承续性的角度来看，围绕早期政策试验区所开展的一系列理论探索，成为日后深化国家级新区研究的重要基础。

1. 国外关于政策试验区的早期研究

立足具体的治理情景，不同国家对于行政权力的作用边界存在差异化的理解。映射至学术界的理论研究，国外学者对于各类政策试验区等相近概念的认知表述也呈现出多样性。国外学者倾向于使用新区（the New Areas 或 the New Town），来指代那些获得政策性扶持的发展区域，泛指出口加工区、自贸区等各类试验区。在政策工具的使用维度上，这与我国国家级新区的内涵具备相当的一致性。基于不同国家治理情境下的新区概念，国内和国外学者呈现出"现象聚焦"和"现象分异"两类解读路径。前者鉴于国家级新区在我国存在着明确具体的内容指向，国内学者对国家级新区功能概念的认知更为具体，能够在显著区别于其他新区的基础上展开更为深入的研究。但就国外学者而言，由于受限于国家体量以及缺少大量且同一类型的新区设立实践（例如：我国在短期内设立了数量众多的国家级新区，在世界范围内尚属"个例"），其对于新区的理解主要立足于不同类型政策试验区的一般发展实践，是基于分异化新区现象所形成的统合性认知。尽管后者的研究结论并不能够直接嫁接到中国具体空间建构实践之中，但对于剖析国家级新区这类新区而言仍具有重要理论价值。

西方社会中的新区设立受到城市扩展、经济增长等多重因素影响，其功能预设同样经历了由解决具体城市问题的任务导向，逐步蜕变成为空间引领单元的演进过程。近现代新区规划的开端源自 20 世纪伦敦的新城运动，是西方社会城市发展到特定阶段的必然产物。面对疾病、交通拥挤和住房紧张等大都市问题，通过兴建新城（区）等方式推动城市居民向小城镇的大规模转移[①]，成为化解城市发展弊病的重要路径。这一点在我国香港特区前期发展实践也有所体现，其开发新区的主要目的同样是为了缓解已建城区的拥挤状况。[②] 从早期新区发展实践来看，新区更多被定义为承载疏解大都市人口、住房和交通压力等功能的发展区域，因而此阶段新区常常处于城市边缘的待开发地区。鉴于各类试验区在应对城市病等方面所具有的后发优势，新区的角色逐渐由化解问题的"药方"转变为城市功能"承载地"。新区逐渐被赋予了促进经济增长的空间功能，例如：在西欧地区，各国中央政府常常通过建设新区等方式以期达成塑造经济空间发展的目标。由此，新区逐渐成为一种带有某种目的和政治属性的产物。[③] 随着近年来经济社会发展阶段的变化，

---

① William Petersen. "The Ideological Origins of Britain's New Towns", *Journal of the American Institute of Planners*, No. 3, 1968, pp. 160–170.

② Hui E., Lam M. "A Study of Commuting Patterns of New Town Residents in Hong Kong", *Habitat International*, No. 3, 2005, pp. 421–437.

③ Raquel Insa-Ciriza, "Two Ways of New Towns Development: A Tale of Two Cities", *Urban Development*, 2012, pp. 219–242.

西方社会对于各类新区的基本定位和功能预设也在逐渐变化，城市功能、经济功能等不再是界定新区的唯一标准。在这一背景下，西方国家新区的建设和规划逐渐倾向于生态性与宜居性等多重价值取向，包括：将化解生态问题视为任务导向之一，提出未来应该以公民为中心建设宜居性的新区①，从而强调营造可持续发展的生存场所。② 这种宜居性的考量暗含着对新区基本上是由于对安全和满足独特生活方式的需求产生的，因此能够将"新区"的形象作为"现代主义"的象征。③ 由此可见，试验区产生的初始动因是为了应对各类城市问题，而随后逐渐承担包括经济增长等多重使命。从这个角度来看，城市功能、经济功能并非定义新区的唯一标准，西方社会语境下的新区概念同样具有较强的延展性。

围绕试验区发展策略，国外学者的相关探讨主要集中在推进机制、空间关系以及任务导向等方面。一是在推进机制上关注到新区建设过程中的政策制度属性。除继续强调市场机制的基础作用之外，越来越多的研究关注到新区建设的政策制度保障问题。此类研究大多是基于"二战"后欧洲推广的"新城运动"（New Town Movement）而展开的，其主要观点在于强调新城建设不能功能单一化，尤其需要在规划建设前期确保相关设施配套综合属性。由于不同于旧城改造等城市更新活动，因而有部分学者明确提出行政力量干预在这新区建设过程中的重要地位。同时作为一种潜在的治理载体，国家在新区发展的背景下仍然拥有重要的制度权力和政策工具。④ 二是在空间关系上聚焦于新区与母城之间互

---

① Lee Beattie, Haarhoff Errol, "Urban Growth, Liveability and Quality Urban Design: Questions about the Efficacy of Urban Planning Systems in Auckland, New Zealand", *Journal of Contemporary Urban Affairs*, No. 2, 2018, pp. 12-23.

② Oliver-Ling-Hoon Leh, Aziz Muhammad-Hanif-Abdul, Mahbot Norseha-Mohd, et al., "A Study of Urban Liveability in a City and a Suburban, Case Study: Kuala Lumpu and Puncak Alam, Malaysia", *Journal of Surveying, Construction and Property*, No. 2, 2020, pp. 16-26.

③ Tommy Firman. "New Town Development in Jakarta Metropolitan Region: A Perspective of Spatial Segregation", *Habitat International*, No. 3, 2004, pp. 349-368.

④ Yong-Sook Lee, Hae Ran Shin, "Negotiating the Polycentric City-region: Developmental State Politics of New Town Development in the Seoul Capital Region", *Urban Studies*, No. 6, 2012, pp. 1333-1355.

动关联。此类研究大多基于"精明增长"与"城市增长管理"的理论分析框架。前者指出一个精明的顶层设计在政策新区发展过程中的必要性，尤其强调以发展密度的提升以实现精明发展；后者则强调新区发展应该纳入政府"管理"式的干预实践之中。事实上，无论是精明增长理论还是城市增长管理理论，国外学者也逐渐突破了单纯强调市场机制的传统观点，这对于日后将各类政策新区视为空间发展模式提供了有益思考。三是在任务导向上对新区潜在问题的回应。除涉及居民就业、阶级公平以及环境保护等典型议题之外，发展中国家的新区发展实践已得到越来越多的关注。也正因如此，由于新区发展涉及管理体制、产业结构、空间布局等复杂命题，各类试验区的发展不再仅仅是"一城一地"的低尺度问题，更有赖于从更宏大的实践视角加以剖析。

总的来看，国外学者对新区的理解主要基于不同类型新区的一般发展模式，较少地直接回应国家级新区这一中国政策语境下的新区类型。但管窥国外学者的相关研究，可以发现，西方语境下新区的特殊性并未完全体现在功能设定和引导手段上。具体而言，经济发展功能并非我国包括国家级新区在内的各类新区的独有使命，西方社会同样会通过划定部分区域以激发释放和其空间功能，并赋予更为多元的空间使命。更重要的是，西方社会也强调在各类政策新区建设过程中需要行政力量的引导与配合，行政权力与新区建设之间并非简单的割裂关系。但鉴于西方社会的新区建设较少与国家治理制度、治理结构产生深度勾连，并没有服务于国家层面推进改革的现实需求，这一点与我国各类试验区在改革开放整体进程所发挥的重要作用呈现出鲜明区别。从这个角度来讲，体制机制改革效能同样也应成为理解包括我国国家级新区在内的各类新区特殊属性的重要切入点。

2. 国内关于政策试验区的早期研究

各类政策试验区长期存在于我国的改革开放进程之中①，并在特定历史阶段发挥着不同的空间制度功能。在集中批复国家级新区之前，包

————————

① 王佃利、于棋、王庆歌：《尺度重构视角下国家级新区发展的行政逻辑探析》，《中国行政管理》2016 年第 8 期。

括各类开发区、高新区、保税区等试验区，具体承担着改革开放不同阶段的差异化改革目标和发展任务。后期国家级新区的迅速扩散，也往往都是建立在对既有各类政策试验区进行整合的基础之上。从这个角度来看，以开发区、高新区等早期政策试验区作为研究对象的前期理论探索，成为日后深化国家级新区研究的重要基础。尤其是体制机制的建构命题，集中体现着早期政策新区与国家级新区之间的研究承续性。就政策试验区的体制机制问题而言，国内学者的早期研究主要侧重于内容描述、问题挖掘以及转型路径等方面。

（1）试验区体制机制的内容描述，即早期政策试验区存在怎样的体制机制设计，不同类型体制机制之间有何种异同。作为增量制度设计，开发区等各类政策试验区为更好地承担起改革试点和经济发展等使命，常常会呈现出不同于一般行政区的体制机制特征。因而，体制机制的内容提炼则成为相关研究的早期着力点。由于我国早期政策新区常常包括开发区等不同类型，此类研究几乎需要涉及不同地理空间场域以及各种不同类型的政策新区①，基本囊括各类政策试验区所采用的主要管理体制和运行机制，这在相当大程度上奠定了包括国家级新区在内的各类政策试验区制度设计的认知基础。如：邓春玉从行政权力的集中程度和行使方式等维度入手具体分析了政策试验区存在的多元化体制模式，以及各种政策试验区在与行政区之间协调条块关系的领导体制和机构设置；② 曾铁城和胡品平将试验区管理体制分为"区政合一、完全授权、部分授权、基本没有授权"等模式类型；③ 基于服务型政府的理念，蔡伟丽等梳理了政策试验区管理体制由领导小组向管委会再向行政区的演变进程；④ 同时也有部分学者认识到在

---

① 雷霞：《关于我国开发区管理体制的类型及其改革的思考》，《齐鲁学刊》2007 年第 6 期。

② 邓春玉：《我国开发区管理体制创新趋势分析——兼论广东湛江国家级经济技术开发区东海岛新区管理体制》，《城市发展研究》2007 年第 1 期。

③ 曾铁城、胡品平：《几种典型高新区管理模式的比较分析——以广东省高新区为例》，《科技管理研究》2011 年第 5 期。

④ 蔡伟丽、申立：《新区实践与城市发展理念新动向》，《地域研究与开发》2008 年第 6 期。

试验区制度设计动态调整中，隐含着"由集权到分权、由政企合一到政企分开、管理体制与园区功能动态匹配"等内在特征。① 在梳理完新区类型及相应特征的基础上，相关学者逐渐对政策试验区的体制机制展开横向对比，并尤其关注管委会这一主要体制机制类型的潜在优势及内在局限。罗兆慈认为，管委会型体制具有事权一致、精简高效的制度特征，呈现出"机构最精简、管理成本最低和运行效率最高"等优势②，更加契合于政策试验区的功能定位。而张志胜则认为，管委会型的体制机制虽然在发展初期有利于政策试验区的落地生根，但因其在角色模式、主体地位等方面具有较高不明确性③，并不足以支撑该类体制机制的长期可持续发展，各试验区后续发展显然需要更精细和规范化的制度设计。

（2）试验区体制机制的问题挖掘。随着内容比较研究逐渐丰富以及我国各试验区建设实践的渐趋深入，相关研究重点逐渐转向对新区体制机制的问题挖掘：从制度设计层面审视政策试验区存在的体制机制问题，并对其形成原因进行解构。具体而言，国内研究者认为各政策试验区的体制机制建设并没有有效解决好两大问题。其一是目前管理体制的法定地位问题。尽管在大多数学者看来，管理委员会属于"法律、法规授权组织"④ 或者是"地方政府设立的派出机构"⑤。但由于法律主体地位的模糊性，作为管理体制的管委会面临着"管理越位、错位、缺位现象并存、向传统体制复归"⑥ 以及"协调成本增大"⑦ 等一系列衍生问题。事实上，以管委会为主要类型的新区体制，并不能有效支撑起承担社会管理与公共服务的职能；而驻地行政区受制于弱势经济力量同时又无法提

---

① 张靖：《开发区管理体制演进模式及启示》，《商业时代》2012 年第 32 期。

② 罗兆慈：《国家级开发区管理体制的发展沿革与创新路径》，《科技进步与对策》2008 年第 1 期。

③ 张志胜：《国内开发区管理体制：困顿及创新》，《经济问题探索》2009 年第 4 期。

④ 郭会文：《国家级开发区管理机构的行政主体资格》，《法学》2004 年第 11 期。

⑤ 袁明圣：《派出机构的若干问题》，《行政法学研究》2001 年第 3 期。

⑥ 李金龙、何滔：《我国高新区行政管理体制的现状与创新路径选择》，《中国行政管理》2006 年第 5 期。

⑦ 康江峰：《我国高新区行政管理体制创新研究》，《科技管理研究》2005 年第 8 期。

供有效的代管途径①，从而使得政策新区面临制度衔接不顺等发展困境。其二是试验区运行机制与地方行政体系之间的协调问题。早在21世纪初，林拓、刘君德等学者就关注到不少政策试验区普遍存在着与周边地区特别是与乡镇发展不平衡的现象。② 由于开发区等试验区与驻地行政在职能设计、资源配置等方面各有侧重点，管理"两张皮"的制度设定和职责不清、权限交叉等运行机制的部分缺失，显著增加了园区管委会与地方政府之间的管理与协调难度③，甚至在政策试验区与行政区之间，带来了"利益争夺、权力扯皮和责任推诿"等恶性竞争行为④。胡彬认为开发区存在区内、区外两种管理体制的不对称性，并在开发区与行政区之间、开发区与城市之间催生了更为错综复杂的博弈行为⑤，由此增大了空间结构布局及组织运作关系方面的复杂程度。

（3）试验区体制机制的转型路径。随着开发区等不同类型新区的大量扩散，各类政策试验区隐含的深层制度问题逐渐显现，体制机制的转型命题便引起了更多关注。正如上文所述，基于各试验区体制机制所面临两大问题，转型路径研究的聚焦点又向静态和动态两个维度进行转移。前者引发学界对于试验区体制转向展开讨论，后者则使得研究关注点具体到试验区运行机制与地方行政体制之间的互动层面。围绕新区体制机制具体转型趋向，立足于要在政策新区建立起"超自主体制"等原则性建议⑥，部分学者倾向于行政化的新区体制转型方向。邓春玉指出："在从单一'经济功能区'转向多功能'新型行政区'的过程中，政策新区的管理体制不得不具备更强的行政区色彩，但这种倾向并非向

① 高雪莲：《外源推动与内源融合：经济新区管理体制的创新机理——以天津滨海新区管理体制改革为例》，《天津大学学报》（社会科学版）2011年第4期。

② 林拓、刘君德：《开发区与乡镇行政体制关系问题研究》，《经济地理》2002年第2期。

③ 邓杨素：《新常态下国家级园区管理体制改革创新研究——以广西为例》，《学术论坛》2015年第6期。

④ 李金龙、何滔：《我国高新区行政管理体制的现状与创新路径选择》，《中国行政管理》2006年第5期。

⑤ 胡彬：《开发区管理体制的过渡性与变革问题研究——以管委会模式为例》，《外国经济与管理》2014年第4期。

⑥ 康江峰：《我国高新区行政管理体制创新研究》，《科技管理研究》2005年第8期。

旧体制的简单复归，而是体制并轨基础上的创新。"① 周家新等认为角色转换与功能转型之间的适恰性应是政策新区体制改革重点所在，同样赞成部分先发政策新区可以逐步尝试过渡成为行政区。② 基于发展型政府和地方法团主义的理论解释，程郁和吕佳龄认为可以考虑在新区和地方行政区之间实行"政区合一"的管理体制，这将是新阶段政策新区实现功能提升和拓展的合理化制度选择。③ 但事实上并非所有学者都秉持政策新区转制为行政区的变革路径，部分学者仍主张要继续维持管委会的体制灵活等制度优势。例如：戴桂林和张艳蕾在总结新区体制创新模式和体制融合创新模式的基础上，认为"应该继续实行开发区与行政区职能相对分离的管理体制改革模式"④。可见在政策试验区的早期研究中，部分学者已经在探讨各类新区面向行政体制转型的制度可能性，且相当数量学者支持新区向行政区转型的改革趋势，但新区体制机制转型方向的相关争论仍在持续。

　　如何实现政策试验区运行机制与地方行政体制之间的制度衔接，则是新区体制机制转型研究的又一重点所在。就区域功能整体配置格局而言，政策试验区和行政区的功能优势分别在于产业发展功能和公共管理职能。实现政策试验区与驻地行政区之间的有效制度衔接，不仅关乎各类试验区的体制转型命题，更对于区域共同发展具有整体意义。⑤ 从这个意义上来看，部分政策试验区体制机制改革的行政化趋向，不应当被视为简单的体制复归，同样应被理解为政策新区寻求与地方行政体制展开有效互动的有益尝试。针对试验区运行机制与地方行政体制之间的制

---

① 邓春玉：《我国开发区管理体制创新趋势分析——兼论广东湛江国家级经济技术开发区东海岛新区管理体制》，《城市发展研究》2007年第1期。

② 周家新、郭卫民、刘为民：《我国开发区管理体制改革探讨》，《中国行政管理》2010年第5期。

③ 程郁、吕佳龄：《高新区与行政区合并：是体制复归，还是创新选择?》，《科学学与科学技术管理》2013年第6期。

④ 戴桂林、张艳蕾：《国家级经济技术开发区战略转型升级模式探讨》，《东岳论丛》2011年第9期。

⑤ 林拓、刘君德：《开发区与乡镇行政体制关系问题研究》，《经济地理》2002年第2期。

度衔接问题，大部分学者主张要灵活建构新区与地方行政区协作机制，更好地发挥两种体制机制的组合优势。张志胜指出："应当尽量保留开发区原有体制中科学合理的要素，尤其在推进功能区与行政区融合过程中确保体制的优势互补。"[①] 高雪莲认为："不同于政策试验区早期建设中的外源驱动模式，未来实现新区与行政区的有机互动与协同发展，需要高度契合于内源融合型的机制变革逻辑。"[②] 程郁和郭雯基于联合治理的理论视角，明确提出"要在政策新区与各级职能部门和驻地行政区之间，与各个分园及与各微观创新主体之间建构起的联合治理模式"[③]，从而打通政策试验区体制机制转型的潜在障碍。

在对开发区等早期政策试验区的研究中，相关学者已经对既有各类新区管理架构和运行机理展开了有益研究，并构成了深化对国家级新区理论认知的重要基础。值得注意的是，尽管国家级新区同样也是一类政策试验区，但无论是开发区还是高新区，抑或是其他早期政策新区，后者地域面积更为有限且基本定位常以经济发展为主，其在体制机制建构难度和改革深度方面不可与国家级新区同日而语。因而在聚焦于国家级新区的研究中，既需要承认此类新区与政策新区前期研究的承续性，同时更要立足于国家级新区特殊属性。

（二）国家级新区的制度设计与治理探索

本书中提及的国家级新区概念，主要采取的是国家发改委的官方界定，即国家级新区，是"由国务院批准设立、以相关行政区和特殊功能区为基础，承担国家重大发展和改革开放战略任务的综合功能区"[④]。国家级新区在我国具有更明确的内容指向，主要涉及审批机构、政策配套、发展定位等新区创设要素：国务院是审批国家级新区的主要机构，

---

① 张志胜：《行政化：开发区与行政区体制融合的逻辑归宿》，《现代城市研究》2011年第5期。

② 高雪莲：《外源推动与内源融合：经济新区管理体制的创新机理——以天津滨海新区管理体制改革为例》，《天津大学学报》（社会科学版）2011年第4期。

③ 程郁、郭雯：《联合治理视角下的高新区管理体制创新》，《科学学与科学技术管理》2014年第2期。

④ 国家发展和改革委：《国家级新区发展报告2020》，中国计划出版社2020年版，序言。

新区在实际运作中常会被国家和地方行政主体赋予程度不一的改革权限和倾向政策配套支持，是关系到国民经济社会发展的总体战略部署和安排。① 反映到本质属性和要素构成等基本界定维度，国家级新区的突出特点在于，更为强调此类新区在国家改革开放进程中所肩负的空间功能和试验角色。从这个本质属性来看，国家级新区是实行特殊政策的空间单元或行政区域。② 作为我国重点城市群建设的重要空间支点，彭建等则强调国家级新区的实质是一种政策新区③，应被视为我国特殊经济区发展的最新阶段。④

从新区建设实践来看，作为空间单元的国家级新区已具备布局广、数量多、功能多元等基本特点；作为政策实践，国家级新区体现出鲜明行政权力引导属性。也正因如此，新区治理尤其是新区的制度设计命题成为激发各个国家级新区的空间功能、落实既有政策要求的关键一环，并引起了学界高度关注。从制度设计角度审视新区治理命题的关注点，可以发现，既有研究主要聚焦于制度建设的空间载体选择、制度建设内容解构以及制度转型趋向等方面，反映出"建在何处—建设什么—如何更有效"等研究思路。

1. 制度设计中的空间载体：国家级新区的区位选择

与开发区等前期政策试验区相类似，国家级新区具有显著区别于一般行政区的组织设置原则和运行逻辑，本质上是不同于地方行政体制的"增量制度设计"。因而只有明确新区相应的空间范畴，才能围绕新区建设展开具体的制度设计。从制度建构过程来看，区位选择既是国家级新区布局的首要环节，同时也需要充分考虑行政区划、行政层级等地方制度变量。就当前我国 19 个国家级新区而言，各新区既作为同一种政

① 吴昊天、杨郑鑫：《从国家级新区战略看国家战略空间演进》，《城市发展研究》2015年第 3 期。

② 于棋、毛启元：《我国城市战略功能区的建构策略与尺度逻辑》，《东岳论丛》2021 年第 5 期。

③ 彭建、魏海、陈昕、袁媛：《基于城市群的国家级新区区位选择》，《地理研究》2015年第 1 期。

④ 郝寿义、曹清峰：《论国家级新区》，《贵州社会科学》2016 年第 2 期。

策设计能体现出趋同的区位选择要求和总体发展定位，同时又作为独立个体有着各具特色的考量因素。由于国家级新区的设立涉及央地关系等复杂博弈行为，并且受到《国家级新区设立审核办法》等涉密政策的显著影响，对于国家级新区区位选择标准的解读带有一定"黑箱属性"与模糊色彩，因而相关研究并未形成统一的理论认识。尽管如此，既有研究立足于新区设立与国家重大战略关联性等解读视角，对于理解国家级新区的区位选择问题仍然具有重要意义。

其一，国家级新区设立与国家重大战略具有高度关联性。作为各个时期落实改革开放举措的试验场①，国家级新区是关系国民经济社会发展的总体战略部署和安排。② 因而国家级新区在实际运作中被赋予更为多元的功能定位，既需要如开发区、高新区等早期政策新区那样具备经济发展功能，还兼具更多的城市建设、社会建设和提供基本公共服务的功能③，以及承担起生态文明建设、宜居城市打造等多重战略使命。④正因如此，国家级新区功能定位的多元化意味着国家级新区的区位选择是一项复杂系统的研究，需要综合考量政治政策、经济水平、自然环境、社会人文基础等多个方面。⑤ 既有研究普遍认为，国家级新区的区位选择常与国家重大发展战略密切相关。通过对比各新区设立与全国经济发展速度与和国家政策演变的关系，吴昊天和杨郑鑫发现国家级新区的设立与国家整体经济的发展，以及国家的大政策、大事件（如改革开放、西部大开发等）息息相关。⑥ 同时从空间样态上来看，19 个国家级

① 王佳宁、罗重谱：《国家级新区管理体制与功能区实态及其战略取向》，《改革》2012年第 3 期。
② 吴昊天、杨郑鑫：《从国家级新区战略看国家战略空间演进》，《城市发展研究》2015年第 3 期。
③ 曹云：《国家级新区与其它城市功能区的比较及发展趋势展望》，《商业经济研究》2016 年第 23 期。
④ 李云新、贾东霖：《国家级新区的时空分布、战略定位与政策特征——基于新区总体方案的政策文本分析》，《北京行政学院学报》2016 年第 3 期。
⑤ 彭建、魏海、陈昕、袁媛：《基于城市群的国家级新区区位选择》，《地理研究》2015年第 1 期。
⑥ 吴昊天、杨郑鑫：《从国家级新区战略看国家战略空间演进》，《城市发展研究》2015年第 3 期。

新区均位于"一带一路"①、京津冀协同发展与长江经济带三大战略的关键节点上。② 这一逻辑在我国国家级城市新区地理布局方面同样也可以得到验证。③

其二，国家级新区区位选择的若干标准。在基于国家重大战略布局角度对新区布局加以解释的基础上，部分学者又对于新区区位选择的相关标准展开探讨。作为新的"特区"④，国家级新区的设立需要同时满足区域综合优势、资源禀赋良好、科技力量雄厚、投资环境优越以及战略主导产业支持五大准入条件。⑤ 通过比较浦东等早期国家级新区，李秋芳从自然地理和社会经济两个维度提炼出国家级新区设立的区位特征。⑥ 彭建等发现国家级新区与各大城市群具有高度的空间契合性，并通过构建国家级新区区位选择的"宏观战略导向+具体建设条件"标准框架⑦，进一步论证了国家级新区选址的科学性与合理性。立足于空间扩张过程与空间分布格局等角度，王立具体分析了国家级新区在区域层面和城市层面所必须具备的优势区位条件。⑧

其三，聚焦于特定新区设立的空间解释。针对不同国家级新区尤其是浦东新区、滨海新区等早期国家级新区，相关研究者同样以个案方式探析国家级新区设立背后的空间解释。徐斌认为浦东新区的开发是充分

① 郭爱君、陶银海、毛锦凰：《协同发展：我国区域经济发展战略的新趋向——兼论"一带一路"建设与我国区域经济协同发展》，《兰州大学学报》（社会科学版）2017年第4期。

② 冯烽：《产城融合与国家级新区高质量发展：机理诠释与推进策略》，《经济学家》2021年第9期。

③ 王昂扬、汤爽爽、徐静：《我国国家级城市新区设立的战略背景研究》，《现代城市研究》2015年第2期。

④ 彭小雷、刘剑锋：《大战略、大平台、大作为——论西部国家级新区发展对新型城镇化的作用》，《城市规划》2014年第S2期。

⑤ 王家庭：《国家综合配套改革试验区设立的理论基础与准入条件》，《中国国情国力》2007年第9期。

⑥ 李秋芳：《浅析我国三大新区的地理区位选择》，《地理教学》2010年第22期。

⑦ 彭建、魏海、陈昕、袁媛：《基于城市群的国家级新区区位选择》，《地理研究》2015年第1期。

⑧ 王立：《国家级新区区位选择及其效应分析》，硕士学位论文，首都经济贸易大学，2017年，第30页。

发挥自然地理优势、雄厚经济基础的共同结果，既是上海城市空间扩张的必然选项，又对于国家层面经济增长极的打造具有重要意义。[1] 天津滨海新区的成功获批，同样也是多重优势叠加的必然结果。早在批复成为国家级新区之前，滨海新区就具备港口、自然资源及工业基础等多方面的优势。[2] 加之其显著的区位优势，尤其是能够较好地承担起"承南启北"带动北方地区经济发展的战略使命[3]，滨海新区在时隔十余年后成为第二个国家级新区。值得注意的是，已有部分学者认识到制度试点作用在新区设立环节中的较高权重。曾有观点指出，滨海新区本身就属于治理结构高度复杂的联合体，"区域内三个准建制的行政区、多个经济功能区和大型国有企业，具备'鲜明的发展区域经济、创新区域管理的基础和条件'，能够为未来相同类型和情况的新区建设和发展探索一条新路子"[4]。这一点对于国家级新区模式后期扩散而言意义重大。

2. 自运行的内部系统：新区管理体制的内容剖析

国家级新区功能定位的多元化趋向以及纷繁复杂的政策要求，进一步激发新区建构灵活管理体制的现实需求：新区需要在国家默认的政策设计框架下，通过主动制度创新以激发地方深层改革红利和更好承载多重功能。管理体制是管理系统内关于权限职责划分、主体相互关系协调的组织形式，关乎系统整体的治理效能和发展方向。国家级新区管理体制的首要功能是服务于新区的战略使命和功能定位，并契合新区经济社会发展需求的阶段差异。因此，国家级新区体制需要呈现出动态调试的变迁特征，从而适应并推动国家级新区的总体发展。从国家级新区体制认知的研究进程来看，早期学术界对于国家级新区管理体制的研究更多围绕浦东、滨海等少量早期新区展开，并更侧重于对单一国家级新区管

① 徐斌：《重心东移：上海城市新区开发空间模式》，《社会科学》1993年第9期。

② 贺曲夫、靳润成等：《滨海新区区域整合与行政管理体制创新研究》，《天津师范大学学报》（社会科学版）2009年第2期。

③ 周立群、丁锟华：《滨海新区与京津冀都市圈的崛起》，《天津师范大学学报》（社会科学版）2007年第1期。

④ 皮黔生：《天津滨海新区综合配套改革的时代特征和总体设想》，《开放导报》2006年第5期。

理架构的体制内容和变革历程进行比对和提炼。

国家级新区体制比较研究始于天津滨海新区的设立。王佳宁、胡新华详细地梳理了上海浦东和天津滨海的管理体制沿革及其与经济发展历程之间的内在逻辑联系，明确指出不同发展时期的经济社会状况对管理体制存在差异化的现实要求，尤其是探讨了建制政府与新区管理体制变革趋势之间的关系，"浦东新区经过几次调整后采用的建制政府管理体制，已经比较优化，但当前滨海新区所采取的管委会体制已经与其发展实际不相适且应予以变革"①。在此基础上，上述两位学者又进一步关注到了浦东新区与滨海新区对内部功能区的管理体制命题，提出未来新设的国家级新区功能区在强调战略高度的同时，"还应充分考虑管理体制弹性变迁的可能性以及功能区与行政区之间的责任划分问题"②。2011 年重庆两江新区设立之后，赵立兵认为两江新区管理体制模式的确定和改革路径的选择，需要充分借鉴浦东新区和滨海新区的建设经验，并更多考虑地方发展转型的切实要求，尤其是要"符合国家发展战略总体要求"③。丁友良延续上述学者的观点，认为国家级新区管理体制须大致经历"新区尚未成为独立行政区—新区整合为独立的行政区、但各开发区尚未独立—各开发区逐渐转变为独立行政区"等发展过程④，以满足不同发展阶段的差异化需求。浦东新区和滨海新区的管理体制都经历了"领导小组—管委会—新区政府"三个阶段的变革。⑤ 因其开发起点、行政区域构成、整体规划等要素不同⑥，浦东新区和滨海新区在具体结构层面又呈现差异性特点："浦东新区政府取消了在区政

---

① 王佳宁、胡新华：《综合配套改革试验区管理体制考察：上海浦东与天津滨海》，《改革》2009 年第 8 期。

② 王佳宁、胡新华：《综合配套改革试验区的功能区设置与管理体制考察：上海浦东与天津滨海》，《重庆社会科学》2010 年第 12 期。

③ 赵立兵：《重庆两江新区行政管理体制改革路径》，《重庆与世界》2011 年第 9 期。

④ 丁友良：《舟山群岛新区行政管理体制创新——基于国家级新区行政管理体制的比较研究》，《中共浙江省委党校学报》2013 年第 5 期。

⑤ 郝寿义、曹清峰：《论国家级新区》，《贵州社会科学》2016 年第 2 期。

⑥ 朴银哲、安虎森：《我国综合功能开发区创新型发展模式探索——浦东新区与滨海新区开发模式比较分析》，《求索》2012 年第 8 期。

府与街道（镇）之间的功能区管理层级，成立开发区管理委员会，承担经济功能和涉及企业的社会管理事务，街镇则负责社会管理事务；而滨海新区组建了城区管理机构和功能区管理机构两类派出机构，前者在保留经济管理职能的同时主要行使社会管理职能，后者则主要行使经济发展职能。"① 由此可见，即便同样都是行政区属性的管理体制，不同国家级新区的体制内容也存在一定区别，并承担起差异化的治理任务。

除认为新区有可能会整体转制为行政区之外，部分学者同样提供了具有创新性的研究视角。孙涛、刘慕鑫从经济功能视角出发，认为作为复合型经济功能区的滨海新区，其管理体制仅是简单复制并放大了单一型经济功能区的管理模式，应该基于渐进和整合的思路，构建"强政府、大社会"服务型政府体制。② 基于府际关系的理论视角，薛立强等指出府际合作的理念可以帮助滨海新区克服既有体制的弊端，并详细地阐述基于府际合作理念下滨海新区管理体制改革的切入点、主要形式和主体分工。③

随着 2010 年后国家级新区的大量批复，学者们不再专注于对某一或少量新区管理体制的研究，而是开始从体制类型、演变逻辑等多元视角出发对国家级新区的体制内容这一议题进行深入研究。王佃利等根据行政主体的组成方式不同，将国家级新区的管理体制分为"新区政府模式、管委会模式以及嵌入式管理体制"等类型。④ 郝寿义、曹清峰认为当前国家级新区管理体制存在全政府型、管委会型以及政府与管委会合一型三种类型⑤，并对上述三种管理体制的优劣势进行了简单比较。薄文广、殷广卫则在常见的体制三分法基础上，将国家级新区的管理体制细化为"全政府型、地方政府+工委+管委会合一型、工委+管委会合一

———————————

① 陈家喜、刘王裔：《综合配套改革试验区的大部制改革：模式与趋势——深圳、浦东、滨海的比较研究》，《深圳大学学报》（人文社会科学版）2013 年第 3 期。

② 孙涛、刘慕鑫：《滨海新区管理体制创新研究：基于经济功能区的视角》，《上海经济研究》2009 年第 2 期。

③ 薛立强、杨书文等：《府际合作：滨海新区管理体制改革的重要方面》，《天津商业大学学报》2010 年第 2 期。

④ 王佃利、于棋、王庆歌：《尺度重构视角下国家级新区发展的行政逻辑探析》，《中国行政管理》2016 年第 8 期。

⑤ 郝寿义、曹清峰：《论国家级新区》，《贵州社会科学》2016 年第 2 期。

型"等类型①，并明确指出在国家级新区建设的不同阶段，应该采取差异化的体制内容。上述观点进一步论证了新区体制要与其发展阶段相契合的理论认知，但并未突破新区最终会转为行政区政府的早期观点。

在我国不断探索国家级新区管理体制的实践过程中，新区管理体制的若干瓶颈问题逐渐暴露，由此引发了相关学者从理论层面探讨国家级新区管理体制的现实挑战。由于国家级新区的设立显著影响了该地区既有空间—权力配置体系②，作为增量制度设计的国家级新区，"不得不面临着新区与原有行政区划的矛盾、新区内部功能区与行政区之间的矛盾以及新区经济职能与社会职能之间的矛盾等多重矛盾"③。面对体制设置与管理现实之间的巨大差异，国家级新区的管理体制常常面临内部利益难以有效协同的发展困境④，同时对微观经济运行干预多、重权力、轻责任的管理理念和管理方式仍然存在。⑤ 进一步考察国家级新区的管理体制、理念和方式，可以发现，新区行政组织在执行权力的过程中，存在主体间制度关系不清等问题，新区的运作过程将长期处于"新旧体制"组织并存、机制并行的制度困局。究其原因，国家级新区是一种探索性的、实验性的模糊行政体制，"其在为国家实验保留'试错回旋'余地的同时在一定程度上忽略了环境的复杂性，不得不接受既有体制的重重约束，会为国家级新区的可持续发展带来诸多风险"⑥。因此，管理体制构建应该考虑新区自身特殊性、改革渐进性⑦，特别是不同治理参与方之间的协调问题。

---

① 薄文广、殷广卫：《国家级新区发展困境分析与可持续发展思考》，《南京社会科学》2017年第11期。

② 袁海琴、方伟、刘昆轶：《全面深化改革背景下国家级新区的初期特征与规划应对——以南京江北新区为例》，《城市规划学刊》2017年第S2期。

③ 郝寿义、曹清峰：《论国家级新区》，《贵州社会科学》2016年第2期。

④ 薄文广、殷广卫：《国家级新区发展困境分析与可持续发展思考》，《南京社会科学》2017年第11期。

⑤ 汪东、王陈伟、侯敏：《国家级新区主要指标比较及其发展对策》，《开发研究》2017年第1期。

⑥ 吴晓林：《模糊行政：国家级新区管理体制的一种解释》，《公共管理学报》2017年第4期。

⑦ 汪东、王陈伟、侯敏：《国家级新区主要指标比较及其发展对策》，《开发研究》2017年第1期。

　　在对国家级新区管理体制探究的研究方法上，部分学者借助多案例比较的方式，通过对不同管理体制之间差异的描述，试图探究更有效的管理体制；部分学者则采用单案例研究法，着重对某一国家级新区的管理体制进行深入剖析，或是挖掘某一管理体制的弊端所在，或是为其他新区的管理制度设计提供经验，以期切实提升国家级新区的治理效能。在研究对象的选择上，既有对国家级新区与经济特区、开发区等其他功能区在管理体制之间的横向比较①，又有对不同国家级新区间管理体制差异的研究。尽管相关研究几乎涉及了全部 19 个国家级新区，但更多的还是对等浦东新区、滨海新区、雄安新区等少数典型国家级新区管理体制的深度描绘。总体来看，关于国家级新区管理体制的内容研究主要集中于行政管理体制，虽偶有涉及规划管理制度②、土地管理制度③和行政审批制度④等，但其他相关研究明显较少，以管理架构和运行机制为主体的行政体制则成为新区管理体制的主要内容构成。尽管不同学者对国家级新区管理体制的变革方向各有见地，但既有研究中对于体制类型的划分已进行了较多探索（详见表 1-1）。综合各位学者的观点，学界当前对于我国国家级新区的管理体制类型大致形成了行政区型、管委会型、其他型三种分类思路。

表 1-1　　　　　　　　当前国家级新区管理体制的类型划分

分类标准	新区管理体制类型	来源
国内外经济新区行政管理体制既有模式	松散联合模式、管理委员会模式、属地政府模式	赵立兵：《重庆两江新区行政管理体制改革路径》，《重庆与世界》2011 第 9 期。

---

　　①　曹云：《国家级新区与其它城市功能区的比较及发展趋势展望》，《商业经济研究》2016 年第 23 期。

　　②　徐静、汤爽爽、黄贤金：《我国国家级城市新区的规划导向及启示》，《现代城市研究》2015 年第 2 期。

　　③　王陈伟、卢向虎：《国家级新区土地管理体制比较》，《城市》2016 年第 10 期。

　　④　朱江涛、卢向虎：《国家级新区行政审批制度改革比较研究》，《行政管理改革》2017 年第 6 期。

续表

分类标准	新区管理体制类型	来源
行政主体的组成方式	新区政府模式、管委会模式、嵌入式管理体制	王佃利、于棋、王庆歌：《尺度重构视角下国家级新区发展的行政逻辑探析》，《中国行政管理》2016 年第 8 期。
新区管理机构属性	全政府型、管委会型、政府与管委会合一型	郝寿义、曹清峰：《论国家级新区》，《贵州社会科学》2016 年第 2 期。
管理权限与机构设置情况	政府型、管委会型、政区合一型	朱江涛、卢向虎：《国家级新区行政管理体制比较研究》，《行政管理改革》2016 年第 11 期。
党政机构关系、功能区与行政区关系	全政府型、地方政府+工委+管委会合一型、工委+管委会合一型	薄文广、殷广卫：《国家级新区发展困境分析与可持续发展思考》，《南京社会科学》2017 年第 11 期。
既有国家级新区管理体制发展阶段	领导小组模式、新区政府模式、管委会模式、合署办公模式	曾光、吴颖、许自豪：《我国 17 个国家级新区建设经验、教训及对赣江新区的启示》，《金融与经济》2017 年第 7 期。
现行新区体制现状	管委会体制模式、政府与管委会体制并行模式、政府体制模式、	王佳宁、罗重谱：《国家级新区发展模式比较与重庆两江新区发展的路径选择》，《重庆社会科学》2017 年第 1 期。
辖区内行政主体构成及其权力边界	属地政府模式、管理委员会模式、跨界联合模式	肖菲、殷洁、罗小龙、刘晓曼：《国家级新区发展与管治模式研究》，《现代城市研究》2017 年第 7 期。
行政区与功能区协同关系	政府型、管委会型、政区合一型	余海燕、沈桂龙：《福州新区与行政区、功能区协同发展研究》，《福建论坛》(人文社会科学版) 2018 年第 5 期。
党政关系、组织架构	完全建制型、管委会型、政区合一型	赵聚军、张昊辰：《集约化行政驱动下的任务型新区：关于雄安新区行政模式的一个分析框架》，《江海学刊》2019 年第 4 期。
新区机构设置的法规范式	政府型、管委会型、政府与管委会合一型	王晓强：《论国家级新区行政机构设置的法定化》，《江西社会科学》2020 年第 2 期。
新区内设机构、派驻机构的数量和职责范围	政府型、管委会型、政区合一型、领导小组型	王璇、邹艳丽：《国家级新区尺度政治建构的内在逻辑解析》，《国际城市规划》2021 年第 2 期。

资料来源：图表自制。

从体制内容上来看，不同国家级新区存在差异化的制度特征。浦东新区和滨海新区是典型的行政区型国家级新区，是由国务院批准的一级建制行政部门，拥有一般意义上的法定管理权限。舟山群岛新区、南沙新区、青岛西海岸新区等少部分国家级新区采取的是其他型管理体制，其最大特点在于相关体制架构与一般行政区和管委会存在显著区别："新区的规划范围均与所在行政区范围重合，新区管委会与所在行政区政府合署办公，实行'一套人马、两块牌子'"①。其他国家级新区都采取管委会型的管理体制，管委会作为派出机构代表上级政府主要行使经济职能，辖区内的社会事务主要由所在行政区负责。尽管部分学者对于特定新区的管理体制类型存在异议②，但不可否认的是，国家级新区管理体制的优化问题，不再局限于新区内部体制建设，而开始与地方治理架构中的职能划分、制度衔接等命题相互关联。

从权威性和效率上看，行政区型的新区体制权威性更强，兼具经济和社会管理与服务职能③，虽可以充分调动行政资源但行政效率相对低。同时由于涉及行政区划的调整，此类新区体制设立程序极其复杂，难度较高。管委会型常见于特区、开发区等各类新区，是一种具有较高灵活性和行政效率的组织形式，但其权威性则比较差，在调动体制内部资源方面具有天然劣势，主要以经济职能为主，难以承担社会管理与服务职能。政府与管委会合一型则兼具权威性与灵活性，"但如何协调两种不同决策机制是一个挑战"④。因而在不同管理体制的选择上，赵立兵认为新区管理体制改革是一项长期的系统工程⑤，立足于不同的发展情境，其改革倾向、改革进度都或者存在显著差异。李湛、桂海滨也认为，国家级新区应当结合自身的主要任务与所处阶段选择相应管理体

---

① 朱江涛、卢向虎：《国家级新区行政管理体制比较研究》，《行政管理改革》2016 年第 11 期。

② 罗锦、邱建：《国家级新区规划管理的机构设置、问题及建议》，《规划师》2020 年第 12 期。

③ 薄文广、殷广卫：《国家级新区发展困境分析与可持续发展思考》，《南京社会科学》2017 年第 11 期。

④ 郝寿义、曹清峰：《论国家级新区》，《贵州社会科学》2016 年第 2 期。

⑤ 赵立兵：《重庆两江新区行政管理体制改革路径》，《重庆与世界》2011 年第 9 期。

制，"初期可选择管委会型或管委会与政府合一型管理体制，成熟期可选择全政府型管理体制"①。殷洁等则指出刚性的属地政府管理体制或柔性的管委会全面托管体制，均可以达成新尺度与原有行政区划较好的耦合效果。②

目前，国家级新区所普遍采用的管委会型管理体制，常常在新区早期发展中通过权力转移明确了国家级新区经济发展的职能。③ 但由于管委会仅是上级政府的派出机构，缺乏行政体制的合法地位④，难以真正发挥政府资源掌控与动力组织⑤，无法延续国家级新区的可持续发展；而其他型管理体制又面临多元行政主体之间的协调问题。因而，学者们曾在一定时期内普遍认为转制成为行政区政府（即行政型体制）是国家级新区未来体制转型的主要方向。作为更具创新色彩的制度设计，国家级新区采取行政型管理体制，更容易产生"机构设置臃肿、管理人员膨胀、管理幅度过大的行政管理体制痼疾"⑥，也存在向传统政府体制回归的问题。⑦ 基于此，有学者指出在目前国家级新区已采用的三种管理体制类型中，"关于何种体制的效率最高，目前尚未有定论，实践层面也没有统一规定"⑧，而且无论此类新区采取怎样的管理架构，"都会面临着新区与传统行政区、与内部各类功能区之间的矛盾"⑨，应在不断探索的过程中不断与治理实践进行调试，寻求一个相对满意的解决方案。

---

① 李湛、桂海滨：《国家级新区的发展与再认识》，《上海经济》2017 年第 1 期。

② 殷洁、罗小龙、肖菲：《国家级新区的空间生产与治理尺度建构》，《人文地理》2018 年第 3 期。

③ 肖菲、殷洁、罗小龙、傅俊尧：《国家级新区空间生产研究——以南京江北新区为例》，《现代城市研究》2019 年第 1 期。

④ 王晓强：《论国家级新区行政机构设置的法定化》，《江西社会科学》2020 年第 2 期。

⑤ 张成：《新常态语境中国家级新区发展路径转型和制度安排探讨——以南京江北新区为例》，《城市发展研究》2017 年第 8 期。

⑥ 赵立兵：《重庆两江新区行政管理体制改革路径》，《重庆与世界》2011 年第 9 期。

⑦ 郝寿义、曹清峰：《论国家级新区》，《贵州社会科学》2016 年第 2 期。

⑧ 郝寿义、曹清峰：《国家级新区在区域协同发展中的作用——再论国家级新区》，《南开学报》（哲学社会科学版）2018 年第 2 期。

⑨ 郭御龙、张梦时：《中国国家级新区的研究述评与趋势展望》，《未来与发展》2021 年第 7 期。

　　在既有关于国家级新区管理体制内容研究中，国内外学者逐渐认识到新区体制设置需要契合于不同发展阶段的差异化需求。尽管早期明显受到浦东新区和滨海新区整体转制为行政区这一重要实践走向的深刻影响，行政区模式在一定时期内曾被认为新区体制转型的主要方向。但随着国家级新区数量逐年增加，新区管理体制伴随着建设实践深入而呈现出鲜明的多元化趋向。加之国家级新区肩负起更为广泛的发展使命，相关研究不再仅仅关注于新区内部制度的具体设计，开始从地方整体治理架构的角度探究新区的体制变革命题。以青岛西海岸新区为例，王佃利、于棋提出该新区实际上建立起一种将管委会等新型管理主体内嵌于地方原有行政架构之中的"嵌入式"管理体制①，以实现地方治理架构中功能区与行政区之间的相互嵌套。这种关注新区体制与地方行政体制之间的互动关系的切入视角，无疑比单独探究新区内部体制设置情况更具启发意义。

　　3. 突破"制度藩篱"：新区与地方行政区互动机制研究

　　随着国家级新区的密集批复，加之新区对辖区内的开发区等早期试验区具备的显著整合作用，以国家级新区为代表的功能区序列已成为地方治理架构运行中不容忽视的制度存量，新区管理体制与地方行政体制之间的互动研究逐渐兴起。较之前期对国家级新区体制内容的对比分析，尽管聚焦于新区与地方行政区互动机制的研究远谈不上丰富，但相关学者围绕两者之间的现存制度张力及其制度衔接机制等方面的具体思考仍极具价值。

　　（1）新区管理体制与行政区体制的制度张力。国家级新区制度创新力度不断增强，使得新区管理体制与地方行政体制之间的互动关系成为优化国家级新区的管理体制不可忽略的关键问题，越来越多的学者开始加入对这一议题的探讨。而在这一过程中，相关学者逐渐认识到国家级新区与地方行政区、新区管理体制与地方行政体制之间存在显著制度张力。早在 2010 年，薛立强明确指出围绕滨海新区辖域内

---

　　① 王佃利、于棋：《青岛西海岸新区管理体制改革探析——一种"嵌入式"模式的尝试》，《中共青岛市委党校 . 青岛行政学院学报》2016 年第 4 期。

不同性质区域之间、不同层次管理主体之间存在若干潜在矛盾①，其所提及的府际关系变革视角在一定时期内引起少量学者的关注。李家祥将设立滨海新区与京津冀协同发展战略视为政策叠加过程②，新区与行政区之间的深入融合将直接关乎叠加功能的发挥；郝寿义、曹清峰指出来国家级新区发展过程中新区与原有行政区之间的三重矛盾："新区与驻地行政区、新区内功能区与行政区以及不同治理主体职能配置等问题"③。

两者之间存在制度张力的深层根源，在于建设国家级新区所具备的物质空间与社会空间变革的双重意义。由于国家级新区在空间构成上呈现出显著区别于行政区的设置规则，"有的甚至突破单个城市的界限，新区与原有行政区的协调问题不可避免"④。在空间生产等理论视角下，国家级新区的建设更应被理解为一种社会关系特别是行政组织关系的重组。这一理论解释，使得相关研究逐渐认识到国家级新区的建设不仅是单向的制度设立过程，更是国家级新区管理体制与地方行政区体制之间的双重建构和互动关系，"其中涉及省级政府、城市政府以及所辖区、县之间权力的重新配置和协调"⑤。由此，国家级新区的制度建设被理解为一种新的政治空间，涉及多种类型行政主体并带来城市治理体系的剧烈重构。⑥ 尽管在新区设立之初国家层面常常通过拔高新区管理机构行政级别等方式，以推动新区更好地嵌入到地方治理架构之中，但尚不能从制度层面加以规范。不仅如此，由于新区范围突破原行政区划既有结构安排，国家级新区与原行政区划的行政管理机构之间以及在新区与

---

① 薛立强、杨书文等：《府际合作：滨海新区管理体制改革的重要方面》，《天津商业大学学报》2010年第2期。

② 李家祥：《京津冀协同发展与滨海新区研究》，《天津师范大学学报》（社会科学版）2014年第5期。

③ 郝寿义、曹清峰：《论国家级新区》，《贵州社会科学》2016年第2期。

④ 李湛、桂海滨：《国家级新区的发展与再认识》，《上海经济》2017年第1期。

⑤ 谭静：《"利益分析"视角下的国家级新区空间形成机制——以赣江新区为例》，《城市发展研究》2019年第8期。

⑥ 肖菲、殷洁、罗小龙、傅俊尧：《国家级新区空间生产研究——以南京江北新区为例》，《现代城市研究》2019年第1期。

外部省市之间存在一定问题矛盾①，这也将显著影响国家级新区发挥统筹协调发展的空间效能。针对不同国家级新区之间在管理体制、空间规模等方面存在显著差异，国家级新区设立会面对不同强度和不同层级的尺度组合情景，新区与行政区在不同空间和尺度上会存在更为复杂的制度张力。综合相关学者观点，新区管理体制与行政区体制之间的制度张力体现在如下层次。

其一，国家级新区与驻地之间的空间结构张力。布局国家级新区，往往会突破所在城市既有的空间结构，并带来一系列制度影响。邢海峰和柴彦威发现滨海新区的兴起改变了城市空间结构，从而使得母城与新区之间产生了新的制度关系，以及区划不统一、多头平级等制度问题。②吴昊天和杨郑鑫从城市整体运行成本出发，指出国家级新区功能定位决定了其与所在城市之间可能存在短期内难以规范对接的制度问题。③郭御龙和张梦时则认为国家级新区与母城之间属于一种结构性问题，"国家级新区对于自身的建设定位较高，较少结合母体城市的历史与现实条件"④。

其二，国家级新区与同级行政区之间的张力。晁恒等学者明确指出国家级新体制机制改革的一大趋势便是行政区与开发区之间的不断转换，其间隐含的便是行政区与功能区的协调性问题⑤。尽管国家级新区在行政层级方面可能具有一定优势，但如何处理好新区与地方政府的关系⑥，特别是"新区管委会与行政区政府管辖区域重叠、两者的下设机构职能交叉易

① 罗锦、邱建：《国家级新区规划管理的机构设置、问题及建议》，《规划师》2020 年第 12 期。
② 邢海峰、柴彦威：《大城市边缘新兴城区地域空间结构的形成与演化趋势——以天津滨海新区为例》，《地域研究与开发》2003 年第 2 期。
③ 吴昊天、杨郑鑫：《从国家级新区战略看国家战略空间演进》，《城市发展研究》2015 年第 3 期。
④ 郭御龙、张梦时：《构建新型伙伴关系：国家级新区的协同发展路径研究》，《经济体制改革》2021 年第 2 期。
⑤ 晁恒、李贵才：《国家级新区的治理尺度建构及其经济效应评价》，《地理研究》2020 年第 3 期。
⑥ 郝寿义、曹清峰：《国家级新区在区域协同发展中的作用——再论国家级新区》，《南开学报》（哲学社会科学版）2018 年第 2 期。

引发公权力治理主体的不明"①，这是国家级新区发展过程中的普遍难题。薄文广和殷广卫同样认为，虽然国家级新区通常采取"领导高配"等方式加以协调，但体制层面上新区与既有行政区等主体之间纷繁复杂的利益不一致，已成为制约国家级新区当前和未来发展的一大突出障碍。②

其三，新区内部功能区与行政区、镇街之间的互动关系。国家级新区常常对于辖域内开发区、高新区等功能区具有整合作用，这种功能区治理序列与地方行政体系之间无疑面临着更加复杂的互动关系。浦东和滨海等少量新区在长期探索中实现了新区与行政区的边界重合，但诸如西海岸绝大多数新区需要解决"同一个行政区内下属行政区与功能区如何搭配，各种治理功能如何配合"等现实制度问题，尤其是内部功能区与属地镇街之间的体制隔离需要自下而上的基层探索。③ 而目前国家级新区普遍采用的管委会体制，并不能为新区内各行政区、各功能区的管理架构、职能配置、运作原则提供规范意义上的制度设计④，从而限制了地方治理架构的整体效能。

（2）国家级新区与地方行政区之间的制度衔接机制。由于国家级新区需要制度结构与治理模式的重组来保障其空间发展⑤，也就衍生出了国家级新区运行机制的复杂性和多元性。根据殷洁等学者的观点，国家级新区在我国地方治理架构的实际运行中形成了一类量级更高、体量较大的新的治理层级，并呈现出不同于一般行政体系的运作机理。而新旧尺度之间的耦合成效，"将直接决定国家级新区制度运行的实际效能"⑥。因此，相关研究对国家级新区与地方行政体制之间

① 马海韵：《国家级新区社会治理创新：域外经验和本土实践》，《贵州社会科学》2018年第3期。
② 薄文广、殷广卫：《国家级新区发展困境分析与可持续发展思考》，《南京社会科学》2017年第11期。
③ 肖菲、殷洁、罗小龙、傅俊尧：《国家级新区空间生产研究——以南京江北新区为例》，《现代城市研究》2019年第1期。
④ 马海韵：《共建共治共享：国家级新区社会治理格局》，《学海》2018年第5期。
⑤ 晁恒、林雄斌、李贵才：《尺度重构视角下国家级新区"多规合一"的特征与实现途径》，《城市发展研究》2015年第3期。
⑥ 殷洁、罗小龙、肖菲：《国家级新区的空间生产与治理尺度建构》，《人文地理》2018年第3期。

制度衔接问题的探讨，更多是出于对不同新区差异化互动机制的对策考量。

其一，新区与地方行政区之间的互动机制。在当前新区的实际运作中，主要呈现出"体制高位协调"与"空间功能匹配"两种思路。前者常见的表现形式是成立高级别综合协调机构或行政领导"高配"，后者在新区空间内部设立直管区与非直管区管理模式。① 就前者而言，赵吉认为，行政级别的高配能够使得国家级新区有机会获得更多政策、资源等政治市场要素，但这种权力优势可能会造成国家级新区较强的权力依附性和发展的盲目性②，反而不利于地方治理架构的持续完善。而后者通过赋予不同地区以差异化权限的方式，在一定程度上减少了直管区与原行政区的协调阻力。但由于国家级新区内部存在两类显著不同的管理架构，又可能会带来执行异化、相互推诿、监管执法空白等问题。③就贵安新区、西咸新区等跨区建设的国家级新区而言，由涉及两个城市的一体化建设和管理，新区管委会与原城市政府之间实际上是一种并列的关系。④ 因此，有观点指出优化国家级新区管理体制与地方行政体制之间的互动机制，需要基于法治理念，重点强调不同制度之间配置高效与不同空间之间的功能复合。⑤

针对多数国家级新区采取管委会体制的制度现状，还有部分学者专门探讨以管委会为代表的新区管理机构与以街镇为代表的地方行政体制之间的互动机制。根据学者吴金群的观点，"当前管委会与上级政府及职能部门、属地政府、周边地方政府以及其他治理主体之间，在权责配

---

① 王璇、邹艳丽：《国家级新区尺度政治建构的内在逻辑解析》，《国际城市规划》2021年第2期。

② 赵吉：《权力重塑与政策叠加：中国国家级新区发展机制研究》，《中南大学学报》（社会科学版）2020年第2期。

③ 王璇、邹艳丽：《国家级新区尺度政治建构的内在逻辑解析》，《国际城市规划》2021年第2期。

④ 吴昊天、杨郑鑫：《从国家级新区战略看国家战略空间演进》，《城市发展研究》2015年第3期。

⑤ 罗锦、邱建：《国家级新区规划管理的机构设置、问题及建议》，《规划师》2020年第12期。

置、利益分配以及相应的制度安排等方面存在模糊府际关系，必将带来越来越多的治理障碍和廉政风险"①。因此有必要从法治规范的维度，进一步探讨新区在横向层面内部生态之间的协调共生关系，以及内部生态与外部生态之间的动态平衡关系。②

其二，优化新区与地方行政区之间的互动策略。针对国家级新区建构过程中的具体互动机制，相关学者提出了优化新区与地方行政区之间互动关系的若干对策，其间经历了由"早期倾向于向功能区放权"再到"后期强调两者协调互动"的策略演进过程。针对国家级新区建设初期强化功能区发展的变革导向，刘秀国和何桢提出应该走"重点发展功能区、再以功能区带动行政区进而实现共同发展的新路子"③。在此基础上，孙涛等认为应逐渐强化新区管委会的权限，相应地弱化各行政区和功能区的某些权限，最终实现"新区行政一体化"④。在马祖琦和刘君德提出的"哑铃型分层管理模式"中⑤，同样强调新区管理机构在体制设计中应占据更高的权重。由此可见，强调向国家级新区等各类功能放权，是国家级新区与行政区互动机制研究的早期侧重点。而随着国家级新区在地方治理架构中的重要性逐渐凸显，相关对策研究更加强调国家级新区与地方行政区之间实现整体上的制度衔接与职责分工，以更好地服务新发展阶段下国家级新区内部经济治理和社会治理的功能互动问题。⑥ 晁恒和李贵才提出，要实现国家级新区与原有地级市等行政主体在经济性事务和社会性事务方面的管理权划分，以此打通新区管理

---

① 吴金群：《网络抑或统合：开发区管委会体制下的府际关系研究》，《政治学研究》2019 年第 5 期。

② 韩玉亭：《国家级新区法治实践中的纵向博弈与横向制衡》，《哈尔滨工业大学学报》（社会科学版）2019 年第 4 期。

③ 刘秀国、何桢：《天津滨海新区经济协调发展机制的构建》，《天津大学学报》（社会科学版）2008 年第 6 期。

④ 孙涛、刘慕鑫：《滨海新区管理体制创新研究：基于经济功能区的视角》，《上海经济研究》2009 年第 2 期。

⑤ 马祖琦、刘君德：《浦东新区"功能区域"的管理体制与运行机制》，《城市问题》2009 年第 6 期。

⑥ 丁友良：《舟山群岛新区行政管理体制创新——基于国家级新区行政管理体制的比较研究》，《中共浙江省委党校学报》2013 年第 5 期。

体制与相关行政区的互动机制。① 郭御龙等着重分析了国家级新区与中央政府、国家级新区所在的省级政府和其所依托母体城市政府之间，实现彼此互动与协同发展的具体路径。② 而王璇等则强调，要从水平尺度与垂直尺度两个方面系统建构国家级新区内外部的权力关系互动机制。③

　　就我国地方治理架构而言，以开发区、国家级新区等为代表的各类新区和以街镇等为主要构成的各级行政区，曾在较长时间内分属不同的功能序列。前者主要担负经济发展职能，后者则需要兼顾经济发展和社会服务等功能。随着改革开放的不断深化，各类新区的功能定位也得到显著延展，上述政策定位维度上的功能区和行政区之间的简单割裂关系逐渐被打破。在"由上至下"深层改革预期和"由下至上"新区发展诉求等多重改革压力下，国家级新区与地方行政体制之间的互动实践无疑将面临更为复杂的制度环境。既有研究已经显著意识到国家级新区与相关地方政府之间在制度维度上存在必然关联。但相关研究多集中于分析国家级新区管理体制和地方行政体制之间的制度张力，以及为优化两者之间的互动机制提出了若干有益思考。但研究视角更多止步于静态层面，只是希冀呈现出不同国家级新区在调和新区体制和地方政府管理体制方面所做的制度设计，更偏重于现状描述而非基于动态互动过程的解释性分析。

二　研究述评

（一）部分研究共识

　　第一，国家级新区研究与政策新区早期理论探索之间存在鲜明的承续性。尽管不同国家对于行政权力的作用边界存在差异化的理解，但大

---

① 晁恒、李贵才：《国家级新区的治理尺度建构及其经济效应评价》，《地理研究》2020年第3期。

② 郭御龙、张梦时：《构建新型伙伴关系：国家级新区的协同发展路径研究》，《经济体制改革》2021年第2期。

③ 王璇、邹艳丽：《国家级新区尺度政治建构的内在逻辑解析》，《国际城市规划》2021年第2期。

都承认以管理体制和运行机制为主要内容的制度建构实践，对于各类新区有效达成其功能定位具有的重要价值。包括但不限于管委会体制转型等围绕早期政策新区所开展的一系列理论探索，成为日后深化国家级新区体制机制研究的重要基础。但值得注意的是，鉴于国家级新区在空间规模之大、功能定位之多，远超于改革开放初期设立的开发区、高新区等一般类型的新区，因此，既需要认识到与政策新区前期研究的承续性，同时更要立足于国家级新区特殊属性。

第二，服务国家改革开放进程是国家级新区等我国各类新区特有属性。不可否认的是，中西方新区在功能设定和引导手段方面具有一定共通性：经济发展功能并非包括国家级新区在内的我国各类新区的独有使命，西方社会各类新区同样经历了由初期作为化解城市问题的"药方"转变为城市功能"承载地"的演变进程；而在新区建设过程中西方社会同样也强调行政力量的引导与配合，市场机制下行政权力与新区建设之间并非简单的割裂关系。但鉴于西方社会的试验区建设较少、与国家治理制度、治理结构产生深度勾连，并没有服务国家层面推进改革的现实需求，这一点与我国各类新区在改革开放整体进程所发挥的重要空间—制度作用呈现出鲜明区别。因而从特有属性出发，国家级新区的"新"最突出的体现就是体制机制创新①，体制机制创新使命应是此类新区作为先行示范区的核心要素。

第三，国家级新区与地方行政区、新区管理体制与地方行政体制之间存在显著制度张力。现有国家级新区三类常见管理体制（即行政区型、管委会型以及其他型）并未很好回应"新区与原有行政区管理机构之间的协调问题、新区内部功能区与行政区之间的矛盾以及新区职能与行政区职能之间的匹配困境"②。在既有研究中，相关学者已逐渐认识到新区建设并非单向的制度设立过程，新区与行政区之间或许并不存在单一割裂的功能设定，服务经济发展或社会治理等单一功能设定的

---

① 国家发展和改革委：《国家级新区发展报告 2015》，中国计划出版社 2015 年版，第 10 页。

② 郝寿义、曹清峰：《论国家级新区》，《贵州社会科学》2016 年第 2 期。

"制度藩篱"逐渐瓦解。而新区运转实践同样表明，单纯依靠"体制高位协调"和"空间功能分割"既有思路，并不能从根本上解决功能区与行政区之间的互动困境。尤其是在"由上至下"深层改革预期和"由下至上"新区发展诉求等多重改革压力下，未来推进国家级新区的体制机制创新，需要打破功能区和行政区之间的简单空间割裂关系和单向的职责分工，突破新区管理体制与地方行政体制之间制度模糊现状，从地方治理体系的整体视角优化新区与地方行政体制之间的互动机制。

第四，国家级新区制度设计的完善将是长期复杂过程。既有研究已然关注到新区布局、制度设计、新区运转等制度建构过程中的关键环节，并承认不同类型的新区制度设计各具优势。但受到浦东等早期国家级新区建设走向的显著影响，相关研究在一定时期内曾普遍秉持整体转制为行政区将是国家级新区未来体制转型的主要方向。但通过对近年来不同功能定位、不同发展阶段新区的体制机制内容展开对比分析，相关研究逐渐论证出新区体制要与国家改革整体进程、各自发展阶段相契合的理论认知。国家级新区制度建设所具备的长期性和复杂性，远超开发区等早期功能区。这不仅体现在各新区需要依托差异化的制度设计以保障其灵活性，但更重要的是需立足于国家在改革试点等领域所赋予新区的制度创新使命，从而实现对其制度内容进行动态调整。

（二）若干研究局限

其一，并未从优化地方治理体系的角度审视国家级新区的"制度增量"作用。就所承担的空间效能来说，由于开发区等早期城市新区体量较小，上述体制机制问题尚不足以影响到地方治理模式的实际运转。但国家级新区的建设使得不同功能区能够统一纳入新区治理架构之下，并在整体上呈现出与行政区不同的运作逻辑。国家级以其较大体量、更多元的功能使命，将进一步凸显不同治理主体之间的互动机制的结构性张力，并直接影响地方治理效能和改革走向。从这个角度来讲，进一步探讨国家级新区体制机制的转型问题，需要立足于地方治理体系的整体改革态势。这不仅要有效回应国家级新区本身的体制机制的运作规律，更需要关注同一尺度下不同治理单元之间的具体互动机制。

其二，仍需进一步深化对新区与地方行政体制之间的互动研究。相较于前期国家级新区体制内容命题，聚焦新区与地方行政体制之间的互动研究远谈不上丰富。针对国家级新区体制机制命题，既有研究大都立足于组织变革等传统视角，将国家级新区的管理体制视为能够独自运行的内在系统，较少关注地方治理过程中不同主体之间的互动现象。在少量提及新区与驻地行政区之间协作关系的相关研究，更多局限在不同主体之间的职能划分等静态视角。但事实上无论是采取何种管理架构，国家级新区体制机制的实际运行，都离不开地方行政架构的协作与支持。两者之间在实践维度上所呈现出动态调试的关系演进趋势，与静态的理论视角之间存在巨大张力。尤其是在地方治理结构实际运作过程中，功能区和行政区之间存在的空间割裂关系，以及新区管理体制与地方行政体制之间制度模糊现状，将会同时限制国家级新区制度创新成效和地方治理体系优化效果。

其三，缺少对国家级新区空间—制度成效的统合研究。国家级新区兼具空间功能单元和深化改革试点的双重使命，是对开发区等既有政策试验区的经验延续和模式深化。既有研究更多秉持延续自开发区的认知惯性，重点关注特定国家级新区所承担的经济增长功能和管理架构的内容描述，较少从国家空间战略演变进程与体制机制创新等先行先试的高度加以理解。国家级新区建构过程中，会持续受到来自央—地关系、功能区与行政区空间格局、管委会与地方政府职能划分以及平衡经济增长与改革诉求等复杂空间—制度要素的显著影响。而现有基于空间功能布局或管理架构内容等单一分析视角，显然无法为新区建构这一复杂空间—制度现象提供有力解释。

第四节 全书框架设计：逻辑、方法与创新

对于国家级新区制度建构这一宏大复杂命题，需要同时兼顾宏观制度内容和微观制度运行等多尺度命题。因此，本书主要遵循"宏观现象

分析"与"微观个案挖掘"相结合的解构思路。既从国家空间战略宏观变迁的基本历程出发，对我国国家级新区的功能定位、空间格局以及制度设计特征进行整体把握；同时以青岛西海岸新区作为个案研究对象，通过深度剖析特定新区的制度变迁历程以及体制机制内容，以具体阐释该国家级新区设立所带来的空间—制度影响。

一 解构思路

聚焦体制机制等制度维度上的新区建构实践，本书以国家级新区的制度建构内容及其影响为主要关注点，重点探讨在国家级新区由"政策理念"转变为"政策现实"的建设过程，其制度建构是如何推进的并呈现出何种空间—制度影响。就具体内容而言，主要包括回答如下几个命题。

第一，"新区由何而来"：国家级新区制度缘起的空间解释。区别于组织变革等常见视角，本书对于国家级新区制度建构动因的分析，主要是从空间维度尤其是国家空间战略的角度进行切入的，并对于新区由"空间布局现象"向"具体制度内容"的转变过程展开分析，具体包括以下三方面内容。一是通过对我国国家空间战略变迁历程进行系统梳理，明确当前我国国家空间战略的内容指向和阶段特征；二是聚焦我国国家空间战略中国家级新区大量批复的空间现象，通过探讨国家级新区在我国国家空间战略中的空间分布态势，进一步提炼和总结新区国家级新区创设的空间—制度过程。三是以青岛西海岸新区为例，具体剖析特定个案中的空间选择实践。

第二，"新区如何建构"：国家级新区制度设计的内容进路。在国家级新区由理念变为现实的落地过程中，以各类体制机制为主要内容的制度设计是国家级新区得以成型的关键一环。本书拟从宏观制度安排和个案挖掘等两个维度，对当前我国国家级新区宏观制度设计内容和微观运行机理展开阐释：首先立足于国家级新区的常见管理架构与若干特殊制度安排，同时结合对青岛西海岸新区体制机制演变过程的展开分析，从而深入剖析国家级新区从政策理念转制为政策现实的实践进路，并对其内在的问题表征加以挖掘。

第三，"新区成效几何"：国家级新区制度建构的效能检验。在完成制度设计的基础上，新区需要满足各类治理主体的改革期待并带来实质性功能成效。本书拟从宏观意义上对国家级新区制度建构的空间—制度影响进行简要解构，并以个案分析的方式，探讨西海岸新区创设所带来的制度影响与空间功能。在制度设计维度上，既包括对该新区管理架构的特征阐释，也涵盖在权责事项等机制运行要素的横向对比；在空间功能维度，聚焦经济发展这一核心空间功能，探讨国家级新区创设实践对西海岸地区的经济带动作用。

第四，"逻辑阐释"：国家级新区制度建构的理论分析。本书力图整合宏观维度上的现象研究和微观层面上的个案分析，基于理论框架对国家级新区在由"政策理念"转变为"政策现实"中的制度建构实践展开深入分析，并围绕对策建议和理论回应等方面提出若干思考。

二 框架设计

服务上述研究问题和研究内容，本书在架构设计上共分为三个部分、6个章节，具体如图1-1所示。其中，作为主体章节的第三章、第四章和第五章，旨在分为回应"新区由何而来""新区如何建构""新区建构成效"等关键命题，且同时涉及宏观现象分析和微观个案呈现这两个尺度的讨论。

第一部分由第一章和第二章组成。其中，第一章为本书的导论部分，即为研究设计的概述内容。该章将国家级新区的制度建构问题作为研究对象，通过对既有研究展开文献述评，由此明确了后续研究的具体切入点，并简要介绍本书的分析方法、创新点等研究设计。第二章则是对国家级新区发展进路展开理论阐释。首先以政策试点中的空间选择现象作为切入点，在明晰国家级新区与早期政策试验区之间存在承续性的基础上，进一步剖析国家级新区的政策定位和功能预设，同时基于政策试验、尺度重构、新国家空间等相关理论观点，从而搭建起聚焦制度建构问题的理论分析框架。

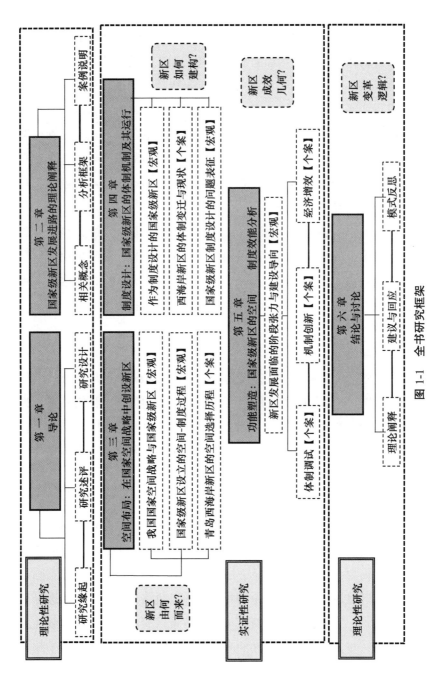

图 1-1　全书研究框架

资料来源：图表自制。

第二部分主要为本书的第三章、第四章和第五章，主要遵循"空间布局—制度设计—功能塑造"的阐释思路，并在各章中同时涉及宏观现象分析和微观个案呈现这两个解析维度。

第三章聚焦新区布局这一国家级新区制度建构的首要环节，拟从国家空间战略的角度出发寻求国家级新区创设的空间解释。通过对我国国家空间战略转型阶段展开分析，以进一步提炼国家级新区设立的空间—制度机理。国家级新区创设是一个地理空间转向权力空间的特定作用过程，不仅是单纯的空间布局过程和既定的空间现象，更在地方治理体系变革等制度建构维度上具有重要意义，兼具空间支点和制度变量的双重属性。为更加具体地呈现出国家级新区建设中的空间选择历程，本部分同时借助个案剖析的方式，对青岛西海岸新区的空间选择过程进行深入挖掘。

第四章关注到国家级新区制度设计及其运行命题。以体制机制为主要内容的制度设计环节，是国家级新区得以落地的组织表达和关键一环。本部分首先对于宏观层面上的新区制度设计内容进行系统梳理，既包括新区管理架构等组织载体的共性内容，又涉及新区的机构级别、管理权限等若干特殊制度安排。同时在个案分析环节，通过对西海岸新区体制机制变迁过程展开分析，对国家级新区的管理体制构成与内部运作机制展开进一步挖掘，并结合访谈和调研所获取的文献资料，梳理出当前国家级新区制度设计中的若干问题。

第五章则是从功能塑造的角度出发，对国家级新区制度建构的变革效能展开实证剖析。作为政策试验区，国家级新区需要以其先行先试的创新经验反哺国家治理和社会发展的现代化建设，并带来实质功能成效。因而在内容架构上，本章拟首先从新区发展所面临的阶段张力出发，提炼出新区发展建设需要达成的效能导向，并以青岛西海岸新区为例展开实证研究。具体到青岛西海岸新区，本书将从"体制—机制—经济"三个维度展开分析：前者是将新区管理体制视为增量制度设计，探讨新区设立在地方管理架构维度上所带来的制度影响；其次是从机制运行的行政资源要素出发，通过横向对比西海岸新区与一般市辖区在权责事项方面的差异化配置，从而对国家级新区所承接的赋权结果进行横向验证；后者则聚焦于经济发展这一国家级新区的核心空间功能，拟借助合成控制法和 Stata 16.0 统计分析软件，结合青岛西海岸近十余年来的宏观经济面板数据，以测算国家级新区设立能否为地方发展带来实质性的经济增效。

第三部分为本书的研究结论与讨论环节，即第六章。本章旨在对国家级新区的制度建构展开理论阐释，并围绕对策建议、理论问题、模式反思等具体问题进行回应。基于前文框架，该章首先对国家级新区制度建构实践进行理论解释，同时还将围绕完善国家级新区体制机制建设提出若干建议，适度回应相关理论问题，并对国家级新区发展模式进行适当反思。

三　研究方法

在具体研究方法方面，本书在综合利用"政眼通"政策大数据分析服务系统、Stata 16.0 统计软件以及 ArcGIS Pro 2.5.2 等多种数据搜集分析工具的基础上，根据实证研究设计、政策文本与数据搜集、研究资料分析等具体环节的差异化需求，灵活运用包括案例研究、访谈法、文本分析、比较研究等多种研究方法。

（一）实证研究设计环节

实证部分的研究设计直接关乎论文的整体架构与理论切入点。在本环节，本研究所采取的主要方法是比较研究法与案例研究法。

1. 比较研究法

本研究聚焦国家级新区这一当前国家空间战略的功能载体，尤其关注此类新区的体制机制等制度设计内容。由于国家级新区数量众多且具有较长的时间跨度，不同新区之间在管理体制和运行机制等方面存在差异化的制度设计。因此，为更好聚焦到国家级新区建构过程中的制度设计问题，需要充分比较和把握不同国家级新区的体制特征与机制属性。本研究借助比较研究法对国家级新区现行体制展开类型学划分，并在此基础上提炼和总结出以青岛西海岸新区为代表的"体制合一型"体制机制的制度特征，从而以更加宏观的视角强化对新区制度建构内容的理论认知。

2. 案例研究法

国家级新区的建设，需要同时满足国家层面的空间功能预设和制度创新期待。作为制度建构的核心命题，国家级新区体制机制的关键诉求就是要处置好功能区与行政区、功能区治理主体和地方行政主体之间复杂的治理关系。在既有四类国家级新区体制机制中，兼具部分行政区和功能区制度属性的"体制合一型"管理架构，成为剖析我国国家级新区体制内容与运行机理的良好切入点。为此，本书以采取此类制度架构的青岛西海岸新区作为个案研究对象，以实现对国家级新区体制机制的演变进程展开深度挖掘。因而在个案研究的推进过程中，既需要从历时角度对该新区的空间选择过程和制度设计的转型历程进行系统梳理，还需要对其现行体制机制的制度现状和内在机理展开静态分析。

（二）政策文本与数据搜集环节

政策文本和公共数据是本研究开展所需的主要资料类型。前者通常以行政公文、政府通告、地方史料文献等为主要形式载体，后者则主要涉及特定地区的宏观经济数据等内容。在资料搜集环节，本书主要通过访谈法、网络数据搜集等途径，综合获取多种类型的文本材料与数据资源。

1. 访谈法与实地调研

在对同省其他部分功能区展开前期调研的基础上，针对青岛西海岸新区这一具体研究对象，作者在 2021 年 6 月至 10 月期间多次前往该新区展开实地调研，并通过结构化和半结构化等方式对相关管理人员进行访谈。调研范围既涉及黄岛区等行政区主体，又包括西海岸新区以及下辖功能区等功能区主体，获得了包括关键政策文本等内在的大量一手资料。由于研究需要，本书对调研所涉及的机构名称、受访人员等相关信息进行匿名化和模糊化处理。

同时为进一步挖掘地方史料文本，作者在实践调研环节多次前往青岛西海岸新区（黄岛区）档案馆进行资料搜集，围绕该区地方史志、组织史料以及历年区情手册等重要地方文献展开系统梳理，相关资料搜集的时间跨度包括青岛经济技术开发建设（即1985年3月）至国家级新区成立（即2014年6月）再到《山东省青岛西海岸新区管理条例》出台（即2018年1月）等重要历史节点。同时，作者通过实地参加地方档案史料陈列展（"档案见证青岛西海岸·西海岸新区档案史料陈列展"，2021年7月）等方式，以进一步丰富研究所需的文献资料支持。

2. 网络数据搜集

网络数据搜集同样也是本研究获取资源支持的重要方式。相较于更为明确具体的数据资源，政策文本资料需要依托更加多样化的获取途径。

（1）政策文本资料。本书所需的政策文本可大致分为三类，包括：宏观层面上政策体系、制度转型过程中的关键政策文本以及涉及权责事项等特定领域的具体政策内容。第一，围绕剖析与国家级新区相关政策的内容需要，借助"政眼通"政策大数据分析服务系统，对国家已出台的政策文本进行系统搜集。第二，对西海岸新区地方官网政策库中缺失的关键政策文本，通过提请政府信息公开等方式获得。在本研究开展期间，共获得由国家发改委、省发改委以及新区管委办公室等不同治理主体有效回复的"政府信息公开告知书"5次，获取10余份经处理后可部分公开的重要政策文本。第三，关于西海岸新区权限事项数量的搜集和汇总工作，主要依靠"全国一体化在线政务服务平台·山东"这一官方平台中的"权责清单板块"。为保证数据来源的准确性和统一性，在本研究涉及的西海岸新区和某市辖区的权责清单数据均来自上述官方平台。

（2）地方经济数据。本研究涉及的所有地方经济发展数据，主要来自地方政府出版的统计年鉴以及或各年度公开的地区年度发展统计公报。同时为确保数据的准确性与严谨性，笔者重点关注相关数据的交叉校对工作：首先通过省级和市级地方统计年鉴完成主体数据的搜集，其次逐条对比各市辖区出版的"区级统计年鉴"和各年度"国民经济和社会发展统计公报"中的相关资料，在确保和验证具体数据准确性的同时，尽可能地实现对覆盖数据的精准化更新。

（三）资料分析环节

根据已获取资料的内容载体、数据结构以及理论深度的差异化属性，本研究主要采取文献分析法、文本挖掘与数据分析等多种研究方法，同时借助 ArcGIS Pro 2.5.2 等地理信息系统软件等软件实现对相关分析结果的可视化表达。

1. 文献分析法

文献分析将直接影响分析框架的建构以及问题剖析的理论深度。本书对于文献分析法的运用，既涉及分析框架的搭建，又需要对青岛西海岸新区发展过程中的地方史料文献、现行体制机制内容与治理转型态势等内容进行系统把握，从而实现对国家级新区建构命题的理论剖析。在本研究具体开展的过程中，运用该方法的直接目的是主要需要在访谈资料、地方史料、政府公文等文本资料的基础上，在理论分析框架、新区治理宏观态势和具体实践情景之间建构起案例实证分析的逻辑基础和必要支撑。

2. 文本挖掘与数据分析技术

文本挖掘与数据分析是对已获取政策文本与数据资源的进一步剖析，是资料分析环节的关键步骤之一。国家级新区本质上是国家政策引导下的产物。为更直观地反映国家级新区在当前我国各类政策中的作用预期和功能设定，本研究对于近十年来与国家级新区相关的政策展开文本分析。借助"政眼通"政策大数据分析服务系统中的政策态势分析模块，本研究围绕相关政策的制定主体、文本类型以及发布趋势等方面对国家政策中的"新区画像"进行简要描述，并在此基础上对国家级新区相关政策主体进行聚类分析。

经济功能是国家级新区空间功能的主要表现形式，国家级新区的批设能否对区域经济发展的推动作用，将是审慎考量国家级新区这一政策实践现实效能的重要前提。因而在数据分析环节，本研究基于公开经济数据对青岛西海岸新区经济发展情况展开拟合测度。合成控制法（Synthetic Control Methods，SCM）是本研究的主要实证分析方法，在数据测

算和结果分析的具体操作过程中，主要依靠 Stata 16.0 统计软件及其
Synth 程序包来实现的。

3. 可视化表达工具

作为我国国家空间战略中的重要载体支点，国家级新区的发展历程
与空间效能需要从国家空间格局中加以认知。为更好呈现国家级新区的
分布格局、扩散历程、空间功能等空间演进趋势，本研究借助 ArcGIS
Pro 2.5.2 等地理信息系统软件，以实现对国家级新区的演进格局、空
间态势等关键问题的可视化表达。

四　创新之处

在国家级新区由"政策理念"转变为"政策现实"的过程中，制
度建设是承接国家战略需要、保障新区有序运转、释放新区变革效能的
关键一环。因此，本书以国家级新区的制度建构内容及其影响作为主要
关注点，基于宏观现象分析与微观个案挖掘相结合的整体架构设计，从
而对国家级新区制度建构的内在机理展开分析。具体而言，本书的理论
创新点主要集中在以下几个方面。

一是在研究视角上，从国家空间战略演进的宏观进程中寻求国家级
新区制度建构的空间解释。显著区别于行政组织变革等传统阐释视角，
本书立足国家级新区兼具的空间功能单元和深化改革试点双重属性，对
新区由"空间布局现象"向"具体制度内容"的转变进程展开分析。
具体而言，主要是基于我国国家空间战略阶段变迁的发展图景，同时结
合政策试点中的空间选择现象，从而对我国国家级新区"由何而来"
的制度建构问题进行回应。

二是在研究内容方面，以体系嵌入视角重新审视新区制度对地方治
理的建构意义。现有研究多是对新区自身制度形式的内容辨析，忽视新
区制度对地方的反哺效能。新区的制度建构不仅是在地方治理结构中的
组织表达，更是理解国家级新区与早期政策试验区之间改革角色差异的
关键环节。作为政策试验区，国家级新区具有先行先试的创新使命和改
革经验反哺的政策期待，与开发区等早期政策试验区具备相似的逻辑进

路；作为空间单元，国家级新区是对现有试验区功能使命的承接与整合，并在建构过程中不断呈现出新的实践特征。基于此，本书聚焦新区制度建构对地方治理体系所带来的制度影响，从功能区和行政区两类不同治理序列之间实现体系嵌入的角度，具体阐述"新区如何建构"等关键制度问题。

三是在结果呈现环节，适当分析国家级新区所带来的空间效能和制度影响。既有研究较少关注和测度国家级新区设立所带来的空间—制度影响。本研究将适当回应上述关切：新区设立能在多大程度上影响地方治理架构，并能否在经济发展等空间方面切实发挥应然的功能预设。本研究以宏观现象分析与微观个案挖掘相结合的方式，通过对比青岛西海岸新区与一般市辖区在体制架构与运行机制等方面的内容差异，进一步明确国家级新区创设对地方治理架构所带来的制度影响，以管窥国家级新区的体制特性和机制优势；同时，借助合成控制法对该新区经济增长等空间功能展开测度，适度回应"新区建设成效几何"等相关问题。

国家级新区是"以国之名"下的地方探索，对其制度建设的深度阐释，显然需要克服一系列难点挑战。一是在理论建构维度上，要力图实现复杂空间—制度现象的统合分析。如上所述，国家级新区本身兼具多重特征属性，其空间构成规模、功能使命定位和制度重构深度远超早期政策试验区。在国家级新区的建设过程中，会持续受到来自央—地关系、功能区与行政区空间格局、管委会与地方政府职能划分以及平衡经济增长与改革诉求等复杂空间—制度要素的显著影响。本研究需要从复杂空间—制度现象背后，提炼和总结出国家级新区制度建构的关键环节和显性要素，从而才有可能在理论建构的维度对国家级新区建构实践进行适当回应。

二是在实证分析维度上，要有效平衡新区宏观现象分析与个案挖掘的结果关联。由于本书主要遵循"新区由何而来—新区如何建构—新区建构影响"的研究思路，因此在实证分析过程中尤其需要处理好现象研究与个案研究之间的关系。本书以国家级新区的建构实践作为研究对象，需要基于国家空间战略的宏观进程对国家级新区的总体功能定位和既有制度设计内容加以把握。但在对新区空间选择、制度变迁的具体分析过程中，又有赖于对青岛西海岸地区的个案挖掘。因而在对国家级新区制度建构实践的展开理论阐释的过程中，更需要平衡好现象研究与个案研究之间的逻辑关系。因而本书对国家级新区制度建构问题的把握，更多是立足新区制度设计的宏观共性特征，以个案方式对此类新区的制度建构实践展开具体剖析。

第二章 从政策试点走向制度建构：国家级新区发展进路的理论阐释

国家级新区是国家层面在一定时期内设立的特殊空间单元和深化改革试点，长期活跃在我国政策话语体系中。由于国家级新区的空间规模、功能定位远超开发区、高新区等早期政策试点，因而在由"政策理念"转变为"政策现实"的过程中，更需要审慎推进相关政策安排。在国家级新区逐步实现"布局—落地—生根"的复杂过程中，其本质属性由少量政策试点逐渐蜕变为以制度建构为重要前提的高量级功能载体。因此，本章将在明确国家级新区基本概念、政策定位及功能预设的基础上，结合政策试验、尺度重构、新国家空间等相关理论，提出对国家级新区制度建构实践的分析框架，以更深入地剖析国家级新区发展进路背后的理论机理。

第一节 作为政策试点的国家级新区

国家级新区的持续设立，既与我国改革开放的宏观进程密切相关，同样又在很大程度上是以经济技术开发区、高新技术开发区等为代表的早期政策试验区建设经验的深化与延伸。在实践探索过程中，国家级新区的建设与早期政策试验区之间体现出鲜明的承续性，其自身亦呈现出不同于一般功能区的显著特征。

一　政策试点中的空间选择：从特区到新区的时序回溯

以政策试点为重要表现形式的渐进式改革趋向，是我国在四十余年改革开放进程中所总结出的重要"方法论"[1]，其对于平衡不同地区、不同领域之间的改革进程、深度与力度发挥了关键作用。政策试点是"在一定时期和特定的范围内（如特定地域或部门）上级政府进行的具有探索与试验性质的改革"[2]，各种肩负不同任务指向的试验区建设都是政策试点的空间载体。立足于中国政策过程的特殊性，韩博天将其称为"由点到面"的"分级制政策试验"[3]，杨宏山将区分为试点地区和一般地区之间形成"双轨制"的政策结构。[4] 无论是何种阐释路径，政策试点都需要契合于"由局部至全局"的政策议程以及由理念具化为政策执行行动。由于试点前期具有鲜明的分散化属性[5]，这就意味着新区布局等空间选择行为将是各类政策试点开展的必要前提。

在政策实践的推进环节，以各类试验区为载体的政策试点长期活跃在我国改革开放进程中。依托特定的功能平台和空间载体，我国在不同时期常常采用差异化的制度供给手段和倾斜性政策支持[6]，以达成特定的发展效能和改革目标。从早期经济特区、沿海开放城市，到随后的国家级经济技术开发区、高新技术开发区，再到近十年来迅速扩容的国家级新区、自由贸易试验区等，各类肩负差异使命的政策试验区贯穿我国改革开放进程。从这个角度来看，数量众多、使命各异的各类政策试验区是我国政策试点的重要空间表达形式，其体制机制设计已成为影响我

---

① 张勇杰：《渐进式改革中的政策试点机理》，《改革》2017 年第 9 期。

② 刘伟：《政策试点：发生机制与内在逻辑——基于我国公共部门绩效管理政策的案例研究》，《中国行政管理》2015 年第 5 期。

③ 韩博天：《通过试验制定政策：中国独具特色的经验》，《当代中国史研究》2010 年第 3 期。

④ 杨宏山：《双轨制政策试验：政策创新的中国经验》，《中国行政管理》2013 年第 6 期。

⑤ Rawski, Thomas G. , "Implications of China's Reform Experience", *The China Quarterly*, Vol. 144, Dec. 1995, pp. 1150–1173.

⑥ 王佃利、于棋、王庆歌：《尺度重构视角下国家级新区发展的行政逻辑探析》，《中国行政管理》2016 年第 8 期。

国改革开放进程的重要制度变量。

我国改革开放需同时面临体制转轨、经济转型等多重复杂治理任务，不同时期的改革重点与发展诉求存在显著阶段差异。立足于较长时间内都要处在"摸着石头过河"的改革情景下，我国逐渐探索和建立起包括经济特区、开发区、高新区、国家级新区、自贸区等不同类型的政策试点，且不同空间载体之间存在显著的设立时序特征和功能差异属性。在对外开放初期、对外开放探索期以及对外开放深化期等不同历史阶段，各类试点空间载体的设置类型、功能任务存在一定差异，并在我国改革开放格局的不断演进中持续释放着差异化的空间—制度影响。[①] 由于改革开放以来我国各类政策试验区数量庞大、层级各异且功能各有不同，本书选取了改革开放早期的经济特区、以经济技术开发区和高新区为代表的国家级开发区以及国家级新区作为主要分析对象。改革开放以来我国不同政策试验区设立的时序情况如图 2-1 所示。

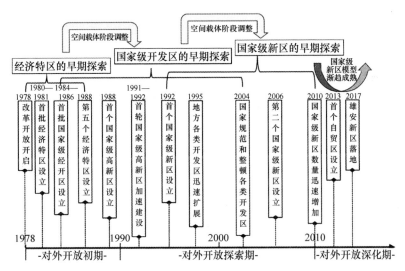

图 2-1　改革开放以来我国不同政策试验区设立的时序情况

资料来源：图表自制。

---

① 李怀建：《中国对外开放格局的演进——从经济特区到自由贸易试验区的嬗变》，《中共南京市委党校学报》2021 年第 3 期。

　　针对不同发展阶段的差异化定位，我国在国家层面的改革任务和政策试验常常依托不同形式的空间载体。由上图可知，以包括经济特区、国家级开发区和国家级新区等不同空间试点载体的建设实践贯穿于我国改革开放的宏观进程，并呈现出如下特征。其一，空间载体的选择与改革开放的阶段演进并非严格意义上的一一对应关系。在空间试点的选择实践中，我国常常在既有空间试点渐趋成熟之前，就已逐渐着手建设新型政策试验区。我国首批国家级开发区设立于1984年，是早于第五个经济特区的建设节点；同时，首个国家级新区——上海浦东新区设立于1992年，此时前期的国家级开发区建设模式也尚未完全成熟。这种"边建设、边摸索"的空间试点选择逻辑，与我国渐进式改革的整体特征是高度契合的。其二，空间载体的选择与各阶段改革任务具有高度关联性。作为改革开放初期对外开放格局的"试验田"与经济转型的"起动机"，经济特区早期建设主要以发展外向型经济为抓手，具备鲜明的"单项式改革"特征；以经开区和高新区为代表的国家级开发区，则是为了进一步推广改革开放初期特区模式的建设经验，助力社会主义市场经济体制转型和城市化整体进程；而国家级新区虽经历较长时间的探索，但新区大规模扩容现象主要发生在2010年之后，其主要功能定位则是进一步服务改革开放深化期多元复杂化的使命任务与空间发展需求。可见，国家级新区是继经济特区、国家级开发区之后，成为影响国家改革开放进程的重要空间载体模式。也正因如此，体制机制等国家级新区制度建构命题，更需要从国家治理现代化宏观进程的高度上加以把握。

　　值得注意的是，本书提及的空间载体的时序变化现象，并非指"经济特区—开发区—功能区"等前后政策试验载体之间所存在的简单替代关系，而是从改革开放整体进程和政策试点预期的角度出发，探讨不同试点空间载体的核心任务指向及其国家战略意图的空间表达过程。尽管本书以国家级新区为主要研究对象，但并不意味着否认其他新型政策试验区在当前深化改革阶段的巨大创新效能。实际上，作为基于既有政策试验区建设经验并向纵深延伸的政策产物，以国家级综合配套改革试验区和自贸区等为代表的新兴试验区，未来同样会在我国政策试验和空间建构过程中发挥越来越显著的空间作用和改革效能。

二　国家级新区的概念分析

作为国家重大发展战略和全面深化改革的支撑点①，国家级新区是国家治理体系的重要构成部分，其功能使命更为多元。较之常见的行政区和其他类型政策试验区，国家级新区在制度设计方面有其特殊性。

（一）国家级新区的基本定义

区别于经开区、高新区等较为常见的政策试验区，我国国家级新区存在确切的政策界定与具体的批设数量。本书所提及的国家级新区概念，主要源自国家发改委的官方界定。即国家级新区是"由国务院批准设立以相关行政区和特殊功能区为基础，承担国家重大发展和改革开放战略任务的综合功能区"②。从政策规范界定的角度出发，这一概念明确规定了国家级新区的批设主体、基本属性、空间构成以及功能定位等核心要素，具体如图2-2所示。从批复主体上来看，地方政府只能积极申报国家级新区，而国务院则是唯一有权批设新区的国家机构；就基本属性而言，新区属于综合功能区而非仅是经济导向的单一功能区，这极大延展了国家级新区在深化体制机制改革方面的创新空间；从空间构成来说，新区规划范围涉及相关行政区和功能区，意味着新区既要整合改革开放以来各类功能区，同时还要在行政区与功能区之间扮演积极的协调角色；聚焦功能定位，新区是需要服务国家层面的重大战略和改革需求，其任务指向和发展使命应具有鲜明的全局性和长期性。

作为国家发改委重点推动的三类区域经济政策之一③，国家级新区是引导区域空间发展和国家改革进程的重要治理工具。20世纪90年

---

① 李湛、黄建钢：《国家级新区：拓宽发展新空间》，上海交通大学出版社2017年版，《前言》。

② 国家发展和改革委：《国家级新区发展报告2020》，中国计划出版社2020年版，《序言》。

③ 彭小雷、刘剑锋：《大战略、大平台、大作为——论西部国家级新区发展对新型城镇化的作用》，《城市规划》2014年第S2期。

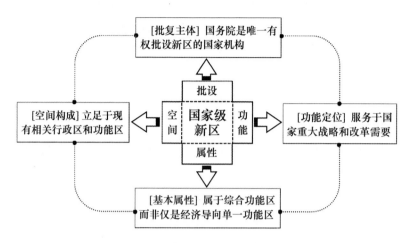

图 2-2　国家级新区的概念解析

资料来源：图表自制。

代，我国便以上海浦东新区为起点开启了设立国家级新区的早期探索。在 30 余年的探索过程中，国家级新区先后经历了早期试点、总结探索以及经验推广三个发展阶段。① 截至 2019 年年底，我国国家级新区涵盖东、中、西部和东北主要经济板块和 19 个省（市），地区生产总值约为 4.6 万亿元（不含雄安新区），单位面积经济密度达 2.03 亿元/平方千米，相较于 2015 年提高约 43%。② 自 1992 年批设首个国家级新区——上海浦东新区以来，截至 2021 年年底，我国已先后设立了 19 个国家级新区，新区的空间布局大体完成。③ 当前我国国家级新区的基本布局情况如图 2-3 所示。由下图可知，当前我国国家级新区已覆盖了相当多数量的省市，各新区所依托的主体城市也均具有较高的战略地位。事实上，除河北雄安新区、大连金普新区、青岛西海岸新区以及浙江舟山群岛新区等特定新区之外，大部分国家级新区都可背靠直辖市或省级行政单元的省会城市进行建设。

① 国家发展和改革委：《国家级新区发展报告 2015》，中国计划出版社 2015 年版，第 3 页。
② 国家发展和改革委：《国家级新区发展报告 2020》，中国计划出版社 2020 年版，第 8 页。
③ 杨龙：《两种国家治理单元的综合使用》，《学术界》2020 年第 12 期。

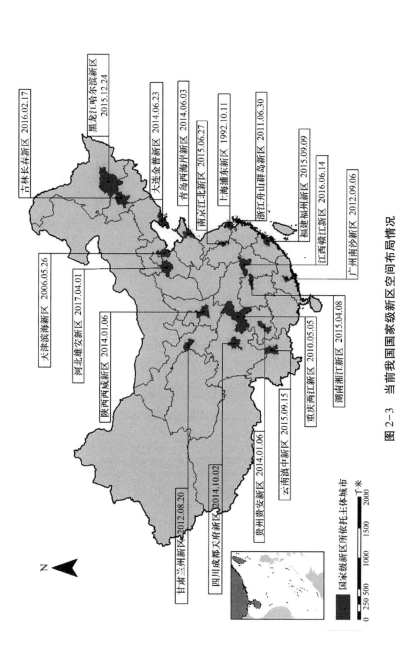

图 2-3 当前我国国家级新区空间布局情况

资料来源：图表自制，制图软件为 ArcGIS Pro 2.5.2，底图来自国家基础地理信息中心"国家 1：100 万基础地理信息数据库（2021）"，无修改。

吉林长春新区 2016.02.17

黑龙江哈尔滨新区 2015.12.24

大连金普新区 2014.06.23

青岛西海岸新区 2014.06.03

南京江北新区 2015.06.27

上海浦东新区 1992.10.11

浙江舟山群岛新区 2011.06.30

福建福州新区 2015.09.09

江西赣江新区 2016.06.14

广州南沙新区 2012.09.06

天津滨海新区 2006.05.26

河北雄安新区 2017.04.01

陕西西咸新区 2014.01.06

重庆两江新区 2010.05.05

湖南湘江新区 2015.04.08

甘肃兰州新区 2012.08.20

四川成都天府新区 2014.10.02

贵州贵安新区 2014.01.06

云南滇中新区 2015.09.15

国家级新区所依托主体城市

千米

0 250 500 1000 1500 2000

N

（二）国家级新区的概念剖析

作为引领推动经济社会发展的新型空间功能支点和地方治理单元，国家级新区具备显著区别于其他政策试验区和常见行政区的属性特质。

1. 与其他政策试验区的比较

在《国家级新区设立审核办法》中，国家级新区被明确定位为"承担国家重大发展和改革开放战略任务的国家级综合功能区"。因此就基本属性而言，国家级新区与其他政策试验区同样都是政府部门有计划设立的功能区。所谓政策试验区，主要是指"为承担一定数量的功能使命、由权力机关或行政机关设定实行特殊政策的空间单元或行政区域"①。自改革开放以来，尽管在规模层级、使命职能等方面存在一定差异，但以经济特区、开发区、高新区、国家级新区等为代表的各类政策试验区，在"国家—区域—城市"等不同尺度发挥着差异化的空间功能，已成为当前我国国家治理体系的重要组成部分。表 2-1 是我国常见政策试验区的常见类型。

表 2-1　　我国政策试验区常见类型

名称	批设机构	政策定位	数量	功能使命
国家级新区	国家发改委	承担国家重大发展和改革开放战略的综合功能平台，发挥经济引擎、体制创新平台、扩大开放窗口、统筹城乡重要载体等功能	19	多重功能
经济特区	党中央国务院	出现于我国改革开放早期，其目的是通过更加灵活特殊政策推动发展外向型经济发展，是对外开放的"桥头堡"	7	多重功能
经济技术开发区	国务院商务部	作为经济特区政策的延伸与推广，在发展模式上以外来投资拉动为主，聚焦于制造加工业	219	特定领域
高新技术开发区	国务院科技部	作为高新技术发展与培育的空间载体，以将科技成果转为现实生产力为任务导向	156	特定领域

---

① 于棋、毛启元：《我国城市战略功能区的建构策略与尺度逻辑》，《东岳论丛》2021 年第 5 期。

续表

名称	批设机构	政策定位	数量	功能使命
海关特殊监管区	国务院海关总署	以保税为基本功能，涉及保税区、出口加工区、保税港区等类型，主要任务是实施"境内关外的税收政策"	163	特定领域
综合配套改革试验区	国务院发改委	作为全方位改革试点，强调体制机制改革的全面深化与系统推进的实验区	12	多重功能

资料来源：图表自制，数据截取时间为 2021 年 3 月。

由上表可知，国家级新区在我国政策试验区体系中可能处于某种微妙地位：较之其他政策试验区类型，"数量多的没它级别高、级别高的没它功能全，功能全的没它数量多"，从而体现出国家级新区在批设机构、政策定位、功能使命等政策设计方面的独特属性。经济特区数量极少，但国家层面早已停止此类特区的批设；除综合配套改革试验区之外，国家级新区是唯一一个由国家发改委而非职能部门直接批复设立的功能区，但前者更聚焦于体制机制创新，经济功能有所弱化；虽然国家级新区数量远远少于开发区、高新区和海关特殊监管区，但其所肩负的功能使命却更为多元。正因如此，有学者指出，国家级新区是"在开发规模、层级能级、承担任务、试验内容等多维度的特殊制度集合"①。

国家级新区既具有一般意义上的政策试验区功能，同时代表着特殊的国家战略意图。② 尤其是在新区创设的常见要素上，国家级新区在批设层级、政策扶持力度、行政级别、规划面积等方面存在着与非国家级政策试验区存在差异化的制度设定（如表 2-2 所示），并在支持力度、要素倾斜方面具有显著优势：其一，国家级新区由国务院统一审批，并被纳入国家层面的总体规划；其二，获批国家级新区意味着将得到国家层面更多的政策扶持，并形成更为直接的政策叠加优势；其三，国家级新区的战略使命并不局限于经济功能，在体制机制创新方面有其示范

① 盛毅、方茜、魏良益：《国家级新区建设与产业发展》，人民出版社 2016 年版，第43—50 页。

② 曹云：《国家级新区比较研究》，社会科学文献出版社 2014 年版，第 15 页。

性；其四，国家级新区一般是在（副）省级行政单元主导下设立的，其管理机构的行政级别更高；其五，国家级新区需要有效协调辖区内的行政区与功能区，不同地区发展条件上的显著差异，意味着要建立更加灵活的管理体制；其六，作为国家层面和区域层面的战略支点，国家级新区的辐射范围和带动程度远大于其他功能区；其七，国家级新区平均规划面积超过 800 平方千米，拥有更显著的体量优势。

表 2-2   国家级新区与非国家级政策试验区的对比情况

	国家级新区	非国家级的政策试验区
规划审批	国务院统一规划审核	地方政府规划，国务院批准备案
政策支持	享受国家批复的特殊优惠政策	所在地方权限内的优惠政策
战略使命	改革开放示范区	经济发展
行政级别	大多数为（副）省级	取决于地方政府派出机构
管理体制	行政区/类行政区/管委会等	管委会
发展定位	立足全国或大经济区	一般立足于所在城市
规划面积	平均面积>800 平方千米	平均面积 63.6 平方千米

资料来源：曹云：《国家级新区比较研究》，社会科学文献出版社 2014 年版，第 17 页。图表自制，内容有删改。

2. 与常见行政区的比对

行政区域划分（简称为"行政区划"）是国家权力在空间或者地域的分割和配置[1]，体现着对国家空间结构的制度安排。[2] 尽管国家级新区的报审和批设需要经由国务院批准且遵循《国家级新区设立审核办法》等特定原则，但国家级新区并非属于真正意义上的行政区。直接表现为，除浦东新区和滨海新区之外（两者行政区划代码分别为：

---

[1] 汪宇明、王玉芹、张凯：《近十年来中国城市行政区划格局的变动与影响》，《经济地理》2008 年第 2 期。

[2] 王佃利、于棋：《国家空间的结构调试中国行政区划 70 年的变迁与功能转型》，《行政论坛》2019 年第 4 期。

310115000000 与 120116000000），包括部分与地方政府合署办公的新区在内的其余新区都尚未获得行政区划代码。我国《宪法》对行政区域划分进行了规定："全国分为省、自治区、直辖市；省、自治区分为自治州、县、自治县、市；县、自治县分为乡、民族乡、镇。"可见，行政区划是"国家为了分级关系而实行的国土和政治、行政权力的划分"①，国家级新区至今未被明确列入相应体系之中。因此，尽管两者都肩负一定治理职能，但国家级新区这一特殊功能区域还是与国家行政体系中的一级行政区存在本质区别。

国家级新区是以相关行政区和功能区共同作为空间基础的。体现在空间格局上，近乎所有国家级新区都突破了地方行政区划的原有边界。如表 2-3 是我国各国家级新区空间范围及规划布局情况。由表 2-3 可知，除上海浦东新区和天津滨海新区这两个早期国家级新区转制成为正式行政区之外，其余 17 个国家级新区都是以地方行政区域为基础并整合而来。并且在空间范围尺度上，大部分新区都是以区县层面为主，部分新区则细化到了街镇层面的调整重组。在这种空间构成基础上，几乎所有的国家级新区都强调均衡化与圈层化的空间建构原则，明确了具有一定尺度结构和功能分工的规划布局，从而为深度优化治理单元的空间结构奠定基础。

表 2-3　　　　我国国家级新区空间范围及规划布局情况

序号	新区名称	空间范围	批复文件	规划布局
1	上海浦东新区	上海市浦东新区（行政区）	中委〔1990〕100 号 国函〔1992〕146 号	一主、两轴、四翼、多廊、多核、多圈
2	天津滨海新区	天津市滨海新区（行政区）	国发〔2006〕20 号	一轴一带、三个城区、九个功能区

① 张稷锋：《法治与改革：国家级新区的成熟范本与两江实践》，中国政法大学出版社 2015 年版，第 6 页。

续表

序号	新区名称	空间范围	批复文件	规划布局
3	重庆两江新区	涉及重庆市江北区、渝北区、北碚区3个行政区的部分区域	国函〔2010〕36号	一心四带
4	浙江舟山群岛新区	与浙江省舟山市行政区域一致，下辖定海、普陀2区和岱山、嵊泗2县	国函〔2011〕77号	一体、一圈、五岛群
5	甘肃兰州新区	涉及甘肃省兰州市永登县4个乡镇和皋兰县2个乡镇	国函〔2012〕104号	两区、一城、四片
6	广州南沙新区	与广东省广州市南沙区行政区域一致，下辖3个街道和6个镇	国函〔2012〕128号	一核四区
7	陕西西咸新区	涉及陕西省西安、咸阳两市所辖7区（县）	国函〔2014〕2号	一核两带、一心三轴、五大组团
8	贵州贵安新区	涉及贵州省贵阳、安顺两市所辖4县（市、区）20个乡镇	国函〔2014〕3号	一核两区
9	青岛西海岸新区	与山东省青岛市黄岛区行政区域一致	国函〔2014〕71号	一带、两区、七廊道
10	大连金普新区	涉及辽宁省大连市金州区全部27个街道和普兰店区4个街道	国函〔2014〕76号	双核、七区
11	四川成都天府新区	涉及四川省成都、眉山、资阳三市所辖7县（市、区）37个街镇	国函〔2014〕133号	一体两翼、一城六区
12	湖南湘江新区	涉及湖南省长沙市岳麓区全部行政区域和望城区、宁乡县部分区域	国函〔2015〕66号	两走廊、三轴、五基地
13	南京江北新区	涉及江苏省南京市浦口区、六合区和栖霞区八卦洲街道	国函〔2015〕103号	一轴、两带、三心、四廊、五组团
14	福建福州新区	初期规划范围包括福建省福州市马尾区、仓山区、长乐市、福清市部分区域	国函〔2015〕137号	一核两翼、两轴多组团
15	云南滇中新区	初期规划范围包括云南省昆明市安宁市、嵩明县和官渡区部分区域	国函〔2015〕141号	组团式、卫星式布局

续表

序号	新区名称	空间范围	批复文件	规划布局
16	黑龙江哈尔滨新区	涉及黑龙江省哈尔滨市松北区、呼兰区、平房区的部分区域	国函〔2015〕217号	一核、一带、三组团、双枢纽
17	吉林长春新区	涉及吉林省长春市朝阳区、宽城区、二道区、九台区的部分区域	国函〔2016〕31号	两轴、三中心、四基地
18	江西赣江新区	涉及江西省南昌市青山湖区、新建区和共青城市、永修县的部分区域	国函〔2016〕96号	两廊、一带、四组团
19	河北雄安新区	涉及雄县、容城县、安新县三县及周边部分区域	—	一主、五辅、多节点

资料来源：①卢山冰等：《国家级新区研究报告2020》，社会科学文献出版社2020年版，第4页。②西咸新区研究院：《国家级新区体制与政策比较研究》，中国社会科学出版社2017年版，第5—6页。内容有删改，图表自制。

第二节 国家级新区的政策定位及其功能任务

作为对既有政策试验区建设经验的延伸与超越，国家级新区的政策定位和功能任务同样能够体现其特殊化的制度设计。

一 政策话语中的新区图景：国家级新区的政策文本解读

国家级新区始于20世纪90年代，是一种集开发开放、空间引领及深化改革等多重使命于一体的高量级功能载体。自1992年首个国家级新区——上海浦东新区设立以来，各国家级新区已成长为新一轮产业转型、城市建设、区域发展的重要战略支点。截至2021年12月，我国在中、西、东北等主要空间板块共设立了19个国家级新区，并成为影响"国家—区域—城市"等不同治理尺度的重要变量。在这一背景下，包括国务院及地方政府在内的各级政府，都出台了大量政策对国家级新区发展加以引导，该类新区得以长期活跃在我国政策话语体系中。

为更好地了解国家级新区在各类政策中的作用预期和功能设定，本部分借助"政眼通"政策大数据分析服务系统（智库版），在对近十年来国家级新区相关政策的发布主体、类型趋势展开分析的基础上，简要阐述国家政策中的"新区画像"，并对相关政策主题进行对比分析。在具体操作环节上，本部分以"国家级新区"为关键词，相关政策资源的搜集与抓取主要源自"政眼通"政策大数据分析服务系统中的"政策态势分析"功能板块。① 同时为保证政策信息抓取效果，本部分在具体政策内容上借助"政策检索"功能板块加以补充。

（一）相关政策的主体、类型及其趋势

基于"政眼通"政策大数据分析服务系统，本部分对包括国家层面和地方各级政府出台的政策文本进行检索。将政策内容中明确提及"国家级新区"作为筛选标准，抓取相关度最高的 300 篇政策文本，相关政策的制定主体、文本类型以及发布趋势等具体情况如下所述。

1. 政策制定主体

从国家层面来看，发布国家级新区相关政策的主体机构涉及多个国家部门（如图 2-4）。从发文比例上来看，"国务院办公厅"是发布相关政策最多的部门。结合近年来国家出台指导国家级新区发展的重量级文件来源，可以发现，国家级新区一直是国务院办公厅重点关注的命题之一。"发改委""商务部"和"生态环境部"三个部门处于第二梯队，这与国家级新区所肩负的深化体制机制改革、产业升级转型、高质量发展等战略使命相契合。除此之外，"自然资源部""文化和旅游部""社会保障部""科学技术部""财政部"也发布了若干数量的文件，体现出国家层面对新区发展命题的较高关注。

2. 政策文本类型

我国国家级新区相关政策的文本类型如表 2-4 所示。从政策类型来

---

① 注：操作补充说明如下。其一，为进一步描绘国家级新区在相关政策中的"画像"，且确保相关政策内容指向的宏观性，本部分所涉及的政策并不包括各新区的批复文件，对于同意设立及规划批复文件的分析详见本书第三章。其二，本部分所得分析数据均由"政眼通"政策大数据分析服务系统导出，本部分仅在图表样式方面做出一定可视化调整。

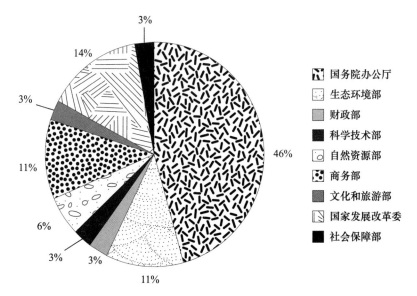

图2-4　国家级新区相关政策发布主体

资料来源：图表自制。

看，"通知类"和"意见类"是国家级新区相关政策的主要类型，两者占比超过90%。依循我国行政实践惯例，"通知类"政策文本是广泛运用的知照性公文，常常用于发布、转发、批转其他机关（含上下级、同级以及非隶属关系机关）的公文；"意见类"政策文本属于上级领导机关向下级机关指导部署工作的公文形式。而"通知类"和"意见类"政策文本占比较高，则在一定程度上印证着较为频繁的上下级工作互动贯穿于国家级新区的建设发展过程。除此之外，在与国家级新区的相关政策中还存在少量"通报类""公告类""决定类"和"公函类"等类型的政策，同样证明着新区在我国政策文本中具有较高的活跃程度。

表2-4　　　　　　　　　**国家级新区相关政策类型构成**

文本类型	通知	意见	批复	报告	决定	通报	函	公告
文本数量	199	72	11	8	3	1	3	2
所占比例	66.60%	24.10%	3.70%	2.70%	1.00%	0.03%	1.00%	0.07%

资料来源：图表自制。

3. 政策发布趋势

通过梳理近十年来我国国家级新区相关政策的发布趋势（具体如表 2-5 所示），可以发现，相关政策的发布情况基本上与我国国家级新区的整体扩展态势存在密切关联。自 2012 年起，随着国家级新区发展模式日益成熟，我国又掀起了一轮国家级新区"扩圈趋势"，相关政策出台数量迅速增加。与此同时，2015 年之后由地方出台的配套政策明显增多，这在一定程度上体现出地方政府越发重视国家级新区在区域发展中的现实作用。2017 年 4 月，河北雄安新区成为最新批复的国家级新区，而随之而来的是国家级新区相关的政策也在 2018—2019 年期间达到数量顶峰。随着近年来国家级新区总体数量逐渐稳定，相关政策的发布数量有所降低，但依然显著高于 2015 年的发文数量。

表 2-5　　　　　　　国家级新区相关政策的发布趋势

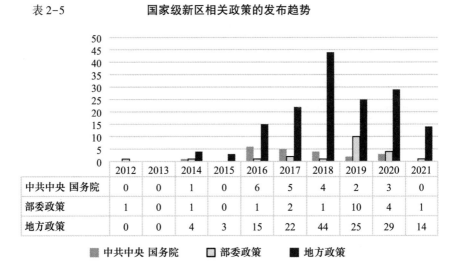

	2012	2013	2014	2015	2016	2017	2018	2019	2020	2021
中共中央 国务院	0	0	1	0	6	5	4	2	3	0
部委政策	1	0	1	0	1	2	1	10	4	1
地方政策	0	0	4	3	15	22	44	25	29	14

■ 中共中央 国务院　　□ 部委政策　　■ 地方政策

资料来源：图表自制。

（二）国家顶层设计中的新区政策分析

为更好聚焦国家层面出台的新区相关政策，本部分拟重点对中共中央、国务院以及部门部委出台的且直接涉及国家级新区的政策文本展开系统梳理。通过对中共中央、国务院以及部门部委出台政策文本的解读，可以发现，两者围绕国家级新区的政策预期虽略有区别，但共同构成了国家政策中的"新区图景"。

1. 中共中央、国务院发布的相关政策

本部分梳理了近 5 年来由中共中央和国务院出台且直接涉及国家级新区的相关政策，具体如表 2-6 所示。通过分析相关政策中的具体表述，可以发现，中共中央、国务院对于国家级新区的政策预期存在以下两个特征。其一，定位明确。中共中央、国务院对于国家级新区的基本定位取得广泛共识：国家级新区是落实区域协调发展战略、肩负先行先试改革角色的重要功能载体。作为功能平台，国家级新区不仅被视为优化区域发展格局的重要抓手（例：下表中文件 6、文件 12），而且国家对其自身体制机制改革赋予更高期待（例：下表中文件 3、文件 18），并有目的地提供倾斜性法人政策支持（例：下表中文件 2、文件 17）。其二，功能多元。作为重要功能平台的国家级新区，其在现有国家政策中扮演着更为多元的作用角色。包括产业承接（例：下表中文件 1、文件 15）、开放平台（例：下表中文件 4、文件 5）、城市功能培育（例：下表中文件 7、文件 19）等方面，国家级新区都承载着多重战略使命。

表 2-6　中共中央、国务院出台文件中的国家级新区相关内容梳理

序号	时间	文件名	政策文本	政策解读
1	2020.11.09	国务院办公厅关于推进对外贸易创新发展的实施意见，国办发〔2020〕40 号	以国家级新区……承接产业转移示范区为重点，建立产业转移承接结对合作机制	国家级新区是承接产业转移的重要支点
2	2020.05.17	中共中央 国务院关于新时代推进西部大开发形成新格局的指导意见	有序推进国家级新区等功能平台建设 对国家级新区……发展所需建设用地，在计划指标安排上予以倾斜支持	国家级新区是需继续推进的功能平台，应获得倾斜性政策支持
3	2020.01.17	国务院办公厅关于支持国家级新区深化改革创新加快推动高质量发展的指导意见，国办发〔2019〕58 号	国家级新区深化改革的纲领性文件	国家级新区应继续深化改革、推动高质量发展

续表

序号	时间	文件名	政策文本	政策解读
4	2019.11.19	中共中央 国务院关于推进贸易高质量发展的指导意见	加快培育各类外贸集聚区……推进国家级新区等各类开放平台建设，创新管理制度	国家级新区是担负管理创新使命的开发平台
5	2019.02.18	中共中央 国务院印发《粤港澳大湾区发展规划纲要》	充分发挥国家级新区等高端要素集聚平台作用。充分发挥国家级新区和自贸试验区优势成为高水平对外开放门户	国家级新区要聚集高端要素，成为高水平开发门户
6	2018.11.29	中共中央 国务院关于建立更加有效的区域协调发展新机制的意见	鼓励国家级新区等各类平台大胆创新，在推动区域高质量发展方面发挥引领作用	国家级新区要在区域发展中发挥引领作用
7	2018.09.26	国务院关于推动创新创业高质量发展打造"双创"升级版的意见，国发〔2018〕32号	鼓励国家级新区探索……与城市融合发展的新机制和新模式	国家级应在城市融合发展中发挥更重要的角色
8	2018.06.27	国务院关于印发打赢蓝天保卫战三年行动计划的通知，国发〔2018〕22号	在国家级新区、高新区、重点工业园区及港口设置环境空气质量监测站点	国家级新区的环境保护问题应予以重视
9	2018.06.16	中共中央 国务院关于全面加强生态环境保护坚决打好污染防治攻坚战的意见	对国家级新区等进行集中整治，限期进行达标改造	重视国家级新区建设中的环保问题
10	2017.11.23	国务院办公厅关于创建"中国制造2025"国家级示范区的通知，国办发〔2017〕90号	应具备条件……在建设国家级新区等产业集聚区方面具有明显优势 结合……国家级新区、国家级开发区等布局	战略布局应倾向于国家级新区进行布局
11	2017.09.28	国务院关于在更大范围推进"证照分离"改革试点工作的意见，国发〔2017〕45号	各地有条件的……国家级新区，可从实际出发复制推广上海市浦东新区"证照分离"改革的具体做法	适时推广国家级新区的建设经验
12	2017.03.28	国务院关于落实《政府工作报告》重点工作部门分工的意见，国发〔2017〕22号	优化区域发展格局……推动国家级新区、开发区、产业园区等创新发展	国家级新区在优化区域发展格局中的重要作用

续表

序号	时间	文件名	政策文本	政策解读
13	2017.03.17	国务院办公厅关于印发东北地区与东部地区部分省市对口合作工作方案的通知，国办发〔2017〕22号	加强东北地区与东部地区自由贸易试验区、国家级新区等重点开发开放平台间的交流对接	强化功能区之间的交流对接
14	2017.02.04	国务院关于印发全国国土规划纲要（2016—2030年）的通知，国发〔2017〕3号	发挥重点地区的引领带动作用。推进国家级新区等各类重点功能平台建设，促进各类功能区有序发展。	发挥国家级新区在重点地区的引领带动作用
15	2016.12.19	国务院关于印发"十三五"国家战略性新兴产业发展规划的通知，国发〔2016〕67号	培育战略性新兴产业特色集群……鼓励战略性新兴产业向国家级新区等重点功能平台集聚	作为重要功能平台，新区应成为战略性新兴产业聚集地
16	2016.12.02	国务院关于印发"十三五"脱贫攻坚规划的通知，国发〔2016〕64号	推动贫困地区与有关国家级新区……建立紧密合作关系，打造区域合作和产业承接发展平台……引导发达地区劳动密集型等产业优先向贫困地区转移	国家级新区应成为区域合作和产业承接发展的重要平台
17	2016.08.08	国务院关于印发降低实体经济企业成本工作方案的通知，国发〔2016〕48号	优化产业布局……加大对国家级新区、开发区等功能性平台建设支持力度	国家级新区是功能平台，需继续加大支持力度
18	2016.03.15	国务院关于深化泛珠三角区域合作的指导意见，国发〔2016〕18号	全国改革开放先行区。发挥经济特区、国家级新区等体制机制优势……积极开展先行先试，为全国深化改革、扩大开放积累经验	借助国家级新区的体制机制优势先行先试
19	2016.02.06	国务院关于深入推进新型城镇化建设的若干意见，国发〔2016〕8号	推动新型城市建设……促进国家级新区健康发展，推动符合条件的开发区向城市功能区转型	加强国家级新区的城市功能

资料来源：图表自制。

2. 国家部门部委政策发布的相关政策

区别于中共中央和国务院出台的政策，国家部门部委对国家级新区的政策期许更为具体（如表2-7所示），主要体现在以下两个方面。一是试点属性更为明显。在具体政策内容上，不仅体现在国家鼓励新区先进经验的广泛推广（例：下表中文件1）和功能区之间的配套联动（例：下表中文件13），更表现为国家层面在选择改革试点时优先考虑布局国家级新区（例：下表中文件3、文件4、文件6）。这一点尤其说明，国家部门部委常常通过设立试点等方式，深化各国家大政方针在地方层面的落地，并在协调"条块关系"中发挥一定作用。可见，国家级新区不仅是承担各类战略任务的既有功能平台，在更大程度上还是作为肩负先行先试、深化改革的"尖兵"而广泛存在的。二是在关注领域上更为聚焦。不同于中共中央、国务院对国家新区更为多元的政策期许，国家部门部委政策中更为聚焦国家级新区发展命题，尤其关注产业集群聚集及其转型命题（例：下表文件5、文件10、文件11、文件12）。从这一角度来看，国家部门部委在出台相关政策时，更多是将国家级新区定义为产业聚集区，其政策配套的目的更也出于此。

表2-7　　　　　　　部门部委文件中的新区相关内容

序号	时间	文件名	政策文本	政策解读
1	2020.03.11	国家发展改革委关于推广借鉴上海浦东新区有关创新举措和经验做法的通知，发改地区〔2021〕345号	在新征程上更好发挥上海浦东新区的引领示范作用……进一步梳理形成了一批改革创新举措和经验做法，鼓励各国家级新区结合实际认真学习借鉴	明确新区的引领示范作用，在更大范围上国家级新区建设经验
2	2020.10.14	关于支持民营企业加快改革发展与转型升级的实施意见，发改体改〔2020〕1566号	以园区为载体集聚创新资源和要素，促进国家级新区……规模扩大、水平提升	国家级新区是集聚创新资源的重要载体

续表

序号	时间	文件名	政策文本	政策解读
3	2020.07.31	国家发展改革委办公厅关于做好基础设施领域不动产投资信托基金（REITs）试点项目申报工作的通知，发改办投资〔2020〕586号	聚焦重点区域……支持位于国务院批准设立的国家级新区、国家级经济技术开发区范围内的基础设施项目	国家级新区是各类政策试点设立的重点区域
4	2019.07.16	财政部 科技部 工业和信息化部 人民银行 银保监会关于开展财政支持深化民营和小微企业金融服务综合改革试点城市工作的通知，财金〔2019〕62号	试点城市选择……试点城市一般应为地级市（含直辖市、计划单列市所辖县区）、省会（首府）城市所属区县、国家级新区	国家级新区是各类政策试点设立的重点区域
5	2019.11.10	关于推动先进制造业和现代服务业深度融合发展的实施意见，发改产业〔2019〕1762号	激发专精特新中小微企业融合发展活力……以国家级新区、产业园区等为重点……推动产业集群融合发展	国家级新区是推动产业集群融合发展的重点区域
6	2019.09.27	普惠金融发展专项资金管理办法（2019年修订）	试点城市一般应为地级市（含直辖市、计划单列市所辖县区）、省会（首府）城市所属区县、国家级新区	国家级新区是各类政策试点设立的重点区域
7	2019.09.25	关于印发《京津冀及周边地区2019—2020年秋冬季大气污染综合治理攻坚行动方案》的通知，环办大气〔2019〕88号	各城市完成国家级新区……环境空气质量监测站点建设	国家级新区的环境保护问题应予以重视
8	2019.09.25	关于印发国家产教融合建设试点实施方案的通知，发改社会〔2019〕1558号	省级政府推荐一个试点城市，直辖市推荐一个市辖区或国家级新区作为试点核心区	国家级新区是各类政策试点设立的重点区域
9	2019.02.28	生态环境部 关于印发《2019年全国大气污染防治工作要点》的通知，环办大气〔2019〕16号	完善环境监测网络……在国家级新区……设置空气质量监测站点	加强国家级新区内的环境保护力度

序号	时间	文件名	政策文本	政策解读
10	2017.09.29	人力资源和社会保障部关于印发人力资源服务业开展行动计划的通知，人社部发〔2017〕74号	加强顶层设计和统筹规划，以国家中心城市、区域中心城市以及国家级新区等产业聚集区域为依托	国家级新区是重要的产业聚集区域
11	2017.04.11	文化部关于推动数字文化产业创新发展的指导意见，文产发〔2017〕8号	将数字文化产业发展与国家级新区……发展相衔接，以市场化方式促进产业集聚	促进国家级新区内的产业聚集
12	2014.03.20	文化部关于贯彻落实《国务院关于推进文化创意和设计服务与相关产业融合发展的若干意见》的实施意见，文产发〔2014〕15号	依托国家级新区……推进资源整合，支持建设数个高起点、规模化、代表国家水准和未来发展方向的文化产业园区	国家级新区应是高水平的产业园区
13	2012.11.27	国家级经济技术开发区和边境经济合作区"十二五"发展规划（2011—2015年）	加强与其他特殊经济功能区优势互补。鼓励国家级开发区、边境合作区建立同国家级新区……特殊经济功能区的配套联动关系	增强国家级与其他特殊经济功能区的配套联动关系

资料来源：图表自制。

（三）相关政策的关键词及其主题

基于"政眼通"政策大数据分析服务系统的数据搜集及筛选结果，本部分拟对国家级新区相关政策主题展开分析。通过对比不同时期、不同聚类主体的政策内容，能够更好聚焦国家层面新区政策的诸多侧重点。

1. 政策主题的对比分析

在国家"十二五"和"十三五"规划期间，我国各级政府都在不断强调各新区在国家经济社会发展中的重要作用。而通过对比近十年国家级新区相关政策（如表2-8所示），可以在一定程度上反映在过去两个国家战略规划期内相关政策主题的变化情况。

表2-8 "十二五"和"十三五"期间国家级新区相关政策主题比较

"十二五"规划（2011-2015）			"十三五"规划（2016-2020）		
主题词	频次	占比（%）	主题词	频次	占比（%）
产业发展	4	10.0	高质量发展	75	12.8
文化产业	3	7.5	快发展	63	10.8
可持续发展	3	7.5	快建设	54	9.2
转型升级	3	7.5	一带一路	54	9.2
项目建设	3	7.5	公共服务	43	7.4
快建设	3	7.5	现代服务业	38	6.5
重点发展	3	7.5	高水平	33	5.7
服务外包	3	7.5	转型升级	33	5.7
统筹协调	3	7.5	大数据	31	5.3
一带一路	2	5.0	建设重点	30	5.1
投资贸易	2	5.0	营商环境	28	4.8
丝绸之路经济带	2	5.0	十三五	26	4.5
国际会展中心	2	5.0	产业链	26	4.5
新材料	2	5.0	行政审批	25	4.3
中药材	2	5.0	产业发展	25	4.3

资料来源：图表自制。

从频次数量来看，"十三五"规划中各主题词的数量显著高于"十二五"，这反映出"十三五"规划期间更加重视国家级新区功能的发挥，这一点与国家级新区的建设进程高度一致。而通过对比各主题词的占比，可以发现，上述两个时期的政策主题呈现出由"产业发展导向"转变为"改革升级导向"的变化趋势。由下表可知，在我国"十二五"规划期间出台的相关政策中，"产业发展""项目建设""投资贸易"等相关主题词出现频率较高，这反映出这一时期国家级新区被更多赋予产业集聚、对外开放等发展型使命。而在"十三五"规划期间，除"现代服务业""产业链""大数据"等与产业转型相关主题词之外，"公共服务""营商环境""行政审批"等事关深化改革的政策主题逐渐显现，由此说明在此时期国家级新区的发展软环境等深层议题受到越来越多的关注。

2. 政策主题的聚类分析

通过对过去十年国家级新区相关政策的主题词展开分析，有助于厘清相关政策的主题聚类情况，即相关政策的出台主要聚焦于何种领域、涵盖哪些具体主题。基于"政眼通"政策大数据分析服务系统的数据搜集及筛选结果，本部分通过对国家级新区相关政策的主题词展开分析，从而拆解出相关政策的主题词聚类情况。由图 2-5 可知，国家级新区相关政策的主题聚类可划分为以下六种类型。

其一，关注产业布局及其转型升级命题，涉及图 2-5 中上方红色和绿色聚类区域（对照图中主题词为："产业升级"下至"现代制造业"）。此聚类主要关注新区内的产业发展及其转型命题，可大致拆分为两个次级聚类：一是宏观层面上的产业发展问题，涵盖"产业升级""产业转型""产业结构调整""优化升级""产业链""产业布局""产业规划""振兴实体经济""供给侧改革""新旧功能转换""高质量发展""提质增效"等主题词；二是产业发展转型的大致方向，包括："高端服务业""现代服务业""战略性信息产业""总部经济""现代制造业"等主题词。

其二，体现着国家对于新区高水平、高起点发展的政策预期，主要涉及下表中的黑色聚类区域（对照图中主题词为："高起点"下至"国际水平"）。此聚类主要体现我国对于国家级新区较高的战略定位，表现为"高水平""高起点""高品位""一流""特色""国际水平"等体现制度优势与国际竞争力的主题词。这一聚类结果说明，相较于一般区域，国家级新区显然肩负着更高的政策预期，需要作为发展"尖兵"以释放出更强的创新效能。

其三，强调新区与国家战略的深度契合，主要涉及下表中的黄色聚类区域（对照图中主题词为："海上丝绸之路"下至"粤港澳大湾区"）。在此聚类下，国家级新区常常与国家重大战略相关联，相关主

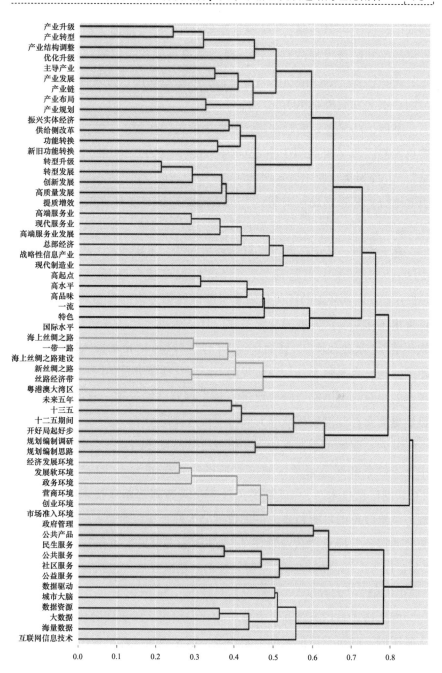

图 2-5 国家级新区相关政策主题层次聚类图

资料来源：图表自制。

题词中包含"一带一路""丝绸之路经济带""粤港澳大湾区"等国家发展战略和区域发展战略。这一聚类结果反映出，国家级新区比开发区、高新区等一般政策新区具备更强的战略适配性，需要基于更高尺度与国家重大发展战略相匹配。

其四，凸显规划编制在新区发展中的关键作用，主要涉及下表中的紫色聚类区域（对照图中主题词为："未来五年"下至"规划编制思路"）。此聚类反映出国家级新区在"十二五"和"十三五"规划中的重要地位，并强调规划编制对于新区转型升级的重要意义，主要包括："十二五""十三五""开好局起好步""规划编制"等政策主题词。

其五，进一步关注新区发展软环境问题，主要涉及下表中的青色聚类区域（对照图中主题词为："经济发展环境"下至"市场准入环境"）。发展软环境的优化是国家级新区转型升级的重要前提，此聚类体现出国家对新区发展的持续关注，具体涵盖"经济发展环境""发展软环境""政务环境""营商环境""创业环境""市场准入环境"等主题词。这一点实际上是与当前我国不断深化改革开放的时代环境是高度契合的，意味着国家级新区要进一步发挥经济增长这一核心空间效能，显然更需要在制度软环境等方面持续推进深层变革。

其六，明确了数据驱动公共服务改革的发展趋势，主要涉及图2-5中下方红色和绿色聚类区域（对照图中主题词为："政府管理"下至"互联网信息技术"）。此聚类关注到了大数据等新兴技术嵌入到公共服务供给改革的可能趋势，可大致拆分为两个次级聚类：一是政府管理与公共服务，涉及"政府管理""公共产品""民生服务""社区服务""公益服务"等主题词；二是新兴技术的快速发展，包括："数据驱动""城市大脑""大数据""互联网信息技术"等主题词。

综上所述，国家级新区肩负着较之一般新区以更高的政策期许。作为基于同一政策设计框架的空间现象，国家级新区却呈现出各具特色的功能定位，这本身就是我国各级政府高度重视和持续干预的政策结果。作为承接国家重大发展战略和改革任务的重要举措，国家级新区长期活跃在我国政策话语体系中。尤其是在我国顶层政策图景中，国家级新区所承载的任务使命之重要、功能定位之多元，远超于改革开放初期设立的开发区、高新区等一般类型的新区。相比于开发区、高新区或者经济特区等主要聚焦于提升经济发展水平的其他新区，国家级新区在承担经济功能的同时，还兼具更多的城市建设、社会建设和提供基本公共服务的功能①，并需要"在发展模式和体制创新上寻求突破、为国家和区域等不同尺度上的深入改革进行试点和铺路"②。

二 国家级新区的功能任务

截至 2022 年 12 月，我国国家级新区数量已多达 19 个。这在进一步凸显该类新区在国家空间格局中重要地位的同时，又极大丰富了发挥相应空间功能的平台载体，成为我国改革开放进入新阶段的一种政策设计表征。在国家力量的有效引导下，国家级新区的功能任务逐渐由单一的经济驱动功能，进一步呈现出综合性和多元化的延展趋向。③

（一）新区的功能预设

经济新区作为空间重构最活跃的地区之一④，我国对其中国家级新区的功能使命有着明确界定。在国家发改委历年发布的《国家级新区发展报告》中，官方对于国家级新区宏观层面上的功能定位略有调整，具体如表 2-9 所示。在《国家级新区发展报告 2020》中，尤其强调新时代下国家级新区应肩负起新使命："要成为高质量发展引领区、改革创新先行区、全方位开放试验田、实体经济发展新高地、城市建设新标杆。"⑤ 相较于之前的官方界定内容，"改革创新先行区"和"全方位开放试验田"

---

① 曹云：《国家级新区与其它城市功能区的比较及发展趋势展望》，《商业经济研究》2016 年第 23 期。

② 李云新、贾东霖：《国家级新区的时空分布、战略定位与政策特征——基于新区总体方案的政策文本分析》，《北京行政学院学报》2016 年第 3 期。

③ 王佃利、于棋、王庆歌：《尺度重构视角下国家级新区发展的行政逻辑探析》，《中国行政管理》2016 年第 8 期。

④ 沈洁、李志刚：《全球郊区主义：理论重构与经验研究》，《国际城市规划》2015 年第 6 期。

⑤ 国家发展和改革委：《国家级新区发展报告 2020》，中国计划出版社 2020 年版，第 23—24 页。

更能体现新时代的阶段发展特色。其中，围绕"改革创新先行区"的功能定位，国家明确要求国家级新区要为所在省市乃至全国提供改革的经验和样本，这为新区所肩负的"先行先试角色"提出了更为明确的目标指向。围绕"全方位开放试验田"的功能定位，目前在19个国家级新区中有多达14个新区拥有自贸区试验区（片区），且绝大多数新区范围内都涵盖数量不等的国家级经济技术开发区、综合保税区等开放创新平台，倾斜政策的高度叠加成为新时代下国家级新区的鲜明属性。

表 2-9　　　　　　　　　　　国家级新区总体功能定位

序号	报告名称	关于总体定位的内容简述
1	国家级新区发展报告 2015	打造经济发展新引擎、探索体制机制新经验、创新转型升级新路径、促进协调发展新模式
2	国家级新区发展报告 2016	支撑引领经济增长的新引擎、体制机制创新试验田、全方位开放格局新高地、城乡区域协调发展新样板、生态文明建设新示范
3	国家级新区发展报告 2018	推动高质量的排头兵、践行新发展理念的先行区、培育现代化经济体系的新典范、建设高水平社会主义现代化城市的新示范
4	国家级新区发展报告 2020	高质量发展引领区、改革创新先行区、全方位开放试验田、实体经济发展新高地、城市建设新标杆

资料来源：整理自历年国家发改委主编的《国家级新区发展报告》。图表自制，部分内容有删改。

国家空间战略本身是一个复杂的政策体系。作为空间支点和改革载体的国家级新区，同样具有多重的功能定位。国家级新区的发展，常常涉及不同层级与类型的政府和其他利益相关主体，其本质是一个区域治理问题。[①] 因此，除在宏观层面把握新区总体功能定位之外，国家层面还会根据各地资源禀赋及其发展实际，统筹安排各新区的具体功能定位。基于各新区 GRNN 评价结果，叶姮等将国家级新区划分

---

① Huang Xianjin, Yili, Lain Hay, "Polycentric City-Regions in the State-Scalar Politics of Land Development：The Case of China", *Land Use Policy*, No. 59, 2016, pp. 168-175.

为"国际竞争型、全国中心型、区域中心型和特殊战略型"四种功能类型。[①] 结合近年来我国对于各国家级新区功能定位的最新界定，我国部分国家级新区功能定位如表 2-10 所示。由下表可知，各新区不仅承担着产业发展、对外开放等经济职能，更涉及社会管理创新、城乡协调、陆海统筹等社会发展目标。可见，国家级新区存在复杂的问题指向、治理领域的交叉性以及非单一经济区域建设的任务取向[②]，并呈现出多维化趋向的功能定位设定。

表 2-10　　　　　　　　　我国部分国家级新区的功能定位

类型	类型阐释	代表新区	功能定位
国际竞争型	承担国家参与全球合作竞争的职能	上海浦东新区	科学发展先行区、"四个中心"（国际经济中心、国际金融中心、国际贸易中心、国际航运中心）的核心区、综合改革的试验区、开放和谐的生态区
全国拉动型	依托我国主要城镇群，将成为全国重要的经济增长	天津滨海新区	我国北方对外开放的门户、高水平的现代制造业和研发转化基地、北方国际航运中心和国际物流中心
		广州南沙新区	粤港澳优质生活圈、新型城市化典范、以生产性服务业为主导的现代产业新高地、具有世界先进水平的综合服务枢纽和社会管理服务创新试验区
		重庆两江新区	统筹城乡综合配套改革试验区的先行区、内陆重要的先进制造业和现代服务业基地、长江上游地区的金融中心和创新中心、内陆地区对外开放的重要门户、科学发展的示范窗口

① 叶姮、李贵才、李莉等：《国家级新区功能定位及发展建议——基于 GRNN 潜力评价方法》，《经济地理》2015 年第 2 期。

② 黄建洪：《中国经济特区治理改革与地方政府管理体制创新研究》，人民出版社 2018 年版，第 200 页。

续表

类型	类型阐释	代表新区	功能定位
区域拉动型	依托城市群，成为区域发展重要经济增长极	四川天府新区	西部地区重要的科创中心、以先进制造业为主、高端服务业集聚、宜业宜商宜居的现代化新城区，内陆开放型经济战略高地和全国统筹城乡发展示范区
		青岛西海岸新区	海洋科技自主创新领航区、深远海开发战略保障基地、军民融合创新示范区、海洋经济国际合作先导区、陆海统筹发展试验区
		南京江北新区	成为自主创新先导区、新型城镇化示范区、长三角地区现代产业集聚区、长江经济带对外开放合作重要平台
		陕西西咸新区	富有历史文化特色的现代化城市、我国向西开放的重要枢纽、西部大开发的新引擎和中国特色新型城镇化的范例
特殊战略型	承担国家特殊战略需求，如新型经济、国家安全、少数民族地区发展等的重要支点	贵州贵安新区	西部地区重要的经济增长极、内陆开放型经济新高地、生态文明示范区
		甘肃兰州新区	西北地区重要的经济增长极、国家重要的产业基地、向西开放的重要战略平台和承接产业转移示范区
		浙江舟山群岛新区	我国大宗商品储运中转加工交易中心、东部地区重要的海上开放门户、海洋海岛综合保护开发示范区、重要的现代海洋产业基地、陆海统筹发展先行区

资料来源：叶姮、李贵才等：《国家级新区功能定位及发展建议——基于GRNN潜力评价方法》，《经济地理》2015年第2期。西咸新区研究院：《国家级新区体制与政策比较研究》，中国社会科学出版社2017年版，第26—28页。各新区批复文件。图表自制。

值得注意的是，为有效防范经济社会转型和改革攻坚所带来的风险，相同的战略任务常常被赋予多个新区①，这体现出国家空间战略中对于国家级新区功能定位的统筹安排。例如：青岛西海岸新区和浙

① 曹云：《国家级新区比较研究》，社会科学文献出版社2014年版，第31页。

江舟山群岛同时被赋予了陆海统筹发展的战略使命；城乡统筹发展命题被同时赋予重庆两江新区、四川天府新区等多个新区；等等。上述这种差别化空间布局结构，更加凸显了此类新区在国家空间战略中的支点角色。

（二）新区的核心任务

在新区建设实践不断深化的过程中，国家级新区的核心任务大致经历了由经济增长到区域协调，再到体制机制创新、社会治理等多方面的嬗变过程，并逐渐蜕变成为肩负多重功能的发展载体。

首先，经济驱动功能是各个时期国家级新区建设的核心功能之一。相较于其他类型的新区，国家级新区既承担着完善城市空间结构布局等一般功能，还承担着引领区域经济增长乃至参与国际竞争的战略使命[1]，需要在"对外竞争"与"对内拉动"等方面切实发挥出应有的空间功能："对外而言，国家级新区应建构起更高效的全球资本引入与转换平台，促进国家对外开放的广度和深度，在全球范围内的经济竞争中确保优势地位；向内而言，新区要通过主动拉动内需增长，实现产业战略升级和特色经济示范等空间功能。"[2] 随着在我国经济发展进入新常态，国家级新区的经济驱动功能同样存在转型需求。国家级新区"应由以政策红利导向的路径向广义的人力资本和制度创新的路径逐步转型、由投资驱动型经济转化为创新驱动型经济"[3]，以进一步激发经济领域改革的深层红利。

其次，由于关乎新区布局问题，新区所肩负的区域协调功能也在逐渐凸显。国家级新区是国家与区域改革创新的新样本[4]，是区域协调发展的重要支点。国家层面通过将国家级新区在全国范围内广泛布局，既

---

① 曹云：《国家级新区与其它城市功能区的比较及发展趋势展望》，《商业经济研究》2016 年第 23 期。

② 叶姮、李贵才、李莉等：《国家级新区功能定位及发展建议——基于 GRNN 潜力评价方法》，《经济地理》2015 年第 2 期。

③ 张成：《新常态语境中国家级新区发展路径转型和制度安排探讨——以南京江北新区为例》，《城市发展研究》2017 年第 8 期。

④ 曹云：《新时期国家级新区的战略定位与极化机制》，《商业经济研究》2017 年第 8 期。

能推动东、中、西部不同区域板块在经济发展、社会治理等诸多领域的东西均衡发展，又能实现城乡要素平等交换和公共资源均衡配置①，助推城乡统筹发展。而在这一过程中，东部地区的国家级新区应"以'点'的开发开放辐射城市群'面'的建设，'点''面'通过交通'轴线'连接，最终实现我国从'增长极发展'延伸到'增长轴发展'"②。而位处内陆地区的各国家级新区，同样应是落实新型城镇化和主体功能区规划、构建"两横三纵"城市化战略格局、缩小城乡差距的重要举措。③

再次，国家级新区的体制机制创新功能在全面深化改革的战略布局下得以强化。新区的"新"最突出的体现就是体制机制创新。④ 显著区别于其他新区，在体制机制等制度设计维度上肩负试点使命，是国家级新区先行先试的内核本色。在新发展条件下实施创新战略是国家转型发展的关键，而国家级新区在设立之初就被赋予实现体制机制创新的重要政策期待。这一点既契合于国家治理变革进程，并使其成为我国经济发展进行内生式探索并实现本土化应用的重要载体。⑤ 新时期全面深化改革的现实诉求，更加凸显了创新国家级新区体制机制的现实需求。在这一认知前提下，各国家级新区创新体制机制的任务指向不再仅仅局限于经济领域，其可以通过体制机制创新激发内在发展潜力和活力⑥，根据地方发展的实际需求，形成自下而上创新转型驱动。⑦

最后，随着部分国家级新区逐渐成熟，其空间功能逐渐外溢到公共服务、社会治理等相关领域。相较于开发区、高新区等其他类型的政策

---

① 王佳宁、罗重谱：《新时代中国区域协调发展战略论纲》，《改革》2017年第12期。

② 曹云：《新时期国家级新区的战略定位与极化机制》，《商业经济研究》2017年第8期。

③ 茹伊丽、李莉、郭源园：《内陆国家级新区发展政策建议——基于内陆与沿海新区的对比》，《华东经济管理》2015年第6期。

④ 国家发展和改革委：《国家级新区发展报告2015》，中国计划出版社2015年版，第10页。

⑤ 谢广靖、石郁萌：《国家级新区发展的再认识》，《城市规划》2016年第5期。

⑥ 王佳宁、罗重谱：《新时代中国区域协调发展战略论纲》，《改革》2017年第12期。

⑦ 袁海琴、方伟、刘昆轶：《国家级新区的背景、问题与规划应对——以南京江北新区为例》，《城市规划学刊》2017年第6期。

试验区，国家级新区在空间规模、经济体量等方面无疑具有更为显著的优势。在上海浦东、天津滨海等成熟国家级新区实际运作过程中，其功能使命逐渐下沉至公共服务、社区治理等领域，辖区内就业、医疗、养老等公共服务职能逐渐由新区承担。① 除此之外，作为国家战略中产城融合等综合性新城区和人居环境高地②，国家级新区同样面对"如何划定新区生态保护红线、实施生态功能分区控制"等共性挑战③，仍需要在应对城镇化伴生的环境问题等方面发挥积极作用。部分学者指出，相较于东部新区，西部国家级新区更需要在屏障建设与模式示范等生态功能等方面发挥更加显著的作用，以带动省域或市域内人口和产业向资源环境承载优势地区集聚。④ 从这个意义上来讲，城市生态安全、产城融合和绿色增长能力等新挑战，则为实现国家级新区的可持续发展提出了更多元化的现实需求。⑤

综上所述，较之开发区、高新区或者经济特区等主要聚焦提升经济发展水平的其他类型新区，国家级新区在承担经济功能的同时，还兼具更多的城市建设、社会建设和提供基本公共服务的功能⑥，并"为国家和区域等不同尺度上的发展模式与体制创新进行试点和铺路"⑦。作为基于同一政策设计框架的空间现象，国家级新区却呈现出各具特色的功能定位，这本身就印证国家级新区这一发展模式的灵活性优势。也正因如此，国家级新区已成长为影响我国区域协调发展的显性空间变量，并

---

① 彭珊：《国家级新区发展的当下问题及其经济政策建构研究》，《理论探讨》2016 年第 5 期。

② 吴昊天、杨郑鑫：《城市新区的人居环境营造总体思路探析——以五大国家级新区为例》，《城市》2015 年第 4 期。

③ 贾滨洋、杨钉、张平淡、王玉梅：《国家级新区的环境挑战与出路——以天府新区为例》，《环境保护》2016 年第 24 期。

④ 彭小雷、刘剑锋：《大战略、大平台、大作为——论西部国家级新区发展对新型城镇化的作用》，《城市规划》2014 年第 S2 期。

⑤ 赵东方、武春友、商华：《国家级新区绿色增长能力提升路径研究》，《当代经济管理》2017 年第 12 期。

⑥ 曹云：《国家级新区与其它城市功能区的比较及发展趋势展望》，《商业经济研究》2016 年第 23 期。

⑦ 李云新、贾东霖：《国家级新区的时空分布、战略定位与政策特征——基于新区总体方案的政策文本分析》，《北京行政学院学报》2016 年第 3 期。

已成为剖析我国区域策略变迁、体制机制创新的重要窗口。而在空间尺度多样化、先行先试权集中倾斜的政策体系支持下，国家级新区所肩负的任务内容也同样得到极大延展，并呈现出与其他城市新区不同的特征。按照盛毅、方茜等学者的观点，国家级新区的核心任务主要体现在创新驱动、辐射带动、示范促进、协调推动等维度[1]，肩负着"协调—示范—带动—创新"的任务体系（如图 2-6 所示）。因此，相较于以经济发展为主的开发区和以体制机制创新为首要任务的综合配套改革试验区，国家级新区显然肩负着更加多样化的核心任务。

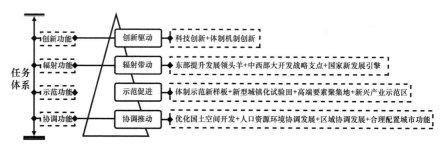

图 2-6   国家级新区核心任务

资料来源：盛毅、方茜、魏良益：《国家级新区建设与产业发展》，人民出版社 2016 年版，第 52—75 页。图表自制，内容有删改。

作为由国家层面直接批复建设的高能级城市新区，国家级新区在国家发展全局中承担着重大战略性使命。[2] 创新驱动是国家级新区发展的重点任务之一，其中科技创新直接关乎新兴产业的培育发展，体制机制创新则是强调以突破体制机制障碍的方式来确保新区获得持续发展动力。[3] 国家级新区对区域的辐射带动能力体现为主动性、协调性和外溢性三个维度[4]，但其本质是要将其打造成为中国经济发展的新引擎。因

①　盛毅、方茜、魏良益：《国家级新区建设与产业发展》，人民出版社 2016 年版，第 52 页。
②　曹云：《国家级新区比较研究》，社会科学文献出版社 2014 年版，第 1 页。
③　盛毅、方茜、魏良益：《国家级新区建设与产业发展》，人民出版社 2016 年版，第 53 页。
④　范巧：《国家级新区辐射带动力及其实现机制研究》，经济科学出版社 2019 年版，第 1 页。

而在建构均衡经济格局的过程中，国家级新区既需要持续增强东部地区的综合竞争优势，还需要成为中西部开发的重要战略支点。示范功能同样是国家级新区的重要任务之一，既包括体制机制深化改革和新型城镇化建设等改革命题，也涵盖高端要素聚集与新兴产业等发展问题。在塑造协调发展格局方面，国家级新区需要在优化国土空间开发的基础上，推进人口资源环境协调发展，同时在区域协调和城市功能配置等不同尺度发挥切实的带动效应。可见，上述高量级的功能定位既与国家级新区功能定位的自身变迁密切相关，同时也对相关政策真正落地提出了更高要求。也正因如此，以体制机制为主要内容的制度设计问题，则成为新区承接国家功能预设和发挥空间效能的关键一环。

第三节　国家级新区制度建构的分析框架

经过 30 余年的建设，国家级新区已经从少量的政策试点逐渐成长为肩负多重使命的高量级功能载体。此类新区得以成功蜕变的关键，是在长期摸索中寻找到了更为恰当的制度支撑，可以有效兼顾国家战略要求和地方发展需要。因此，更需要从制度建构的角度来理解国家级新区发展及其转型进路。

一　理论基础

如何理解国家级新区的制度建构问题？国家级新区的建设，是涉及空间布局、制度设计、机构运转等复杂建构过程，需要统筹考虑新区所肩负的空间功能单元和改革前沿试点等多重属性。围绕国家级新区的制度建构实践，本书在搭建分析框架的过程中，主要涉及政策试验、尺度重构以及新国家空间等理论观点。

（一）政策试验

西方社会对于政策试验（Policy Experimentation）的解读，更多是基于政策创新、政策扩散等政策制定流程（如表 2-11 所示）。作为政策试验的积极倡导者，坎贝尔（Campbell）将"随机化"界定为政策试验的基本特征[①]，进一步点明了开展政策试验的探索性和非确定性。从政策治理主体来看，中央政府和地方政府是开展政策试验的两类主体。因而就中央政府而言，政策试验被视为"中央政府允许部门和地方进行渐进式政策和制度尝试的结构化产物"[②]。但从地方政府看来，政策试验是"把来自基层的建议和地方积累的经验注入国家政策的一种机制"[③]。由表 2-11 可知，尽管具体切入点有所不同，但存在如下研究共识：政策试验是对复杂性政策问题的主动回应[④]和充满政治性的过程[⑤]。

表 2-11 外文文献对政策试验的典型界定列举

序号	界定内容	来源
1	将试验评估模型应用于社会科学领域，使用随机控制设计对公共政策方案进行科学、严格的评估，以减少具体实施过程中的风险	Ann Oakley. "Public Policy Experimentation: lessons from America", *Policy Studies*, No. 2, 1998, pp. 93-114.
2	改革派扩大政治支持、避免意识形态上的争论和牵制派系对手的有效方法	Hongbin Cai, Daniel Treisman. "Did Government Decentralization Cause China's Economic Miracle", *World Polit*, No. 58, 2006, pp. 505-535.
3	是在一定时期内上级政府在特定的范围内所进行的具有探索与试验性质的改革	Sebastian Heilmann, "From Local Experiments to National Policy: the Origins of China's Distinctive Policy Process", *China Journal*, No. 59, 2008, pp. 1-30.

---

① Campbell, Donald T., "Reforms as Experiments", *American psychologist*, No. 4, 1969, pp. 409-429.

② Lau L J, Qian Y, Roland G., "Reform without Losers: An Interpretation of China's Dual-track Approach to Transition", *Journal of Political Economy*, No. 1, 2000, pp. 120-143.

③ Heilmann S., "Policy Experimentation in China's Economic Rise", *Open Times*, No. 1, 2008, pp. 1-26.

④ Lewis Husain, "Policy Experimentation and Innovation as a Response to Complexity in China's Management of Health Reforms", *Globalization and Health*, No. 13, 2017, p. 54.

⑤ Guba E G, Lincoln Y S., "Fourth Eneration Evaluation", *Newbury Sage Publications*, 1989, p. 2.

续表

序号	界定内容	来源
4	是由于全球一级的协议往往难以达成，人们越来越多地寄希望于较低司法管辖级别的政策方案、公私伙伴关系、非政府组织、企业以及其他社会行为体的倡议	Hoffmann Matthew J., *Climate Governance at the Cross-Roads：Experimenting with a Global Response after Kyoto*, Oxford University Press, 2011.
5	是一种独特的治理方法，表示各种形式的活动，这些活动包括但不局限于公共政策领域，例如对体制安排的设计和评价、对社会和政治学习的鼓励以及对政策创新和政策转移的触发等	Christopher K. Ansell, Martin Bartenberger. "Varieties of Experimentalism", *Ecological Economics*, No. 130，2016，pp. 64-73.
6	针对与公共政策相关的创新所进行的临时的、受控的现场试验，旨在为随后的政策抉择提供依据	McFadgen Belinda, Huitema Dave, "Experimentation at the Interface of Science and Policy：A Multi-case Analysis of How Policy Experiments Influence Political Deci-sion-makers", *Policy sciences*, No. 2，2017，pp. 1-27.

资料来源：据魏淑艳、马心茹：《外文文献关于"政策试验"的研究述评》，《北京行政学院学报》2020 年第 3 期自制。

1. 中国治理场域下的政策试验

"试验性"是现代中国政治发展的典型特征①，因而在中国治理场域下的政策试验显著区别于其他国家的政策议程，"是'行政先于立法'的一种'国家试验'活动"②。在国家治理渐进转型的改革态势下，中国场域下的政策试验不再仅仅局限在政策制定流程，更与国家层面上的体制机制改革进程密切相关，这种由局部创新深化至全局改革的探索模式客观上推动了中国转型。③

立足中国治理场域，政策试验是党和政府在实践过程中逐渐摸索出

① 王猛：《中国地方政府创新研究：理论、议题与方法》，《公共管理评论》2020 年第 1 期。

② Peter Zeitz, "Mao's Invisible Hand：The Political Foundations of Adaptive Governance", *China Quarterly*, No. 213，2013，pp. 209-210.

③ 韩博天、石磊：《中国经济腾飞中的分级制政策试验》，《开放时代》2008 年第 5 期。

来的政策决策与改革方式①，并成为独具中国特色的治国理政策略和政策工具。②"在全国的统一方案拿出来以前，可以先从局部做起……逐步推开。"③"摸着石头过河"的渐进性改革路径，贯穿中国改革开放进程。作为中国政策过程中所特有的一种政策测试与创新机制④，政策试验所隐含的方法论是"突破一点，取得经验，然后利用这种经验去指导其他单位"⑤。而在这一过程中，我国体制机制渐渐改革的治理态势成为中国政策试验具有独特属性的现实解释：蒙蒂诺拉认为中国式"政策试点"是行政分权和司法竞争的结果⑥，反映的是国家治理和改革重心的阶段变迁；而政策试验背后的与行政体系中日益扩大的自由裁量权密不可分，这种改革趋向赋予开展多层级政策试验的制度空间；刘培伟则强调政策试验源于中央政府对地方的选择性控制⑦，是国家层面上对改革进程的整体把控。韩博天则进一步指出，"中国式政策试验与随心所欲地试错或自发形成的政策扩散过程有着显著的区别，是在有限的试验单位内对新政策或新制度所开展的试验活动"⑧，从而在结果层面上赋予了我国体制以很强的适应能力。⑨

正是这种立足于中国治理场域下的政策试验，集中体现了我国在进行政策创新、体制机制改革等方面的特殊属性。即使中国政策过程的经

---

① ［德］韩博天（Sebastian Heilmann）：《中国异乎常规的政策制定过程：不确定情况下反复试验》，《开放时代》2009 年第 7 期。

② 魏淑艳、马心茹：《外文文献关于"政策试验"的研究述评》，《北京行政学院学报》2020 年第 3 期。

③ 《邓小平文选》，人民出版社 1994 年版，第 150 页。

④ 周望：《"政策试验"解析：基本类型、理论框架与研究展望》，《中国特色社会主义研究》2011 年第 2 期。

⑤ 《毛泽东选集》，人民出版社 1991 年版，第 897 页。

⑥ Montinola G., Weingast B., *Federalism, Chinese style: The Political Basis for Economic Success in China*, World politics, 1995, pp. 50-81.

⑦ 刘培伟：《基于中央选择性控制的试验——中国改革"实践"机制的一种新解释》，《开放时代》2010 年第 4 期。

⑧ Heilmann S, "From Local Experiments to National Policy: The Origins of China's Distinctive Policy Process", *The China Journal*, No. 59, 2008, pp. 1-30.

⑨ 王绍光：《学习机制与适应能力：中国农村合作医疗体制变迁的启示》，《中国社会科学》2008 年第 6 期。

验事实显著区别于西方社会，亦不同于政策过程研究中的一般理论性规定。[1] 改革开放以来，我国任何一项较为重大的政策，几乎都在一定程度上经过先期试验再进行适度推广。这种作为惯例而存在的"先行先试→典型示范→以点促面→逐步推广"经典模式[2]，便是由"政策试验"中发展起来的。韩博天将这种独特的政策试验过程，概括为"地方试验、国家筛选、起草方案、选取试点、经验推广、制定政策、政策解释与执行以及讨论执行效果"等相互衔接的基本阶段（如图2-7所示），成为理解我国进行政策试验的重要理论模型。

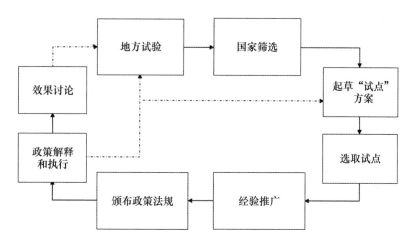

图2-7 中国政策试验的基本过程

资料来源：Heilmann S., "Policy Experimentation in China's Economic Rise", *Open Times*, No. 1, 2008, pp. 1-26。

2. 我国政策试验中的试验区

鉴于我国的政策试验需要服务于国家整体改革进程，兼具地域性和创制性特征的试验区[3]，因而成为我国开展政策试验的重要空间载体和

---

① 周望：《"政策试验"解析：基本类型、理论框架与研究展望》，《中国特色社会主义研究》2011年第2期。

② 周望：《政策扩散理论与中国"政策试验"研究：启示与调适》，《四川行政学院学报》2012年第4期。

③ 周望：《中国"政策试验"研究》，博士学位论文，南开大学，2012年，第96页。

功能支点。根据学者韩博天的观点，中国的政策试验主要包含了"试验区、试验性法规和试点三种类型"[1]。之所以凸显试验区在我国政策试验中的重要价值，其原因在于：一是相对于以项目制为主要形式的试点类型，试验区兼具空间特性和制度特性，能够为我国改革开放进程提供更加翔实的改革经验；二是相较于其他政策试验形式，我国试验区的布局规模和建设经验更为充分。在我国已形成的双轨制政策试验的格局下，包括经济改革实验区、综合配套改革实验区等都是我国政策试验的表现形式[2]，并涵盖国家级新区、经济特区、经济开发区等具体类型。

国家级新区等政策试验区的本质属性，即是率先赋予某些地区开展政策试验的权力[3]，而后以其试验经验反哺国家改革开放需要和政策创新需求。作为一种地域性的空间规划单位，政策试验区来自不同层级治理主体的适度授权。根据级别和权限的差异，政策试验区可以被划分为"国家综合配套改革试验区""部省共建试验区""国务院部委指导建设的试验区"和"地方自建试验区"等不同类型。[4] 但无论是何种具体形态，试验区都需要充分运用其所被赋予的并可在特定区域内进行先行先试的政策试点权限[5]，不断释放先行先试等创新效能。因而在具体功能指向上，我国的试验区是用于进行较大规模的政策试验尤其是追求制度创新的空间承载区域[6]，常常担任着"在现有体制之外或在现有体制之间建立新制度"的任务。[7] 从这种意义上来看，国家级新区的制度建构活动便可被视为一种政策试验过程。

---

① 韩博天、石磊：《中国经济腾飞中的分级制政策试验》，《开放时代》2008 年第 5 期。

② 杨宏山：《双轨制政策试验：政策创新的中国经验》，《中国行政管理》2013 年第 6 期。

③ 吴昊、温天力：《中国地方政策试验式改革的优势与局限性》，《社会科学战线》2012 年第 10 期。

④ 朱光喜：《中国"政策试验"研究：议题、意义与展望——以政策过程为中心视角》，《广东行政学院学报》2013 年第 4 期。

⑤ 周望：《中国"政策试验"研究》，博士学位论文，南开大学，2012 年，第 96 页。

⑥ 周望：《"政策试验"解析：基本类型、理论框架与研究展望》，《中国特色社会主义研究》2011 年第 2 期。

⑦ Naughton，Barry，*The Chinese Economy：Transitions and Growth*，Massachusetts Institute of Technology Press，2007，pp. 406-408.

（二）尺度重构

尺度重构（Scale Rescaling）理论源自尺度概念的延展分异。"尺度"一词早先被视为一类空间测度向量，后在多学科交叉影响下逐渐成为度量地理分异现象的"标尺"，能够呈现出不同尺度治理实践的差异属性。

1. 尺度延展与理论分异

作为多学科相互交融的结果，"尺度"（Scale）概念呈现出由"空间距离的测量"到"社会关系的描述"再到"地理空间分异的度量"等延展进程。

（1）作为空间测度向量的"尺度"。初始意义上的"尺度"概念是对地理、物理等相关领域中测量单元的深度提炼，鲜明呈现出以标准化原则进行分解度量的剖析视角。在不同学科中尺度的概念略有不同，具体如表 2-12 所示。但无论学科切入点有何差异，作为空间测度向量的"尺度"，更多强调"对表征空间规模、层次及其相互关系的量度"①，主要是作为标准化测量依据而存在的。基于这一理论设定，此阶段尺度概念的运用更多体现为量化交换的理论视角：作为基于静态视角下的平台设定，"尺度"更多发挥特定的测量作用，能够在不同量化标准下进行换算。由此可见，早期的尺度概念仅作为测度标准，并未与各类社会活动实现深度耦合。

表 2-12　　　　　　　　　　尺度相关概念汇总

	视角	维度划分	结构/关系	运用/过程
数学	数	向量	矩阵	线性交换
物理学	物理属性	基本物理量	衍生物理量	尺度分析
地图学	线/比较	距离/粒度	图层，比例尺	投影，测不准原理

---

① Richard Howitt. "Scale and the Other: Levinas and Geography", *Geoforum*, No. 3, 2002, pp. 299-313.

续表

	视角	维度划分	结构/关系	运用/过程
地理尺度	点/位置 拓扑/联系 面/范围	地方（相对区位或地方感） 网络（流量关联或中心性） 领土/区域（边界或权限划分）	社区—区域，行动范围，地区定位 世界城市网络，交通网 行政区划等级，选区划分	尺度跳跃，尺度重叠，地方营销 全球地方化或全球资本的地方嵌入 行政区划调整，尺度弯曲
尺度的社会生产	社会—空间交互	政治、经济、社会、文化	相对空间，关系空间，腹地	赋权，开放，表达

资料来源：王丰龙、刘云刚：《尺度概念的演化与尺度的本质：基于二次抽象的尺度认识论》，《人文地理》2015 年第 1 期；吴金群、廖超超：《尺度重组与地域重构——中国城市行政区划调整 40 年》，上海交通大学出版社 2018 年版，第 7—25 页。图表自制。

（2）作为社会关系场域的"尺度"。在人文地理学等交叉学科的直接影响下，尺度由特定空间距离演变拓展为某种社会关系。[①] 在逐渐实现与社会空间进行理论勾连的同时，尺度的概念内涵也渐趋丰富：尺度不再仅仅指代具体的绝对地理空间，又包含社会空间内所附着的诸多社会关系[②]，成为包含地理位置、物质空间与社会关系的复合概念。作为描绘社会关系的重要场域，尺度成为多重相对、收放自如的人类社会生产活动性的空间单元[③]，而非仅仅是量化维度上的测算标准。尺度概念的运用范围得以极大延展，尺度不再仅被看作孤立的、固定的空间范畴，而被视为由社会建构并随着社会关系的变动而发生持续的建构和重组。[④] 也正因如此，尺度由偏向于"标尺"的度量概念，转变为"社会

---

① 殷洁：《大都市区行政区划调整：地域重组与尺度重构》，中国建筑工业出版社 2018 年版，第 82 页。

② 张衔春、胡国华等：《中国城市区域治理的尺度重构与尺度政治》，《地理科学》2021 年第 1 期。

③ 吴金群、廖超超：《尺度重组与地域重构——中国城市行政区划调整 40 年》，上海交通大学 2018 年版，第 16 页。

④ 殷洁：《大都市区行政区划调整：地域重组与尺度重构》，中国建筑工业出版社 2018 年版，第 19 页。

关系的具体化及容纳和承接其运作的竞技场"①。"尺度"一词不仅与地域范畴下的从属关系相关，更实现了与不同层级的社会活动的深度嵌入。而将尺度概念层级嵌套于各类分级化的社会活动中的理论认知②，为日后尺度概念的进一步转型奠定了基本认知基础。

（3）作为地理分异度量单元的"尺度"。不同于前两个认知阶段，作为地理分异度量单元的"尺度"，其最显著的理论突破在于"以尺度来确立地理分异并刻画地理景观中权力与内容的秩序的过程"③，从而在纵向维度上对相关空间话语进行阐释。地理空间在全球化历史进程下呈现出流动性、可塑性等新特点，由此提出了进一步地方（Place）与社会单元在空间（Space）体系差异属性的新阶段诉求。④ 尺度是包括于空间、地方和环境的复杂混合体中的关系要素⑤，本质上是表达、体现和组织地理事件与过程的一个或几个层级⑥，逐渐成为度量地理分异（Differences）的关键概念。基于空间层级的不同，史密斯（Smith）确立了包括"个人、家庭和社区到地方、区域、国家和全球"的松散地理尺度体系。⑦ 在"全球—国家—城市"的纵向尺度架构下，布伦纳（Brenner）延伸出"超国家尺度"和"次国家尺度"两类新尺度层级。⑧ 聚焦现代国家内部的城市空间，部分学者也在纵向维度上开展了尺度划分。由此，尺度的

---

① Erik Swyngedouw, "Excluding the Other：the Production of Scale Andscaled Politics", In：Lee R. and Wills J. , *Geographies of Economies*, Arnold, 1997, p. 169.

② 张衔春、胡国华等：《中国城市区域治理的尺度重构与尺度政治》，《地理科学》2021年第1期。

③ Johnston, R. J. , et al, *The Dictionary of Human Geography*, Blackwell Publishing, 2000, pp. 724–727, 823–824, 833–835.

④ Neil Smith, Ward Dennis, "The Restructuring of Geographical Scale：Coalescence and Fragmentation of the Northern Core Region", *Economic Geography*, 1987, pp. 160–182.

⑤ 苗长虹：《变革中的西方经济地理学：制度、文化、关系与尺度转向》，《人文地理》2004年第4期。

⑥ Johnston, R. J. , et al, *The Dictionary of Human Geography*, Blackwell Publishing, 2000, pp. 724–727.

⑦ Neil Smith, *Geography, Difference and the Politics of Scale*, Palgrave Macmillan UK, 1992, pp. 57–79.

⑧ Neil Brenner, "Globalisation as Reterritorialisation：The Re-scaling of Urban Governance in the European Union", *Urban Planning International*, No. 3, 2008, pp. 431–451.

等级、关系、过程及其变化逐渐成为尺度研究的核心内容①，其所带来的直接影响便是极大拓宽了尺度概念在剖析国家内部各层级治理实践的理论价值。正是通过对不同尺度治理实践的区分，从而关注到了尺度层级之间治理实践的差异属性，并由此演变出一系列与尺度相关的延伸概念（如表2-13）。包括尺度重构、尺度重叠、尺度跳跃、尺度政治等相关概念，成为阐释不同尺度中各类治理实践的重要理论视角。

表2-13　　　　　　　　　部分尺度延伸概念列举

相关概念	概念阐释	资料来源
尺度渗透 （Penetrating Scale）	在一个特定尺度的参与者尝试影响其他尺度的过程	殷洁：《大都市区行政区划调整：地域重组与尺度重构》，中国建筑工业出版社2018年版
尺度跳跃 （Jumping Scale）	在一个地理尺度建立的政治权力扩展至其他尺度，以达到自身的政治目的	Neil Smith, *Geography*, *Difference and the Politics of Scale*, Palgrave Macmillan UK, 1992.
尺度征服 （Conquest Scale）	指参与者试图将自身置于某一个特定的尺度	Johnston, R. J., et al, *The Dictionary of Human Geography*, Blackwell Publishing, 2000.
尺度政治 （Scale Political）	将社会关系限定在特定地理范围的斗争，也就是争夺地方、区域、空间的绝对控制权的斗争	Neil Brenner, "Globalisation as Reterritorialisation: The Re-scaling of Urban Governance in the European Union", *Urban Planning International*, No. 3, 2008.
尺度重构 （Scale Rescaling）	具有尺度特性的组织方式发生变化、转移的过程	吴金群、廖超超：《尺度重组与地域重构——中国城市行政区划调整40年》，上海交通大学出版社2018年版
尺度凝结 （Scale Coagulation）	新的尺度项目会以分层的方式叠加于原有的尺度结构之上，而原有的尺度结构则可能会限制新的尺度结构的产生	马学广：《全球城市区域的空间生产与跨界治理研究》，科学出版社2016年版

资料来源：作者自制。

---

① Adam Moore, "Rethinking Scale as a Geographical Category: From Analysis to Practice", *Progress in Human Geography*, No. 2, 2008, pp. 203-225.

2. 尺度重构的内容指向

由于不同国家、不同时期的空间生产策略在推动主体、内容指向等方面存在显著差异①，从而带来了差异化的尺度结构。回归国家空间治理实践，现代国家制度正显著地受到向上、向下、向外等多重尺度重构影响，单一主导的地理尺度或均衡重叠的嵌套组织层次不复存在②，既有国家空间所依附的尺度结构面临着新挑战。基于全球化背景下资本主义"再地域化"的生产逻辑，布伦纳（Brenner）将城市尺度与国家尺度视为资本主义全球化过程中的两类主要尺度（如表2-14）。国家级新区事实上正处于国家尺度和城市尺度之间，由此面临着差异化的尺度重构情境。

表2-14 尺度重构中的国家与城市

（再）地域化形式	（再）地域化表现	资本积累的空间尺度		
		全球	国家	城市区域
城市尺度	重构城市尺度 形成全球城市	世界城市等级制度兴起 城市在世界经济竞争中愈发关键	国家内部城市体系重新嵌入到全球和超地域城市体系之中 世界城市与国内经济增长实现脱钩	出现超大都市区重构城市形态——多中心化城市区域及新型工业区的出现
国家尺度	国家领域重构 新自由主义下"全球地方化"现象	国家领域的"外部内化"现象：欧盟、世界银行等机构正推动着国家空间重构和尺度上移	国家尺度的"非国有化"转向； 中央政府将部分事项分别上移至超国家机构以及转移到区域和地方政府	国家领域的"内部外化"现象：尺度下移至次国家尺度；国家推动跨国投资向主要城市聚集；并试图通过建设"新国家空间"的方式规范"新工业空间"

资料来源：Neil Brenner. "Globalisation as Reterritorialisation: The Re-scaling of Urban Governance in the European Union", *Urban Planning International*, No. 3, 2008, pp. 431–451. 图表自制。

---

① 张践祚、李贵才、王超：《尺度重构视角下行政区划演变的动力机制——以广东省为例》，《人文地理》2016年第2期。

② ［美］尼尔·布伦纳：《新国家空间：城市治理与国家形态的尺度重构》，王晓阳译，江苏凤凰教育出版社2020年版，第92页。

在新发展态势下，国家尺度与城市尺度的重构内容存在明显分异："国家尺度重构主要涉及公众权力与宏观制度的整体架构；城市尺度重构则涉及世界城市体系的整体发展以及城市空间机构的转变等。"① 在新国家空间理论框架下，城市尺度与国家尺度的重组是高度竞争和矛盾的过程②，因而需要辩证看待两者之间关系。就国家尺度而言，国家领域同时面临着"外部内化"和"内部外化"等多维重构挑战，包括重点区域、核心城市群等在内的次国家尺度的崛起，将对既有国家空间的尺度结构带来显著影响；对城市尺度而言，全球化背景下的单个城市的发展已深度嵌入到世界城市体系之中，关键城市综合竞争力将是区域发展水平的关键标准。从这个角度来看，处于国家尺度和城市尺度之间的国家级新区，将是承担影响区域综合竞争力、关乎空间治理关键尺度架构，必须放到"国家—超国家—全球"的尺度上来分析③，并尤其需要从国家空间的整体布局角度加以统筹安排。

本书之所以将尺度重构作为分析国家级新区的基本理论切入点，源自如下理论前提与实践基础。从理论上分析，特定治理实践常会同时涉及跨尺度的解构与重构的演变过程，但不同尺度之间并不存在完全链接与对应关系。这种不间断的尺度结构无疑会放大了不同尺度之间的实践差异，成为分析复杂尺度现象的理论基础。正是承认不同尺度之间存在复杂动态关系的理论认知前提，进而为研究实质可辨的空间化政治奠定基础。④ 从实践上来看，尽管不同时期各个国家的发展战略有所不同，尺度重构及其空间生产策略的推动主体、内容指向会随之变化⑤，从而

---

① 殷洁：《大都市区行政区划调整：地域重组与尺度重构》，中国建筑工业出版社 2018年版，第 85 页。

② Neil Brenner, "Globalisation as Reterritorialisation: The Re-scaling of Urban Governance in the European Union", *Urban Planning International*, No. 3, 2008, pp. 431-451.

③ 吴金群、廖超超：《尺度重组与地域重构——中国城市行政区划调整 40 年》，上海交通大学 2018 年版，第 25 页。

④ Johnston, R. J., et al, *The Dictionary of Human Geography*, Blackwell Publishing, 2000, pp. 724-727, 823-824, 833-835.

⑤ 张践祚、李贵才、王超：《尺度重构视角下行政区划演变的动力机制——以广东省为例》，《人文地理》2016 年第 2 期。

使得不同阶段对各地域空间赋予的尺度重要性大相径庭。但由于当代中国所涉及的"权力下放""市场化"和"全球化"的转变过程，与西方的"去国家化""去政府化"和"全球化"三个重构过程具有相似性。因此，尺度理论也适用于分析中国的城市—区域空间重构和治理重构问题。① 此外，策略性的区域尺度重组和"梯度"差别性制度供给②，成为"权力作用于不同的空间范围的基本前提并引发不同尺度空间组织与治理形式的重构"③。这一点无疑与国家级新区制度建构实践存在高度契合关系。

（三）新国家空间理论

受到空间生产、尺度重构等理论的直接影响，以尼尔·布伦纳（Neil Brenner）为代表的"新国家空间"（New State Spaces）理论逐渐兴起，成为整合权力、空间、资本等多种要素的跨学科解释框架。将新国家空间理论作为理论基础的基本前提，是将国家级新区设立视作国家空间的具体建构实践，是国家空间战略有意选取的空间载体，其最终目标是实现对国家空间的渐进调试。相较于威斯特伐利亚式的传统国家空间，"新国家空间"的概念内涵在进程观、样态性以及跨尺度等方面有其独特属性④：（1）国家空间并非静态的容器或平台，是一个动态演变的进程；（2）国家空间并不仅局限于领土等地理形态，更表现为多重表现样态；（3）国家组织结构并非唯一治理尺度，其治理结构具有跨尺度性。新国家空间概念与传统国家空间观的对比情况（见表 2-15）。由下表可知，布伦纳等学者提出的新国家空间的基本概念，显著区别于以国家中心主义为主要理论假设的传统国家空间观，由此成为剖析空间中的制度建构实践的重

① 殷洁：《大都市区行政区划调整：地域重组与尺度重构》，中国建筑工业出版社 2018 年版，前言。

② 晁恒、马学广、李贵才：《尺度重构视角下国家战略区域的空间生产策略——基于国家级新区的探讨》，《经济地理》2015 年第 5 期。

③ 魏成、沈静、范建红：《尺度重组——全球化时代的国家角色转化与区域空间生产策略》，《城市规划》2011 年第 6 期。

④ ［美］尼尔·布伦纳：《新国家空间：城市治理与国家形态的尺度重构》，王晓阳译，江苏凤凰教育出版社 2020 年版，第 92 页。

要理论前提。

表 2-15　　　　　　新国家空间与传统国家空间观的对比

传统国家空间观	新国家空间
空间拜物教 国家空间被视为永恒且静态的	国家空间的进程概念化 国家空间被认为是政治、经济法规和体制变革的持续过程
方法论的领域主义 国家领域被视为现代国家形态不变、固定或永久的方面 国家空间的地理缩小到其领域范围	多形态的地理 国家地理形态被认为是多形态的、多方面的且不断演化 领域被视为国家空间的许多地理纬度之一
方法论的国家主义 从本体论的角度，国家尺度被视为现代国际体系中政治权力逻辑上的首要层面	空间尺度的多样性 国家监管和政治斗争在各相互交织的空间尺度上展开； 国家尺度组织和国家法规的尺度划分是存在历史演进的，时而存在重大重组

资料来源：［美］尼尔·布伦纳：《新国家空间：城市治理与国家形态的尺度重构》，王晓阳译，江苏凤凰教育出版社 2020 年版，第 93 页。图表自制，内容有删改。

新国家空间的理论缘起与全球化背景下国家管治实践转向存在显著关联。在全球化背景下，"地域重构"（Rescaling of Territoriality）是有效缓解当代资本主义固有矛盾的主要方式。具体而言，资本生产的"去地域化"和"再地域化"，是资本在全球范围内流动的两种新形式[①]：前者强调地域性的消解，即各类经济社会关系在特定地域上的消失；后者是指各类经济社会关系在新的地域范围内得以重新建构。上述资本生产逻辑，明显区别于早期资本主义以"三重循环"为主要形式的扩张规律，生产逻辑的历史变迁促使现代国家管治实践逐渐进行转型。不同于国家垄断资本主义时期常常借助抽象的国家机器和具体国家政策的干预策略，现代国家更多的是通过"持续干预空间、并以空间作为工具干

---

① 吴金群、廖超超：《尺度重组与地域重构——中国城市行政区划调整 40 年》，上海交通大学 2018 年版，第 23 页。

预经济领域的不同层面和所有机构"①，从而使得不同地域空间所被赋予尺度重要性存在显著差别。上述管治模式的历史性转变，显著提升了各项空间干预实践的重要性，这在客观上推动了新国家空间理论的形成和各类政策试验区的扩散。

1. 关键概念

"新国家空间"，可以被视为借助新地域组织（空间）的生产以强化弱势地区和次国家尺度的全球竞争力的过程。② 从内容构建的角度出发，新国家空间理论则主要是立足于重新解读国家空间和承认国家空间选择行为基础上的。

其一是对国家空间的再解读。新国家空间理论对国家空间的界定，是对于"领域"概念的延伸。区别于与国家主权深度捆绑的传统领域观念，新国家空间理论认为国家领域是由部分重叠的制度形式和差异化的监管机构共同组成的多样态、多尺度的制度镶嵌体③，这大大拓宽了国家空间的概念范畴。通过考察 20 世纪 60 年代至 21 世纪初西欧国家城市扩张背后的行政逻辑，布伦纳（Brenner）基于对"国家中心主义"（state-centrism）的批判，从"权力机构"和"权力行使"两个维度对国家空间进行概念解构④，由此形成了基础意义（Narrow Sense）和完整意义（Integral Sense）两个层次的国家空间内涵：前者是指"基础意义的国家空间"（State Space in the Narrow Sense），即由若干领土层级单元的基础上不同领域、层级的国家机构及其权力关系所构成的一个空间体系⑤；后者是更为国家权力行使空

---

① 殷洁：《大都市区行政区划调整：地域重组与尺度重构》，中国建筑工业出版社 2018 年版，第 99 页。

② Neil Brenner, "Globalisation as Reterritorialisation: The Re-scaling of Urban Governance in the European Union", *Urban Planning International*, No. 3, 2008, pp. 431-451.

③ James, Anderson, "The Shifting Stage of Politics: New Medieval and Postmodern Territorialities?", *Environment and Planning D: Society and Space*, No. 14, 1996, pp. 133-53.

④ Neil Brenner, "Urban Governance and the Production of New State Spaces in Western Europe, 1960-2000", *Review of International Political Economy*, No. 3, 2004, pp. 447-488.

⑤ Neil Brenner, *New State Spaces: Urban Governance and the Rescaling of Statehood*, Oxford University Press, 2004, pp. 69-113.

间性问题的"完整意义的国家空间"（State Space in the Integral Sense），主要体现为国家干预策略与政策的空间导向及空间效应。[①] 表 2-16 是新国家空间理论视角下对国家空间的概念解读。由下表可知，新国家空间理论即是研究"不平衡地理发展的、变化着的政治形式与制度中介"[②]，而国家级新区享有的特殊制度安排和扶持政策即是我国非平衡空间策略的重要体现。

表 2-16　　　　　　　　　　　**新国家空间的概念解读**

	基础意义的国家空间	完整意义的国家空间
概念界定	即国家内部特有的空间组织形式，特指一种集中于领域之上的、具有离散性、独立性和内部差异性的制度配置	借助国家制度来规范社会关系，并影响不同地理区位的特定领域、特定地点和特定尺度等多重维度
核心维度	边界/领域 边界在国家间体系中变化作用以及由边界框定的国家领域结构的变化	空间目标 通过国家政策、公共投资或财政补贴等方式，达成改变特定辖区和特定尺度内的社会条件的空间目标
	内部领域区分 在国家领域内对各辖区进行划分，主要通过以下方式加以实现： （1）确立政府间等级制度； （2）建立地方和区域特定的体制形式	间接的空间效应 由国家政策所引起的不平衡的社会空间后果，存在两种实现方式： （1）表面上通行的国家政策与隐含的空间选择行为；（2）国家政策与特定地区的次国家条件的相互作用

资料来源：［美］尼尔·布伦纳：《新国家空间：城市治理与国家形态的尺度重构》，王晓阳译，江苏凤凰教育出版社 2020 年版，第 100 页。

其二是明确国家空间选择行为。国家赋予部分区域特殊的发展条件和政策追加以应对区域发展不平衡等问题[③]，是国家尺度内部开展空间选择的重要形式。作为新国家空间理论的核心概念之一，国家空间选择

---

① 陈浩、张京祥、李响宇：《国家空间分异与国家空间视角的中国城市研究思路初探》，《人文地理》2017 年第 5 期。

② ［美］尼尔·布伦纳：《全球化与再地域化：欧盟城市管治的尺度重组》，徐江译，《国际城市规划》2008 年第 1 期。

③ Neil Brenner, "Urban Governance and the Production of New State Spaces in Western Europe, 1960-2000", *Review of International Political Economy*, No. 3, 2004, pp. 447-488.

可以区分为狭义概念和广义概念。前者主要聚焦于行政管理机构方面，是指"通过国家空间项目的动员以关注于国家机构的尺度构造"①，主要涉及国家治理架构和治理机制的调整；后者主要涉及政策策略维度，用以指代"在指定地域内不同类型的管辖单元和社会经济区域间的地区分化"②。国家空间选择的理论特征如表 2-17 所示。由下表可知，无论是行政管理维度还是政策策略维度，国家空间选择都存在鲜明的尺度特质和地域特征。集权或分权、统一或差异化，都是国家建构空间选择组织架构过程中所必须考量的重要维度；单一尺度或多尺度、均衡或非均衡的空间布局，亦是不同国家空间选择模式的策略变量。

表 2-17　　　　　　　　　**国家空间选择的理论特征**

特征内容	行政管理维度	政策策略维度
·尺度特质 特定领域内不同级别的政治经济组织间国家政策和制度的尺度表达	·集权或分权 集权：国家集权管理 分权：国家分权管理	·单一或多尺度 单一：集中于同一空间尺度 多维：分布于多重空间尺度
·地域特征 特定领域内不同类型的司法单位或经济区之间国家政策和制度的领域表达	·统一或差异化 统一：实行全国统一、上下一致的行政管理 差异化：特定区域实行专设化、特殊化的行政管理	·平均或倾斜 平均：实行均衡布局，追求经济均衡发展 倾斜：实行非均衡布局，强调经济集聚和增长极

资料来源：Neil Brenner, *New State Spaces*: *Urban Governance and the Rescaling of Statehood*, Oxford University Press, 2004, p.97；［美］尼尔·布伦纳：《新国家空间：城市治理与国家形态的尺度重构》，王晓阳译，江苏凤凰教育出版社 2020 年版，第 121 页。

2. 核心论点

新国家空间所呈现出更宏观、动态的过程视角，能够为解剖新区建设等国家空间重构实践提供更有效的理论工具。新国家空间理论涉及空间生产、尺度重构等多种理念，其核心内容是对国家空间重构机理的深

---

① 马学广、唐承辉：《新国家空间理论视角下城市群的国家空间选择性研究》，《人文地理》2019 年第 2 期。

② 马学广：《全球城市区域的空间生产与跨界治理研究》，科学出版社 2016 年版，第 92 页。

度剖析与系统描述。新国家空间理论的核心观点包括"重构对象—重构动因—重构内容—重构过程"等相关内容。

其一，以社会建构维度上的国家空间作为重构对象。受到空间生产等理论的深刻影响，新国家空间理论所强调的"空间"具有鲜明的空间生产色彩。作为"空间尺度生产"在国家空间话语体系中的理论表达[①]，社会构建意义上的国家空间成为理解国家空间理论内涵的基本前提。该理论聚焦社会建构维度上的国家空间，其空间重构并非仅是自然意义上的国家空间（以地理样态为构成要素），主要涉及与物质空间相对的、由各类社会实践活动构成的社会空间集合体。因此，新国家空间理论中的"国家空间"概念，旨在更凸显空间同社会的不可分离属性。[②]

其二，阐明资本、权力等是国家空间的重构动因。新国家空间理论认为，在资本积累方式转变、国家管制模式转型等多重动因的共同影响下[③]，国家尺度之下的空间重构实践不断展开。"去地域化"与"再地域化"的交织生产逻辑取代了"资本三重循环"[④]，成为资本循环的主导方式。而在这一过程中，区域中心城市、重点城市群、国家级新区等次国家空间不断崛起，激发了国家内部不同空间的尺度分化进程。面对差异化的空间尺度分异结果，国家与地方政府的管治模式也呈现出权力下移、弱化管制等转型趋势。[⑤]

其三，将国家项目和国家策略视为重构国家空间的核心内容。新国家空间理论并未将国家领域视为静态平台与空间"容器"，而是更多地将国家空间视为在不同领域和尺度中持续发生重构的过程。[⑥] 在

---

① 于棋：《国家空间的理论演变及国家级新区的建构实践》，硕士学位论文，山东大学，2018年，第23页。

② 胡燕、孙羿：《新自由主义与国家空间：反思与启示》，《经济地理》2012年第10期。

③ 马学广、李鲁奇：《新国家空间理论的内涵与评价》，《人文地理》2017年第3期。

④ Neil Brenner, "Beyond State-centrism? Space, Territoriality, and Geographical Scale in Globalization Studies", *Theory and Society*, No.1, 1999, pp.39-78.

⑤ Julie MacLeavy, John Harrison. "New state spatialities: Perspectives on state, space, and scalar geographies", *Antipode*, No.5, 2010, pp.1037-1046.

⑥ Neil Brenner. "Urban Governance and the Production of New State Spaces in Western Europe, 1960-2000", *Review of International Political Economy*, No.3, 2004, pp.447-488.

重构内容上，该理论实现了国家项目和国家策略的空间化转型。前者将国家看作空间上分化的、缺乏一致性的制度实体①（state spatial form），需要灵活调整基于不同尺度上的国家机构之间关系，即国家机构的整合；后者则强调通过"国家空间项目"（state spatial projects）调节不同尺度和领域的优先性，即空间功能的整合。自此，新国家空间理论将国家项目和国家策略这一对关键概念转化为对应的空间化概念②，由仅关注行政系统内部的机构合并转变为实现不同空间单元中国家机构的有效整合，并更加聚焦赋予不同尺度和领域以发展优先性的治理命题。

其四，系统梳理了重构国家空间的一般过程。就该理论而言，国家空间重构意味着新国家空间的产生，其过程通常会涉及如下基本步骤。（1）空间重构需求的形成。即在资本循环、尺度分异和管治模式转型等重构动因的直接影响下，促使重构社会建构意义上的国家空间；（2）空间选择。国家基于中心化和去中心化、统一性与定制化的原则框架，针对不同领域、尺度采取差异化的空间重构策略；（3）新国家空间的嵌入。国家通过分层互动的国家管治方式，生成新国家空间嵌入到既有国家空间体系中；（4）新国家空间的形成或消解。根据新国家空间与各类社会子系统的互动情况，从而确定重塑而成的国家空间由此成型或就此消解。对比国家级新区建设过程，可以发现，建构新国家空间的一般流程其实与国家级新区建设实践是存在高度契合的，两者都会历经明确空间需求、进行空间布局、设立管治体系等必要步骤。

二 分析框架

根据如上理论观点，本书所建构的分析框架主要基于以下认知前提（如图 2-8）。其一，国家级新区等政策试验区是改革开放以来我国开展政策试验的重要空间载体和创新支点，常常肩负着"在现有体制之外或

---

① 匡贞胜、孙斌栋：《新国家空间框架解读中国空间转型现象的再审视》，《地理科学进展》2021 年第 3 期。

② 马学广、李鲁奇：《新国家空间理论的内涵与评价》，《人文地理》2017 年第 3 期。

在现有体制之间建立新制度"的任务。[1] 其二，全球化背景下国家治理
尺度发生了剧烈重构，处于国家尺度和城市尺度之间的国家级新区，将
是承担影响区域综合竞争力、关乎空间治理关键尺度架构。[2] 其三，国
家级新区的建设不仅仅是空间布局问题，更应立足于制度建设等社会建
构维度上加以把握[3]，其本质是新国家空间的建构过程。由此可见，无
论是政策试验、尺度重构抑或是新国家空间等理论解释，其内容指向无
不在强调制度建构对于国家级新区建设的重要意义。

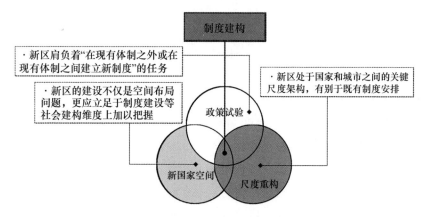

图 2-8　剖析国家级新区制度建构实践的认知前提

资料来源：图表自制。

　　因此，本书将重点关注国家级新区建设发展中的制度建构命题。具
体而言，本研究主要聚焦在国家级新区建设中制度何以建构的问题：在
国家级新区由"政策理念"变为"政策现实"的建设过程中，以体制
机制为主要内容的制度建构是如何实现的，其间体现出何种建构逻辑。
作为开发区等既有政策试验区的延伸，国家级新区本质上是一个崭新的

　　[1]　Naughton，Barry，*The Chinese Economy：Transitions and Growth*，The MIT Press，2007，
pp. 406-408.

　　[2]　王璇、邹艳丽：《国家级新区尺度政治建构的内在逻辑解析》，《国际城市规划》2021
年第 2 期。

　　[3]　殷洁、罗小龙、肖菲：《国家级新区的空间生产与治理尺度建构》，《人文地理》2018
年第 3 期。

空间—制度变量：新区的规划范围常常会突破既有行政区划，并在地方行政体制之外设立新的管理架构和运行机制。因而相较于"上下对应、条块统一"的科层管理体制，国家级新区在由一个"政策概念"逐渐转变为"政策现实"的演进过程中，本质上是一个将特殊空间—制度安排逐步实现"布局—落地—生根"的复杂过程与系统工程。

就国家级新区建设的一般流程而言，主要涉及新区布局、新区建设以及新区运营等具体实施环节。新区的建设首先需要立足于特定的空间载体，通过划定明确的地理范围和新区边界，以确保新区由政策理念转变为空间现象，实现"有空间所依"。其次，作为行政力量引导下的直接政策产物，国家级新区在搭建其管理架构抑或与地方行政体制进行互动协调的过程中，都需要依赖明确的组织架构，即"有组织可用"。最后，国家级新区具有较强的政策试验区属性，肩负明确的政策期待和功能预设。只有发挥切实的空间—制度功能并形成可复制的改革创新经验，才能保证此类新区"有为才有位"的持续发展空间。因此，本书所提炼出的国家级新区制度建构分析框架，在主线上遵循"空间布局—制度设计—功能塑造"的阐释思路，分别对应新区创设过程中的选取空间载体、开展制度建设以及释放创新效能等演进过程（如图2-9所示）。

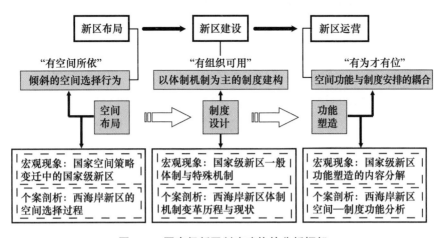

图2-9　国家级新区制度建构的分析框架

资料来源：图表自制。

第一，新区布局中的空间选择。国家级新区的创立，体现的是国家层面赋予部分地区以发展优先性，本质上是一种倾斜性空间选择行为。从新区布局的视角理解国家级新区制度建构问题，呈现出的是一种从"空间维度"下沉至"制度维度"的理论演进过程：国家级新区的设立是当前我国区域策略中的重要空间载体，国家层面对于国家级新区的空间功能具有更高的政策预期；但在发展定位多元化、政策红利渐趋淡化的发展背景下，国家级新区不得不面临着体制机制创新的巨大压力。由此看来，就作为政策试验区的国家级新区而言，新区布局环节表面上是空间功能的履行，但更应被视为新区进行制度建构的重要前提和基本场所。

第二，新区建设中的制度设计。新区设立所带来的直接结果，即突破了地方既有治理架构，尤其是为地方治理体制机制的渐进调试提供了创新契机与制度空间。从宏观层面来看，目前国家级新区中的常见管理体制与特殊机制安排，都凸显了新区作为一类新的空间—制度变量对于地方既有地方治理格局的嵌入性影响。而以体制机制为主要内容的新区制度设计，既是国家级新区得以有序运转的组织基础，更是显著区别于一般行政主体的主要制度特征。后文将借助对西海岸新区变革历程与制度现状的深度挖掘，从而更加具体地呈现出国家级新区开展制度设计的内在机理。

第三，新区发展中的变革成效。作为开发区等既有政策试验区建设经验的延伸，国家级新区需要实现空间功能与制度安排的深度耦合。因而对国家级新区制度建构效果的理解，不仅需要结合管理架构、运行机制等常见制度要素，来具体评判新区对地方治理架构所带来的现实影响，更要有效回应新区被明确赋予的空间功能等初始目标。只有切实发挥的应然功能预设，才能夯实新区体制机制创新的现实基础。因此，有必要从体制架构、运行机制以及经济发展等多维视角对国家级新区建设成效进行综合评判，以统筹考量新区建设在空间功能和制度变革等维度中的现实效能。

第四节　个案选择说明

　　围绕国家级新区制度建构这一宏大复杂命题，本书主要采取"宏观现象分析"与"微观个案挖掘"相结合的问题解构思路。除对国家级新区建设进程展开宏观分析之外，还需要以个案的方式来深度挖掘和具体呈现新区制度建构的内在机理。充分考虑案例典型性、资料可获取程度等多重因素，本书以青岛西海岸新区作为个案研究对象。作为我国《国家级新区设立审核办法》实施后公示的首个国家级新区，青岛西海岸新区的设立对于进一步完善国家级新区的空间布局具有重要战略意义。西海岸新区位于山东省青岛市胶州湾西侧，与青岛"老城区"隔湾相望，下辖十大功能区、23 个街镇。其中，该新区陆域面积 2096 平方千米、海域面积 5000 平方千米、海岸线长达 280 千米①，是当前我国面积最大的国家级新区之一。青岛西海岸新区空间位置如图 2-10 所示。2020 年，新区地区生产总值达 3721.7 亿元，具有较强的综合实力与发展潜力。青岛西海岸新区是沿黄流域主要出海通道和亚欧大陆桥东部重要端点②，在新区成立之初便肩负建设"海洋科技自主创新领航区""深远海开发战略保障基地""军民融合创新示范区""海洋经济国际合作先导区""陆海统筹发展试验区"等多重国家赋予的功能使命③，是我国全面实施海洋战略、发展海洋经济的重要空间支点和功能载体。

　　本书将青岛西海岸新区作为个案研究对象，其主要原因是该新区在制度设计方面具备较强的典型性。从国家级新区体制机制类型来看，西海岸新区不同于以浦东新区为代表的"政区型"新区和以重庆两江新区为代表的"管委会型"新区，但兼具上述两类体制的部分特征。该

---

　　①　国家发展和改革委：《国家级新区发展报告 2015》，中国计划出版社 2015 年版，第 103 页。

　　②　西咸新区研究院：《国家级新区体制与政策比较研究》，中国社会科学出版社 2017 年版，第 2 页。

　　③　《国务院关于同意设立青岛西海岸新区的批复 国函〔2014〕71 号》，2014 年 6 月。

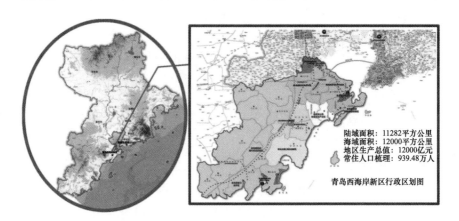

陆域面积：11282平方公里
海域面积：12000平方公里
地区生产总值：12000亿元
常住人口梳理：939.48万人

青岛西海岸新区行政区划图

图 2-10　青岛西海岸新区空间构成情况示意图

资料来源：青岛西海岸新区政务网及《青岛市国土空间总体规划（2021—2035 年）》，底图无修改。

新区属于"体制合一型"的管理架构，其制度设计中尤其需要兼顾以"西海岸新区—功能区"为主的功能区治理架构与以"黄岛区政府—街镇"为主的行政区治理架构之间的差异化的诉求，能够较大程度地反映在整个国家级新区建设过程中普遍存在的"功能区—行政区"之间的格局关系。① 从该新区自身制度特性出发，青岛西海岸新区同样为解构我国国家级新区管理体制变革现象提供了良好的案例研究对象，理由如下。

其一，下辖多样态、高规格的功能区类型。类似于其他国家级新区，青岛西海岸新区下辖大量功能各异、层级不同的功能区，涉及包括开发区、高新区、出口加工区、保税港区等在内的国内常见新区类型。而在多种新区类型背后所体现出的跨层级关系，既体现着国家级新区所面临复杂的治理态势，又成为观察我国新区管理体制变革的重要窗口。同时，该新区内部的功能区规格层级普遍较高，涉及七个国家级园区、三个省级园区，是"中国国家级园区数量最多、功能最全、政策最集中

---

① 青岛西海岸新区工委组织部、工委党史研究室：《青岛西海岸新区改革开放实录》第 1 卷，青岛出版社 2018 年版，第 45 页。

的区域之一"。这种空间样态无疑对新区的制度建设提出更高要求。

其二，新区体制变革面临较长的时间跨度与复杂的变革情境。从历史脉络上来看，该新区的建设基础是国务院批复的首批国家级开发区，而30年后又上升为肩负多重职能的国家级新区。在其发展过程中，西海岸新区不仅是全国首个由县级市和国家级开发区整合而来的国家级新区，更是在不同历史阶段采取过"政府主导型""企业主导型"以及"政企合作型"等常见管理体制类型。而在这一过程中，新区治理的政治尺度变化与权限转移方向呈现出多维态势①，且其治理模式最后定为"政府主导型"，符合全国绝大多数开发区的体制现状及其实践走向，同样与我国开发区转型发展的典型路径具有一致性。

其三，具有较高的管理权限与较为完善的初始制度设计。区别于大多数国家级新区所具有的副省级或正厅级管理权限，青岛西海岸新区是少数明确具有省级管理权限的国家级新区之一，因而在行政管理体制改革方面具有更为灵活的创新空间。作为2014年1月国务院出台《新区设立审核办法》后批复的第一个新区，西海岸新区在设立之初便明确了体制机制的主要方向，体现出较为明确的顶层设计基础。新区成立之后历经多轮改革，青岛西海岸新区（黄岛区）的管理体制日渐成熟，其所建构的"新区管统筹、功能区重发展、街镇强治理"的全新体制机制②，被发改委誉为"最顺管理体制"。2018年正式实施《山东省青岛市西海岸新区条例》，表明该新区制度建设的规范性走在全国前列的同时，也为确保新区拥有更多改革自主权提供了制度保障。综上，本书将以青岛西海岸新区作为个案研究对象，具体呈现国家级新区制度建构的微观过程。

---

① 吴金群、廖超超：《尺度重组与地域重构——中国城市行政区划调整40年》，上海交通大学出版社2018年版，第376页。

② 青岛西海岸新区工委组织部、工委党史研究室：《青岛西海岸新区改革开放实录》第1卷，青岛出版社2018年版，第45页。

第三章 空间布局：在国家空间战略中创设新区

布局新区是国家开展倾斜性空间选择的直接结果，不仅关乎"一城一地"的发展，更需要从国家空间战略的宏观视角加以把握。从制定公共政策的角度来看，国家空间战略带有鲜明的政策属性，是国家层面基于某种特定的区域秩序和空间结构以实现某种政策目标的行动或行动方案①；立足空间功能的视角，国家空间战略是优化空间格局、释放空间发展潜力的政府干预行为，常常需要依托一定数量的空间载体。通过梳理国家空间战略转型过程中的新区建构实践，可以发现，国家级新区是当前国家空间战略中的重要支点，并与"主体功能区""十四五"规划等国家重大战略具有高度的空间关联性。更为关键的是，国家级新区的创设不仅是单纯的空间布局过程和既定的空间现象，更在地方治理体系变革等制度建构维度上具有重要意义，兼具空间支点和制度变量的双重属性。

第一节 我国国家空间战略与国家级新区

中西方区域治理实践共同表明，带有空间管治功能的各类战略举措，是政府履行宏观调控管理职能、通过合理配置公共资源打造有序空

① 杨龙：《中国区域政策研究的切入点》，《南开学报》（哲学社会科学版）2014年第2期。

间结构的重要方式。① 为更凸显政策的空间功能定位与国家空间选择行为的战略属性，本部分以"国家空间战略"的概念对国家重大开放战略、区域发展政策等相关概念加以统合。在我国国家空间战略的变迁进程中，国家级新区因其独特的空间属性和显著的政策优势，在国家重大战略中发挥着愈发鲜明的支点作用。

一　我国国家空间战略的转型历程及其内容特征

新中国成立尤其是改革开放以来，我国国家空间战略在经济社会体制长期变革的影响下发生了重大变化，其在相关策略内容上呈现出独有特征并面临着新的阶段张力。深化对国家空间战略转型历程的理论认知，更有助于把握国家级新区在当前我国国家重大战略中的空间角色。

（一）我国国家空间战略的转型历程

基于不同空间所具备的差异化禀赋资源情况，结合国家治理架构的宏观设定，国家战略在空间维度上的配置并不会呈现出静态均衡的分布状态。即"国家在其权力与政策配置方面具有差别化对待地理空间的倾向，某些特定的地区或空间尺度可能会得到国家的垂青"②，而其他地域的空间价值并未得到同等承认。由此看来，我国国家空间战略的变迁与转型历程不单是公共政策内部制定流程的结果表达，其政策内容既受制于我国区域经济社会整体发展状况，又与我国改革开放进程和国家治理体系变革密切相关。

国家空间战略的本质是权力—空间的配置问题，尤其要与国家宏观发展进程相匹配。③ 新中国成立以来，我国经济社会持续推进一系列重大变革：经济体制由计划经济体制转变为中国特色社会主义市场经济体制，政府职责体系、央—地关系、对外战略等上层建筑维度的变革趋势同样显著。正是立足于长时期、宽领域、大范围的改革实践，我国国家

---

① 樊杰：《优化中国经济地理格局的科学基础》，《经济地理》2011 年第 1 期。

② Jones M. R., "Spatial Selectivity of the State? The Regulationist Enigma and Local Struggles over Economic Governance", *Environment and Planning A*, No. 5, 1997, pp. 831-864.

③ 于棋：《国家空间的理论演变及国家级新区的建构实践》，硕士学位论文，山东大学，2018 年，第 34 页。

空间战略的内容构成才得以不断调整。部分学者对于我国国家战略转型历程的划分，大致遵循"三段论"① 或"四段论"②。结合我国经济体制和区域发展战略的总体布局情况，本书认为我国国家空间战略的变革历程主要经历了四个发展阶段，每一阶段内的空间策略倾向、策略内容、策略支点以及策略模式有所不同，具体如表 3-1 所示。

表 3-1　　　　　　　　　　我国国家空间战略的演进历程

阶段	计划经济时期（1949—1978）	改革开放初期（1979-2000）	21 世纪初期（2001-2013）	改革攻坚期（2014 年至今）
宏观战略目标	独立自主、种类齐全工业体系 计划经济体制 消灭区域差别	启动经济体制市场化改革 对外开放 "先富带动后富"	深化经济体制改革 融入世界市场 区域协调发展	全面深化改革 新型城镇化建设 国内国际双循环 "一带一路"
空间策略倾向	区域平均主义	非均衡发展战略	区域发展的协调横向	区域协调的尺度化转向
空间策略内容	生产均衡布局 大分散、小集中 "三线建设"	区域梯度发展战略 资源向东部倾斜 东部地区获得更多自主权	西部大开发、东北振兴、中部崛起、东部加快发展 东西双向互济开放格局	更精细化的区域协调机制 跨尺度、宽领域规划体系 建构湾区等新型发展载体
空间策略支点	重点工业项目 工业功能城市	经济特区、高新区等各类开发区 东部沿海经济带	尝试设立国家综合配套改革试验区 初步探索国家级新区等功能载体	大力推广国家级新区等新型功能区 先行示范区、共同富裕示范区、现代化建设引领区等
空间策略模式	"全国一盘棋"	"点轴开发"模式	"板块开发"模式	"点线面"相结合

资料来源：李禕、吴缚龙等：《解析我国区域政策的演变：基于国家空间选择变化的视角》，《现代城市研究》2015 年第 2 期。内容有调整，图表自制。

① 李禕、吴缚龙、黄贤金：《解析我国区域政策的演变：基于国家空间选择变化的视角》，《现代城市研究》2015 年第 2 期。
② 杨龙：《中国区域治理研究报告 2016——区域政策与区域合作》，中国社会科学出版社 2017 年版，第 71 页。

1. 计划经济时期：国家空间均衡发展的初步探索（1949—1978）

新中国成立之初，基于传统治理结构和其他社会主义国家的建设经验，我国初步完成了行政体制和经济体制的创设："逐渐建立起以中央高度集权为主要特征的单一体制，并逐步推动指令性计划经济体制与宏观经济社会运行过程的深度嵌入。"① 立足于当时我国生产力总体较为落后且分布极不均衡的发展格局，此时我国国家空间战略以消灭区域差别为基本导向，大致遵循区域平均主义的基本原则。其在指导思想上是为了推动生产力均衡配置和消灭区域差别，在政策内容上是向内地和中西部地区倾斜。② 基于"全国一盘棋"的策略模式，我国着力推动生产力均衡布局的建设，重大项目布局、重要工业城市建设在行政权力的引导下被相对均衡分布于全国，尤其是中西部地区得到了大量政策帮扶。尽管此阶段国家空间战略更多受制于国际形势、国防安全、经济基础等多重因素限制，但不可否认的是，正是基于区域平均主义的空间战略，我国综合国力得以显著增强，国家层面引导下工业化进程得以顺利开启，从而奠定了日后推动区域均衡发展的基本空间基础。

2. 改革开放初期：构建非均衡的国家空间格局（1979—2000）

1978 年之后，我国逐步确立了"对外开放、对内改革"的顶层战略。内部指令性计划经济体制逐步松动，以市场化为主要导向的经济体制改革进而启动。"对外开放"战略成为此阶段影响国家空间战略的核心变量，非均衡区域发展格局逐步形成："集中有限的资源优先发展某些地区，以这个地区的先行发展带动其余地区的现代化。"③ 结合改革开放初期我国较为薄弱的发展基础，非均衡的区域空间策略无疑是"以点带面"、最大化利用有限资源撬动改革开放整体进程的最佳选择。就此阶段国家空间战略的具体内容而言，区域梯次发展战略取代既有的"平均主义"布局倾向。从强调各区域相对均势，调整为优先鼓励东部

---

① 王佃利、于棋：《国家空间的结构调试：中国行政区划 70 年的变迁与功能转型》，《行政论坛》2019 年第 4 期。

② 杨龙：《中国区域治理研究报告 2016——区域政策与区域合作》，中国社会科学出版社 2017 年版，第 71 页。

③ 王义祥：《发展社会学》，华东师范大学出版社 1995 年版，第 114—116 页。

沿海地区发展，随后辐射扩散至广大内陆地区，本质属于主观划定的"台阶式"区域发展战略。相较于广大中西部地区，东部沿海地区同期获得了超量政策支持，并在其内部次级空间策略的制定上享有更大的自主权。尤其是在中央层面明确允准"先富带动后富"这一重大原则问题之后，以东部沿海经济带为主要核心的"点轴开发模式"逐渐形成：即以经济特区、沿海开放城市等对外开放的支点，撬动东部沿海地区的经济发展，从而赋予全国经济社会发展以更大活力。尽管此阶段的非均衡国家空间战略，引起了东部沿海地区和中西部地区的发展差距。但在一定时期内国内区域差距的适度扩大，其积极作用远大于消极作用。[①] 20世纪90年代我国推进的"分税制"改革，其在进一步厘清中央政府和地方政府之间的事权与财权关系的同时，显著增强了中央政府的统筹调动能力[②]，为随后稳步推进区域协调发展奠定了良好物质基础。

3. 21世纪初期：区域协调发展的战略起步阶段（2001—2013）

早在20世纪90年代，我国便已认识到非均衡空间发展格局所引发的一系列深层社会问题，区域间协调发展命题逐渐上升为我国国家空间战略。其主要是通过政策资源的集中安排，面向特定弱势地区开展主动的政策扶持活动，以"改变由市场机制作用所形成的空间结果"[③]。进入21世纪，随着我国融入世界经济格局的进程不断加快，深化经济体制改革的变革诉求进一步增强。追求国家空间内部的协调发展，在相当大程度上成为对加快完善全国统一大市场这一发展诉求的重要体现。自此，我国在继计划经济时代之后，基于新发展条件下再度推出新一轮强调区域协调发展的国家空间战略。在此阶段，我国对外开放格局由沿海、沿江开放扩大至沿边开放[④]，逐渐形成了沿海与内陆、东中西部及

---

① 杨龙：《中国区域治理研究报告2016——区域政策与区域合作》，中国社会科学出版社2017年版，第72页。

② 张晏、龚六堂：《分税制改革、财政分权与中国经济增长》，《经济学》（季刊）2005年第4期。

③ 张可云：《区域经济政策》，商务印书馆2005年版，第6页。

④ 申桂萍、胡伟、于畅：《中国沿边开发开放的历史演进与发展新特征》，《区域经济评论》2021年第1期。

东北地区互济互联的区域发展格局，我国进入推进区域协调的战略起步阶段。而加强区域之间的横向协调关系，成为此阶段我国国家空间战略倾向的重要表达：除继续加快东部地区发展之外，我国以西部、中部和东北部地区为核心主干的板块战略模式逐渐明晰。由此，我国重点推动以"四大板块"为主体的区域经济发展格局①，板块开发导向成为影响我国宏观空间布局的重要变量。在这一过程中，我国区域空间战略的支点载体也呈现出新特征：我国逐步尝试设立以国家级新区和国家综合配套改革试验区等为代表的新型功能区，并依据各地区经济发展水平在功能区的板块空间分布上尽量保持相对均势。而上述各类新型载体，成为我国推进国家空间"板块开发"模式的重要政策支点。

4. 改革攻坚期：区域协调发展的深入推进阶段（2014年至今）

2014年被称为全面深化改革元年，承载着国家层面对改革进程的速度、深度及广度的更多期盼。步入改革攻坚期，我国在体制机制维度上面临着持续推进全面深化改革的巨大压力，在经济社会发展方面需更有效地应对新型城镇化建设、践行"一带一路战略"、构建国内国际双循环格局等阶段挑战。国家空间战略已经从区域内部拓展为"区域间相互依赖、空间升降尺度间的相互作用的过程"②。仅仅强调板块之间横向协调的既有格局并不能有效承载新时代下复杂化的发展诉求，构建更科学、更精细的区域空间策略体系逐渐提上日程。因而在区域协调发展的深入推进阶段，我国的国家空间战略倾向呈现出鲜明的尺度化转向特征：不再仅仅关注板块之间的横向协调问题，更强调构建依托多种空间载体、多重管治关系的跨尺度空间层级体系。在空间战略内容上，我国逐渐探索包括合作组织主导型、民间力量参与型等更精细化的区域协调机制③，建立跨尺度、宽领域的规划体系和设立大湾区等新型区域发展

① 于棋：《国家空间的理论演变及国家级新区的建构实践》，硕士学位论文，山东大学，2018年，第34页。

② 樊杰、王亚飞、梁博：《中国区域发展格局演变过程与调控》，《地理学报》2019年第12期。

③ 杨龙：《中国区域治理研究报告2016——区域政策与区域合作》，中国社会科学出版社2017年版，第147—150页。

载体，并在空间策略支点的建构方面有所突破。在大力推广国家级新区等新型功能区的同时，又有所甄别地选取设立先行示范区、共同富裕示范区、现代化建设引领区等国家级战略区域试点。在区域空间战略的基本模式上，呈现出"点线面"相结合的主要特征：既包括各类肩负不同改革使命的新区作为支点，也同样涉及包括京哈—京广、长江沿岸等发展主轴，还将湾区等新型载体纳入国家统一规划和发展战略之中。这无疑突破了原来基于资源禀赋进行简要划分的板块横向协调关系，我国力图建构起一种跨域层间层级、地域区块和行政等级的复杂空间策略体系。

（二）我国国家空间战略的内容特征

按照李禕等学者的观点，改革开放初期我国秉持向东部沿海地区倾斜的空间发展战略，再到 21 世纪初"四大板块"协调发展阶段，而在改革攻坚期则坚持"点线面"全部铺开的空间发展策略。① 回溯过去数十年的演进历程，当前我国国家空间战略的内容构成渐趋丰富，并在新发展条件下呈现出若干新阶段特征。

1. 内容构成

国家空间战略的制定与实施，是不同层级行政主体之间彼此互动的尺度再造过程。改革开放以来，我国国家空间战略的数量种类、层级范围和体系构成等各方面都发生了显著变化，这正是源自我国国家空间战略长期持续变动的基本事实。因此，理解国家空间战略的内容构成既需要从静态类型的视角进行区分，更需要从历时角度加以认知。

从历时角度出发，我国国家空间战略的内容构成是一个动态扩容的过程。按照学者陈瑞莲的观点，改革开放以来的中国主要空间战略的演进可分为四个阶段，即"沿海地区优先发展—沿江沿边地区重点发展—西部大开发阶段—区域协调发展等不同阶段"②。除核心开发区域的逐

---

① 李禕、吴缚龙、黄贤金：《解析我国区域政策的演变：基于国家空间选择变化的视角》，《现代城市研究》2015 年第 2 期。

② 陈瑞莲、谢宝剑：《回顾与前瞻：改革开放 30 年中国主要区域政策》，《政治学研究》2009 年第 1 期。

步演变之外，我国的国家空间战略的构成要素也在不断泛化，即"从4个经济特区到沿海14个开放城市再到沿海地带全面开放等空间路线图的设计、4个板块构成的区域发展总体战略的实施、主体功能区战略和基础制度以及'京津冀—长三角与长江带—粤港澳大湾区'等战略区域的发展"①，都是当前我国国家空间战略的重要组成部分。回溯近年来我国国家空间战略的动态变化过程，可以发现，除既有经济特区、开放城市、沿海沿江经济带等早期空间载体之外，国家级新区、主体功能区战略、新型城镇化战略以及"粤港澳"大湾区等区域发展战略，都逐渐成长为国家空间战略的重要支点形式。

　　从静态类型的角度出发，我国国家空间战略的内容范畴至少存在横向与纵向等两类理解维度（如图3-1所示）。根据政策内容的指向性差异，张军扩等将我国国家空间战略划分为："各类保护区政策以及主体功能区政策""资源型城市转型政策""少数民族地区政策""扶贫政策"以及"四大板块战略"等类型②；孙久文等将其分为"国家级新区政策""改革试验区政策""区域规划政策"等类型③；学者杨龙等从政策结构的角度出发，将我国国家空间战略划分为全局性政策和具体区域政策。④前者主要涵盖我国各主要国家总体战略和主体功能区规划，后者则泛指针对不同领域的具体区域政策。就我国国家空间战略内容而言，其在横向与纵向维度上各有特色。在横向层面上，我国国家空间战略主要形成了"4+3+X"的横向格局：除东部、中部、西部和东北四大板块发展战略之外，我国还提出了"一带一路"、长江经济带和京津冀协同三大发展战略⑤，以及粤港澳大湾区等其他新兴战略。而在纵向层面，我国的国家空间战略则可大致分为三类："改革开放先行区和试验

　　①　樊杰、王亚飞等：《中国区域发展格局演变过程与调控》，《地理学报》2019年第12期。
　　②　张军扩、侯永志等：《中国区域政策与区域发展》，中国发展出版社2010年版，第2—7页。
　　③　孙久文、原倩：《我国区域政策的"泛化"、困境摆脱及其新方位找寻》，《改革》2014年第4期。
　　④　杨龙：《中国区域治理研究报告2016——区域政策与区域合作》，中国社会科学出版社2017年版，第3、4页。
　　⑤　邓睦军、龚勤林：《中国区域政策的空间选择逻辑》，《经济学家》2017年第12期。

田的区域政策，针对各类问题区域、特殊功能区域实行的区域政策，以及国家总体发展战略中的区域政策。"① 但无论是横向还是纵向上，服务于各类政策试验区的空间策略都是国家空间战略的重要组成部分，而以国家级新区为代表的新型政策试验区无疑是其重要空间载体。

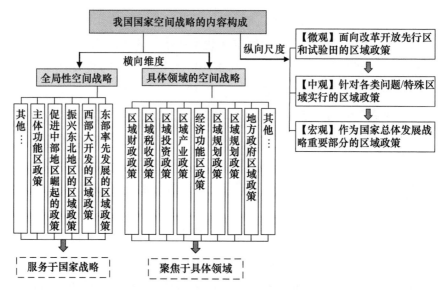

图 3-1　我国国家空间战略的内容构成

资料来源：杨龙：《中国区域治理研究报告 2016——区域政策与区域合作》，中国社会科学出版社 2017 年版，第 7—35 页；张军扩、侯永志等：《中国区域政策与区域发展》，中国发展出版社 2010 年版，第 2—7 页。

2. 特征总结

回溯我国国家空间战略的转型历程，可以发现，其在地域范围、建构模式、任务导向和作用维度等方面都呈现出鲜明的转型特征（见图3-2），并对区域划分标准、区域关系处理、区域协调目标、区域支点选取等空间维度产生了重要影响。值得注意的是，区域划分标准的变化在更深层次上反映着区域间关系的变迁，而后者无疑对区域协调目标提出了更高要求。因而在战略空间支点的选取上，新经济社会发展条件将

① 张军扩：《中国的区域政策和区域发展回顾与前瞻》，《理论前沿》2008 年第 14 期。

会持续影响我国国家空间战略的作用维度。

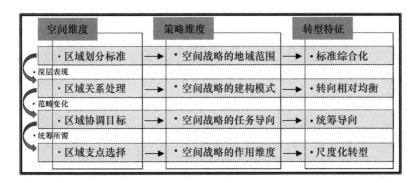

图 3-2　我国国家空间战略转型的特征总结

资料来源：图表自制。

（1）在空间战略的地域划分上，实现了从单一的地理维度转向综合社会标准。基于各地差异化的资源禀赋条件以分门别类地实施空间策略，是新中国成立以来我国长期开展国家空间战略制定实践中所积累的重要经验。围绕空间战略中的地域划分命题，我国国家空间战略呈现出逐渐突破单一地理板块格局、综合考虑经济社会发展各项标准来选择和划定战略区域的演变过程：计划经济时代的布局重点考虑各地的自然资源；改革开放初期主要考虑沿海延边地区以及四大地理板块；而在深化改革开放的新阶段下，大湾区、城市群等跨越地理边界的社会综合性空间载体逐渐涌现。正是由单一的地理维度向综合社会标准的变革过程，我国国家空间战略由突出重点地区向各地区协调发展转变，相关策略的科学化、体系化的转型进程也在不断加快。

（2）在空间战略的建构模式上，经历了"均衡—非均衡—相对均衡"的变迁历程。地域划分标准的转型，反映着更深层次上空间战略建构模式的不断调整。新中国成立之初，在"平均主义"的空间战略导向下，重点工业设施和工业城市建设在国土空间内近乎平均分布，体现出这一时期的空间战略是以弱化区域差距为基本策略导向的。改革开放初期，东部沿海与内陆地区的发展差距被有意放大，非均衡的空间发展格局既是制定空间战略的出发点，亦是所追求政策结果。而在推进区域协调的起步阶段和深入推进阶段，立足于业已存在的区域发展客观差距，我国国家空间战略的建构模式上不再坚持区域之间的绝对均衡，转向以承认区域分工为基础的相对均衡模式。并在由"横向均衡"转向"尺度均衡"的摸索过程，各板块之间的简单横向均衡态势被深化调整为"点线面"等多重管治体系下的均衡格局。

（3）在空间战略的任务导向上，正由效率导向转变为统筹导向。在空间战略建构模式转变为"相对均衡"的过程中，实践层面的均衡范畴也发生了深刻变化，由此带来了我国空间战略任务导向的剧烈转变。传统意义上的区域均衡更多强调经济均衡，基于此基础上的区域协调发展概念旨在逐步缩小区域间经济指标差距，加大对落后地区产业项目投入构成主要的战略内容。而在新发展条件下，区域均衡的理念，已在越来越丰富多样的区域发展目标、生产生活需求、增长价值取向等过程中呈现出"复杂化"的演变趋势。① 经济目标不再是区域均衡的唯一范畴，社会创新、区域治理、生态保护等多维目标都将是统筹区域协调发展的应然范畴。自此，我国空间战略的任务导向逐渐由效率导向转变为统筹导向，其发展目标由强调经济发展向强调经济、社会和生态全面发展等方向转变。②

（4）空间战略的作用维度上，尺度转向现象逐渐显现。为进一步加强统筹能力，空间战略的作用维度也亟须转型。综合考虑我国近年来的区域空间战略，可以发现，其呈现出鲜明的尺度化转型现象：在空间策略的干预维度上，以"城市群""湾区"为代表的中观尺度的重要性逐渐崛起；在空间战略自身的内容构成上，分层化的尺度结构逐渐显现。就前者而言，当前我国空间战略是趋于中观层面"次国家尺度"的：国家将部分国家管理权限下放在区域或城市群层面所形成的空间尺度，国家级新区、都市连绵区、国家中心城市及其城市群都是"次国家尺度"的

<hr>

① 樊杰、洪辉：《现今中国区域发展值得关注的问题及其经济地理阐释》，《经济地理》2012年版第1期。
② 张军扩、侯永志等：《中国区域政策与区域发展》，中国发展出版社2010年版，第8页。

应然范围。这一布局倾向，明显区别于点状的工业城市、经济特区、开发区等微观空间节点以及带状的流域经济带等空间形态的。而在空间战略自身的内容构成上，除四大经济板块等宏观层面的指向性政策之外，国家级新区、国家级重点城市群建设、关键都市圈等次级空间策略体系逐渐完善，基于战略量级差异而形成的分层化策略尺度结构逐渐显现。

二 国家空间战略变迁中的新区创设

近年来，已有部分学者逐渐尝试从我国国家空间战略变革进程的视角来寻求国家级新区创设的空间解释。[①] 从空间建构过程来看，国家空间战略变迁与国家级新区发展是双向契合的过程：国家级新区自身的空间扩散过程，体现着我国对外开放格局和国家空间战略的历时变迁；融入国家空间战略变迁进程中的国家级新区，同样也呈现出其特有的空间属性与变革作用。

（一）国家空间战略变迁中的国家级新区

在我国国家空间战略的整个变迁历程中，尤其是进入 21 世纪，国家级新区在国家空间战略中的支点作用愈发鲜明。图 3-3 是 30 余年来我国国家空间战略变迁过程与国家级新区的设立情况。结合国家空间战略变迁历程和国家整体发展态势，进一步审视国家级新区的批设过程，可大致得出如下空间布局特征。

其一，国家级新区的设立具有长期性与全局性。国家级新区的创设，包括浦东新区和滨海新区存在较长设立间隔以及 14 年之后新区密集设立情况，都与我国经济社会发展整体形势以及重大国家战略密切相关。从这一角度来讲，国家级新区不仅是国家空间战略变迁的见证者，更具有鲜明的基于国家重大发展战略的区域引领和政策抓手性质。[②]

其二，尽管国家空间战略转型历程与我国国家级新区发展阶段在时

---

① 吴昊天、杨郑鑫：《从国家级新区战略看国家战略空间演进》，《城市发展研究》2015年第 3 期。

② 薄文广、殷广卫：《国家级新区发展困境分析与可持续发展思考》，《南京社会科学》2017 年第 11 期。

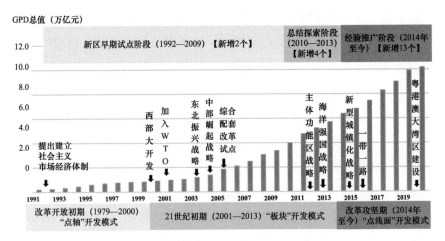

图 3-3　国家空间战略变迁中的国家级新区

资料来源：图表自制，所涉经济数据均源于国家统计局 1991—2020 年发布的《国民经济和社会发展统计公告》。

间维度上并不存在绝对一致性，但在前者转型期间（2013 年之后）同样也是国家级新区总结既有经验的关键节点。在我国国家空间战略处于由"板块模式"转向"点线面模式"的发展节点时，国家级新区通过批设少量新区的方式，进一步总结了国家级新区的建设经验，这为后续改革攻坚期内新区的大量批设奠定基础。

其三，从国家级新区集中批复时间来看，大约 13 个国家级新区批复时间在 2014 年之后：即接近 70% 的新区是在我国国家空间战略进入改革攻坚期之后设立的。这一时空分布态势，既凸显了国家级新区作为国家空间战略崭新载体的阶段特质，同样也指明了国家级新区在任务导向维度上的确不同于既有单一经济导向的各类功能区，其所肩负的使命更具深层性和攻坚性。

（二）国家级新区的自身的空间扩散进程

包括国家级新区在内的各类政策试验区，在一定程度上代表着政策驱动下的地域发展模式。① 国家级新区是由国务院统一负责批设的，是

①　朱孟珏、周春山：《改革开放以来我国城市新区开发的演变历程、特征及机制研究》，《现代城市研究》2012 年第 9 期。

国家落实区域发展目标的重要行动体现。基于在不同发展阶段国家级新区的设立情况，我国国家级新区的空间扩散过程如图3-4所示。就新区自身的宏观布局而言，国家级新区空间扩散过程呈现出如下特征。

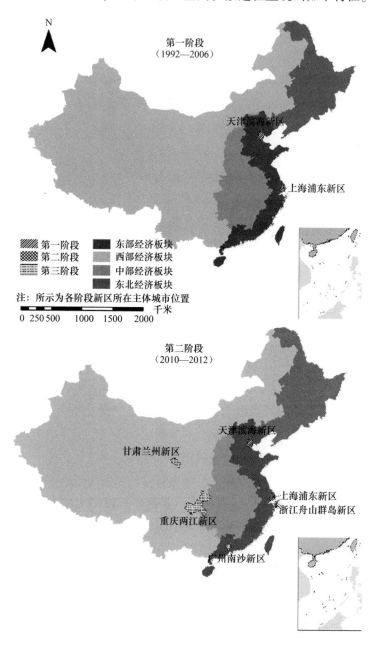

图 3-4 我国国家级新区的空间扩散过程

资料来源：图表自制，制图软件为 ArcGIS Pro 2.5.2，底图来自国家基础地理信息中心"国家 1：100 万基础地理信息数据库（2021）"，无修改。

　　一是在空间布局结构上，新区实现了由集中在东部沿海地区向在各板块均衡布局的巨大转变。在国家级新区发展的试点阶段，浦东新区和滨海新区都立足于我国东部地区的经济支点。在随后的总结探索阶段，除两江新区和兰州新区之外，其余两个新区也都位于东部沿海地区，这充分体现出东部沿海地区在国家级新区早期布局中的优先性。而在经验推广阶段，国家级新区的空间布局逐渐转向均衡，内陆地区的国家级新区数量稳步增加。截至 2021 年年底，东部沿海地区和其他板块（含中部、西部和东北地区）新区数量分别为 8 个和 11 个，相对均衡的国家级新区布局态势逐渐形成。

　　二是在空间演进过程上，新区进一步细化了早期"钻石结构"的空间布局形态。学者李晓江曾指出，包括国家级新区早期布局在内的中国国家空间战略演进呈现出"钻石结构"：以"珠三角—长三角—京津冀—成渝地区"依次作为战略支点的空间演进过程①，如图 3-5 所示。通过近十年来的密集批复，国家级新区的空间布局不再仅仅局限于上述四类主要支点地区，东北地区、中部地区乃至西部地区都设立了部分国家级新区。从整体空间格局来看，既存在处于"钻石结构"空间范畴之内的国家级新区，同时部分新区在国家总体空间布局中也有所突破。值得注意的是，除兰州新区之外，现有国家级新区几乎全部处于"黑河—腾冲线"以西，都位于我国人口密度更多的国土空间。由此可以看出，就国家级新区创设的空间选择环节，无论遵循何种演进模型，布局国家级新区的空间缘由依然主要遵循经济社会发展规律，更多的是以更高人口密度、更强经济活跃度为基础的。

三 国家级新区在重大战略中的空间样态

以国家级新区为代表的政策试验区，在特定的发展阶段通过借助获取超规格行政赋权等方式②，实现了特定空间载体在国家治理结构中的量级擢升，并肩负着远超其他政策试点的多元化功能使命。在代表性国家空间战略的选取上，本部分以主体功能区规划和"十四五"规划两类典型的国家重大发展规划为例，并通过将国家级新区的布局情况与其结构对比，以更好地呈现国家级新区作为重要战略支点的空间选择结果。

（一）"主体功能区"规划中的国家级新区

主体功能区，是指"基于不同区域资源环境承载能力和发展潜力的差异而划定的具有某种主体功能的规划区域"③。作为我国国土空间开发战略的关键组成部分④，《全国主体功能区规划》（以下简称"主体功能区规划"）自实施以来，各类主体功能建设引起了国家高度关注，

---

① 李晓江：《"钻石结构"——试论国家空间的战略演进》，《城市规划学刊》2012 年第 2 期。

② 于棋、毛启元：《我国城市战略功能区的建构策略与尺度逻辑》，《东岳论丛》2021 年第 5 期。

③ 孙姗姗、朱传耿：《论主体功能区对我国区域发展理论的创新》，《现代经济探讨》2006 年第 9 期。

④ 杨伟民、袁喜禄等：《实施主体功能区战略，构建高效、协调、可持续的美好家园——主体功能区战略研究总报告》，《管理世界》2012 年第 10 期。

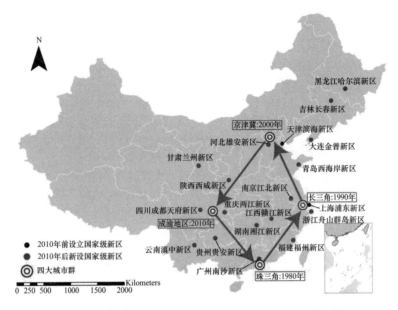

图 3-5　国家级新区空间布局的"钻石结构"及其演变

资料来源：参考自李晓江《"钻石结构"——试论国家空间的战略演进》，国家基础地理信息中心 2012 年版，补充部分新区信息，图表重制，制图软件为 ArcGIS Pro 2.5.2，底图来自国家基础地理信息中心"国家 1∶100 万基础地理信息数据库（2021）"，无修改。

其中不乏以中共中央、国务院以联合下文的高规格形式落实主体功能区战略（例：中发〔2017〕27 号文件等），足见主体功能区在我国国土空间开发领域中的重要地位。作为主体功能区的首轮规划期，2010—2020年同样也是国家级新区集中发力并得以广泛推广的发展阶段。实现与主体功能区的高度契合，亦是国家级新区进行空间布局过程中的显性考量因素。

　　根据功能区开发内容的不同，我国主体功能区主要分为"城市化地区""农产品主产区"和"重点生态功能区"三类。[①] 其中，以"两横三纵"为主体的城市化战略格局，是我国推进构建主体功能区的重要战略任务。为直观表达各功能区与我国"主体功能区规划"中城市化战

————————

　　① 《国务院关于印发全国主体功能区规划的通知 国发〔2010〕46 号》，2010 年 12 月。

略的空间关系，图3-6呈现的是国家级新区在我国"两横三纵"城市化战略格局中的空间分布情况，表3-2重点介绍了各新区与所属开发区域之间的位置关联。

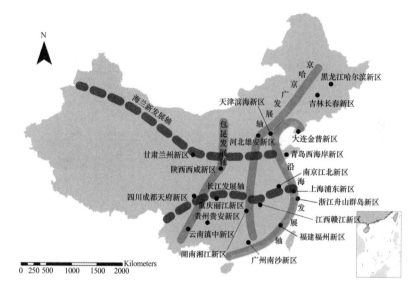

图3-6 国家级新区在主体功能区的空间分布情况

资料来源：图表自制，制图软件为 ArcGIS Pro 2.5.2，城市化发展格局等相关信息取自《全国主体功能区规划（2010—2020）》，底图来自国家基础地理信息中心"国家1：100万基础地理信息数据库（2021）"，无修改。

交叉分析图3-6和表3-2，可以发现，主体功能区中的国家级新区布局主要呈现出两类特征。从宏观布局来看，我国国家级新区分布基本与"两横三纵"的城市发展架构保持大体一致。尽管国家级新区并未全部覆盖"两横三纵"的整个空间架构，但新区布局基本走向契合于我国"两横三纵"的城市发展格局。国家级新区这一空间布局情况，凸显出新区布局既是已有城市建设结果的部分体现，更意味着国家级新区具备承担更多城市发展使命的空间可能。从所属开发区域布局来看，各国家级新区全部布局在国家高度关注的开发区域。既涉及国家重点开发区域，又涵盖国家优化开发区域。按照《全国主体功能区规划》的要求，相较于优化开发区域，重点开发区域将是未来重点进行工业化城镇化开发的城市化地区。由表3-2可知，浦东新区等7个新区位于国家优化开发区域，两江新区等12个新区全部位于国家重点开发区域，后者无疑是具备更强开发强度的城市化发展重点区域。这进一步说明，我国大多数国家级新区肩负着带动城市化发展的重要任务指向。

表3-2　　　各国家级新区与国家重点开发区域之间的空间关联

新区名称	开发区域	两横三纵格局中的位置	区域地位
浦东新区	长三角地区	沿海通道纵轴和沿长江通道横轴交会处	国家优化开发区域
滨海新区	环渤海地区	沿海通道纵轴和京哈京广通道纵轴交会处	国家优化开发区域
两江新区	成渝地区	沿长江通道横轴和包昆通道纵轴交会处	国家重点开发区域
舟山群岛新区	长三角地区	沿海通道纵轴和沿长江通道横轴交会处	国家优化开发区域
兰州新区	兰州-西宁长区	路桥通道横轴	国家重点开发区域
南沙新区	珠三角地区	沿海通道纵轴和京哈京广通道纵轴南端	国家优化开发区域
西咸新区	关中-天水地区	路桥通道横轴和包昆通道纵轴交会处	国家重点开发区域
贵安新区	黔中地区	包昆通道纵轴的南部	国家重点开发区域
西海岸新区	环渤海地区	沿海通道纵轴与海兰新发展横轴交会处	国家优化开发区域
金普新区	环渤海地区	沿海通道纵轴	国家优化开发区域
天府新区	成渝地区	沿长江通道横轴与包昆通道纵轴交会处	国家重点开发区域
湘江新区	长江中游地区	沿长江通道横轴与京哈京广通道纵轴交会处	国家重点开发区域
江北新区	长三角地区	沿长江通道横轴与沿海通道纵轴交会处	国家优化开发区域
福州新区	海峡西岸经济区	沿海通道纵轴	国家重点开发区域
滇中新区	滇中地区	包昆通道纵轴南端	国家重点开发区域

续表

新区名称	开发区域	两横三纵格局中的位置	区域地位
哈尔滨新区	哈长地区	京哈京广通道纵轴	国家重点开发区域
长春新区	哈长地区	京哈京广通道纵轴	国家重点开发区域
赣江新区	长江中游地区	沿长江通道横轴	国家重点开发区域
雄安新区	冀中南地区	京哈京广通道纵轴	国家重点开发区域

资料来源：黄建洪：《中国经济特区治理改革与地方政府管理体制创新研究》，人民出版社 2018 年版，第 206—207 页。图表自制，内容有补充修订。

（二）"十四五"规划中的国家级新区

2021 年 3 月，十三届全国人大四次会议表决通过《关于国民经济和社会发展第十四个五年规划和 2035 年远景目标纲要》，成为未来一段时间内有序落实国家总体发展战略的纲领性文件。综合对比"十四五"规划中提及的重点城市群等相关命题，可以发现，未来我国拟重点建设的城市群与当前国家级新区的布局情况存在高度空间关联。

第一，国家重点城市群与新区。在我国新制定的"十四五"规划中，以单独成篇的形式进一步强调了完善新型城镇化的战略地位。本部分提及的"国家级城市群"，主要是指在"十四五规划"中明确提及的三大类、共计 19 个国家级城市群。[1] 图 3-7 是国家级新区与我国重点城市群之间的空间关系。由下图可知，我国的国家级新区布局与我国城市群建设重点在空间上具有高度一致性。所有的"优化提升类城市群"、绝大多数"发展壮大类城市群"和部分"培育发展类城市群"中都有国家级新区的前期布局。加之国家级新区都具有较强的辐射带动能力，因此，尽管并非所有重点城市群都有国家级新区作为支点，但新区对于我国整个城市发展战略而言依然具有重要的空间作用。尤其值得注意的是，我国在"十四五"规划中明确强调将进一步落实包括"粤港澳大湾区建设""黄河流域生态保护和高质量发展"等新一轮国家空间

---

[1] 《中华人民共和国国民经济和社会发展第十四个五年规划和 2035 年远景目标纲要》，2021 年 3 月。

战略。而在我国重点城市群与国家重要空间战略的交会点上，往往大都有国家级新区的前期布局。

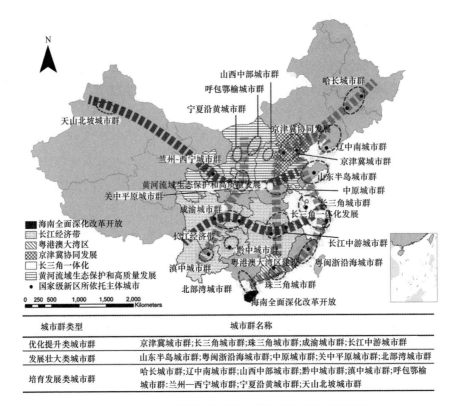

城市群类型	城市群名称
优化提升类城市群	京津冀城市群；长三角城市群；珠三角城市群；成渝城市群；长江中游城市群
发展壮大类城市群	山东半岛城市群；粤闽浙沿海城市群；中原城市群；关中平原城市群；北部湾城市群
培育发展类城市群	哈长城市群；辽中南城市群；山西中部城市群；黔中城市群；滇中城市群；呼包鄂榆城市群；兰州—西宁城市群；宁夏沿黄城市群；天山北坡城市群

图 3-7　国家级新区与我国重点城市群空间位置示意图

资料来源：图表自制，制图软件为 ArcGIS Pro 2.5.2，城市群资料源自国家"十四五"规划，底图来自国家基础地理信息中心"国家 1：100 万基础地理信息数据库（2021）"，无修改。

第二，其他空间要素与新区。国家级新区的设立目的，是通过打造一个具有较强辐射效应的增长极以改变整个区域的发展态势。[①] 基于这一功能预设，各地区空间要素的聚集情况对于国家级新区空间布局具有重要影响。为进一步呈现"十四五"规划期间国家级新区的空间潜能，

---

① 李怀建：《中国对外开放格局的演进——从经济特区到自由贸易试验区的嬗变》，《中共南京市委党校学报》2021 年第 3 期。

本部分选取了 2020 年户籍人口数量、当前地区生产总值、规模以上工业企业生产数量等宏观经济指标，作为衡量地区空间要素的简要标准。图 3-8 呈现的是我国部分空间要素聚集状况与国家级新区布局情况的对比。

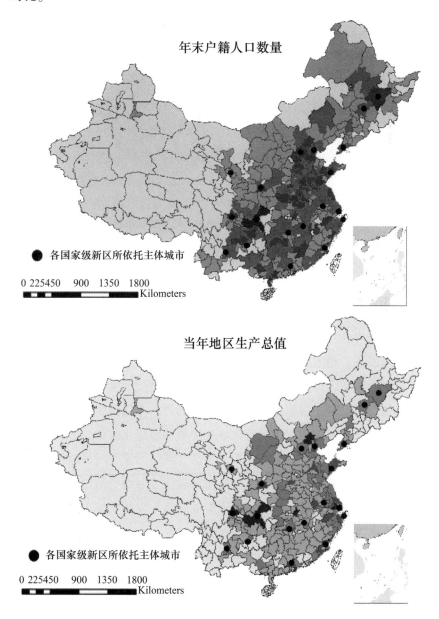

年末户籍人口数量

● 各国家级新区所依托主体城市

0 225 450   900   1350   1800
━━━━━━━━━━━━━━ Kilometers

当年地区生产总值

● 各国家级新区所依托主体城市

0 225 450   900   1350   1800
━━━━━━━━━━━━━━ Kilometers

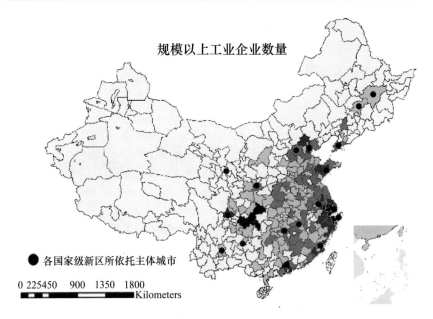

图 3-8   我国部分空间要素分布格局中的国家级新区

资料来源：图表自制，图例颜色越深，代表各要素聚集程度越高。制图软件为 ArcGIS Pro 2.5.2，地区经济发展资料源自《中国城市统计年鉴 2020》中各地级市相关数据，底图来自国家基础地理信息中心"国家 1∶100 万基础地理信息数据库（2021）"，无修改。

如图 3-8 所示，通过对比国家级新区空间布局与上述要素的分布情况，可以发现，绝大多数国家级新区都布局在人口众多、经济发达以及企业密集的区域，部分新区的资源禀赋条件更是处于全国前列。这一空间布局结构，反映了国家层面在进行空间选择、布局国家级新区的政策倾向。国家级新区作为我国优化区域发展格局和深化改革开放进程的重要支点，国家在对其批设时高度关注各新区承接国家空间战略的客观条件。只有同时具有较为优越的发展基础和较强发展潜力的地区，才有可能创设成为国家级新区，从而在国家空间战略中发挥关键支点功能。这一点与作者在青岛西海岸新区访谈结果保持一致。（"国家不管你具体的内部架构……能否接得住国家战略才是新区批设的关键指标，还是得有真东西"，访谈编号 20210708B/07）。但不可否认的是，仍有部分国家级新区布局在空间要素条件较为一般的区域，其间隐含的空间解释便是，此类新区带有更强的"突围"属性：在地区自身禀赋条件一般的情况下，借助国家级新区这一空间载体以寻求超规格发展的可能路径，这同样也是政策试验区功能指向的重要表达。

第二节 超越地理空间：国家级新区 创设中的作用过程

国家层面通过对包括国家级新区在内的各类政策试验区的进行布局，促使其成为落实重大发展战略、服务国家改革开放进程中的空间支点。尽管中西方新区在空间形式上具有相似性，但两者的使命任务存在鲜明不同：中国各类新区的产生并不是城市自身演进的直接结果，其设置并非仅用于满足城市自身发展，而是要服务于国家改革开放制度诉求和发展经济需要。[①] 因此，国家空间战略中的国家级新区建设实践，不仅是单纯的空间布局过程和既定的空间现象，更在地方治理体系变革等制度建构维度上具有重要意义，兼具空间支点和制度变量的双重属性。究其本质而言，国家级新区的创设是一个由地理空间转向权力空间的特定作用过程，其间主要涉及空间选择、尺度调试、功能跃升以及体制机制变革等若干步骤。

一 倾斜性空间选择

空间性是国家空间战略区别于一般的宏观经济政策的关键所在[②]，空间维度上的抉择是影响国家新区布局的首要环节。基于国家空间选择等理论视角审视我国国家空间战略的变迁过程，可以发现，结果层面上国家空间选择活动已长期存在于我国区域治理等治国理政实践之中。综合对比分析我国国家空间战略变革历程与我国空间选择实践，可以发

---

① 顾朝林：《基于地方分权的城市治理模式研究——以新城新区为例》，《城市发展研究》2017 年第 2 期。
② 孙久文、原倩：《我国区域政策的"泛化"、困境摆脱及其新方位找寻》，《改革》2014 年第 4 期。

现，两者在空间维度上存在高度契合。如上文所述，不同阶段的国家空间战略在空间策略倾向、策略内容、策略支点和策略模式上存在明显差异，但其间蕴含的国家空间选择的实践表征和理论特质也有所不同，具体如表3-3所示。在行政管理维度上，国家空间战略变迁中的国家空间选择体现出由集权到分权、由统一到差异化的鲜明变革趋势；从政策策略维度上，倾斜性的空间策略取代平均主义，多尺度转型趋势更为明显。由此，国家空间战略可被视为国家空间选择在政策维度上的实践表达，而国家级新区的创设则是国家开展倾斜性空间选择的直接结果。

国家空间战略是国家层面进行空间管制的主要手段之一[①]，国家空间选择则是国家选择性地赋予特定空间以相应的发展优先特权。[②] 国家空间战略的制定与实施，其目的在于以特定的制度安排和政策支持推动相应地域的发展，国家级新区等政策试验区在这一过程中无疑是重要的表达形式。从政策属性来看，国家空间战略是区别于通行政策体系的特殊扶持政策，是赋予其优先发展权的具体体现；从政策范围来看，国家空间战略是针对特定地域的倾斜性政策。因而无论是从政策属性还是政策范围来看，国家空间战略与国家空间选择的本质属性无疑是高度契合的。回归至实践维度，在我国区域空间战略转型历程中，国家会基于不同的经济社会发展情境，有目的、有计划地选取位置各异、尺度不同的地域空间作为发展战略的支点载体，从而有力服务和支撑我国经济社会的转型进程：从早期工业型城市的均衡布局到若干城市增长极，再到城市群、都市圈的稳步建设，以及近年来形成了国家级新区、大湾区等体系化的空间治理格局，无不凸显着通过选取特定空间以承载重大使命的发展路径。从这一过程来看，我国空间战略是"契合于特定尺度空间生产逻辑且受到国家力量显著影响的"[③]。因此，通过划定特定空间以明

---

① 樊杰、洪辉：《现今中国区域发展值得关注的问题及其经济地理阐释》，《经济地理》2012年第1期。

② 张衔春、胡国华、单卓然、李禕：《中国城市区域治理的尺度重构与尺度政治》，《地理科学》2021年第1期。

③ 马学广、唐承辉：《新国家空间理论视角下城市群的国家空间选择性研究》，《人文地理》2019年第2期。

确不同地区发展优先顺序的倾斜性空间选择实践，适用于我国改革开放以来经济社会的转型情境，并与国家级新区等政策试验区在全国范围内的布局实践相一致。

表 3-3　　　　　我国国家空间选择的实践历程及其理论解释

			计划经济时期 （1949—1978）	改革开放初期 （1979—2000）	21世纪初期 （2001—2013）	改革攻坚期 （2014年至今）
实践	空间选择	形式	国家尺度是支配一切的管治	地方尺度崛起；大城市占主导地位	尺度上移趋向；城市尺度凸显	尺度上移与下移并存；城市—区域尺度崛起
		举措	工业设施、工业城市平均布局	培育若干城市增长极	城市群、都市圈建设起步	多样且更体系化的空间布局
理论	尺度特征	行政管理	集权：中央集中决策管理，地方没有自主权	分权：经济和行政管理权限下放	分权：进一步简政放权，加快政府职能转变	分权：体制机制改革向纵深推进，适度赋予先行先试权
		政策策略	单一尺度：中央统一计划分配	多尺度：点轴开发战略	多尺度：宏观的东、中、西、东北发展战略；跨省市城市群、城市带、经济区区划；城市内部各类改革试验区、国家级新区等	多尺度：大湾区等新兴载体逐渐兴起；自贸区、国家级新区、综合改革试验区进入推广阶段
	地域特征	行政管理	统一：全国划分成几大区域，设立行政机构以分担中央的管理负担	差异化：不同类型开发区享受特殊优惠政策和管理体制	差异化：以区域规划实行区域政策的分类指引和差异化管理	差异化：区域规划体系更加细化；空间管治结构日趋灵活
		政策策略	平均：各大区域分别建立一套全面的工业体系	倾斜：东部沿海地区率先开放，优先发展	倾斜：促进经济发展向东、中、西、东北区域板块中的战略区、潜力区域集聚发展	倾斜：突破地理边界限制，综合考量选取国家战略区域，推动区域相对均衡发展

资料来源：吴缚龙、高雅：《城市区域管治：通过尺度重构实现国家空间选择》，《北京规划建设》2018年第1期；李禕、吴缚龙、黄贤金：《解析我国区域政策的演变：基于国家空间选择变化的视角》，《现代城市研究》2015年第2期。

二 治理尺度的调试

设立国家级新区的主要出发点，旨在"将政策优势导向特定的空间尺度以达成引领区域发展的战略目的"①。在明确划定新区的空间范围之后，国家层面需要进一步具体国家级新区治理实效的尺度指向：新区需要在何种国家治理结构上发挥应然的功能预设。改革开放以来，我国已然形成了众多改革试验区、主体功能区战略和区域发展总体战略等一系列空间尺度划分结构②，体现出我国国家空间战略及其载体在围绕不同治理尺度所进行的长期探索。就国家级新区而言，此类新区的设立既是我国国家空间战略变革进程中渐进调试治理尺度的具体表征，更能体现出国家层面对于"次国家尺度"的高度关注。

就任何国家而言，国家空间战略及其支点载体的选择都要与历史、国情相匹配，尤其是要与当前经济社会活动相配合。新中国成立以来，我国国家空间战略历经变迁并持续调整。这一过程不仅是地理尺度的重构，更是社会政治经济关系的再安排。③ 从平均主义空间取向到东部沿海地区率先发展，再到"板块开发"的空间布局以及推动区域协调发展，无不体现着国家空间战略中治理尺度的动态调整以及支点载体灵活转变：计划经济时期，国家尺度是主导尺度，强调工业项目和工业城市的在全国范围内平均布局；在改革开放初期，在东部沿海地区率先发展的政策安排下，以特定大城市为中心的城市增长极成为主要的治理尺度；21世纪初期，城市群、都市圈建设逐渐起步，城市尺度的重要性凸显；进入改革攻坚期，以国家级新区为代表的综合性政策试验区和重要湾区等新型空间载体大量涌现，国家空间战略的尺度划分也进一步精

---

① 晁恒、马学广、李贵才：《尺度重构视角下国家战略区域的空间生产策略——基于国家级新区的探讨》，《经济地理》2015年第5期。
② 孙久文、原倩：《我国区域政策的"泛化"、困境摆脱及其新方位找寻》，《改革》2014年第4期。
③ 张衔春、胡国华、单卓然、李禕：《中国城市区域治理的尺度重构与尺度政治》，《地理科学》2021年第1期。

细化至省级和省内的层面①，而国家的权力正是依赖这种尺度重构策略在不同尺度的地理空间发挥作用。②

国家级新区正体现的是当前国家对"次国家尺度"的高度关注。基于空间层级的不同，史密斯（Smith）确立了包括"个人、家庭和社区到地方、区域、国家和全球"的松散地理尺度体系。③ 基于"全球—国家—城市"的纵向尺度架构，学者布伦纳（Brenner）延伸出"超国家尺度"和"次国家尺度"两类新尺度层级。④ 通过对我国战略空间抉择历程的回顾，可以发现，当前我国空间战略是趋于中观的"次国家尺度"的：在全球化背景下次国家尺度的崛起进一步凸显了"城市—区域"尺度的关键定位，在一定程度上解释了地方政府主动发展经济的现象机理。⑤ 从结果角度来讲，国家空间战略对于次国家尺度的回归，是符合全球化和区域一体化的现实趋势的。在国家空间战略不断趋向"次国家尺度"的情况下，"区域—城市"之间的尺度治理结构成为落实各种空间策略的关键变量，包括国家级新区在内的各类政策试验区无疑在这一环节中发挥重要的战略支点功能。基于此，在国家高度关注"次国家尺度"的现实背景下，国家级新区成为当前我国空间战略的重要载体。这不但是对"次国家尺度"这一中观维度的简单回归，更将对于包括政策试验区在内的所有空间单元的发展带来深远影响。进一步关注包括国家级新区在内的各类功能区的空间功能及其转型命题，不仅仅关乎"一城一地"的发展前景，更对于我国治理尺度的重构具有重要意义。

---

① 孙久文、原倩：《我国区域政策的"泛化"、困境摆脱及其新方位找寻》，《改革》2014 年第 4 期。

② 殷洁、罗小龙：《尺度重组与地域重构：城市与区域重构的政治经济学分析》，《人文地理》2013 年第 2 期。

③ Neil Smith, "Geography, Difference and the Politics of Scale", *Palgrave Macmillan UK*, 1992, pp. 57-79.

④ Neil Brenner. "Globalisation as Reterritorialisation: The Re-scaling of Urban Governance in the European Union", *Urban Planning International*, No. 3, 2008, pp. 431-451.

⑤ Neil Brenner. "Urban Governance and the Production of New State Spaces in Western Europe, 1960-2000", *Review of International Political Economy*, No. 3, 2004, pp. 447-488.

三　功能定位的跃升

国家级新区的设立，代表着国家层面对于特定治理尺度关注，其直接结果是赋予了该类新区以更高量级的功能定位，从而使其显著区别于一般行政区和其他功能区。国家级新区功能定位的跃升，实际上是在国家级新区长期建设过程中不断实现的。国家级新区关系到我国经济社会发展的总体战略部署和区域空间格局的重构①，因而需要根据发展阶段的不同赋予国家级新区以差异化的功能使命。在近 30 年的国家级新区建设过程中，国家宏观环境和国家空间战略呈现出的阶段演进历程，这同样使得国家级新区的功能定位也处于不断调整之中。在国家级新区"试点—总结—推广"等发展阶段中，国家所赋予新区的功能使命重点也有所差异，并与当时的国内外发展环境密切相关。总体来看，我国国家级新区功能定位的阶段变迁，大致呈现出从早期立足于全国开放先行少量试点，转变为具体推动区域发展主要空间支点的变革趋势，新区设立的直接目标由全域性战略目的逐渐转为解决具象问题的战术目的。②我国国家级新区功能定位的阶段变迁情况如表 3-4 所示。

表 3-4　　　　　我国国家级新区功能定位的阶段变迁

阶段	早期试点阶段 1992—2009	总结探索阶段 2010—2013	经验推广阶段 2014 年至今
国内外背景	全球贸易体系建立 加快融入全球市场	后经济危机时代 经济转型起步	贸易保护主义抬头 全面深化体制机制改革
宏观政策取向	沿海开放、外向型经济	内陆开放、优化产业结构	更均衡的开放格局、逐步转向国内国际双循环
新区设立目的	经济使命：引领对外开放、完善经济布局	经济使命：承接中西部产业转移、促进海洋经济发展等 社会任务：加快推进城乡统筹、助力东中西部协调发展等	多元任务：经济引擎、体制创新平台、扩大开放窗口、统筹城乡重要载体等

---

① 王佳宁、罗重谱：《国家级新区管理体制与功能区实态及其战略取向》，《改革》2012年第 3 期。

② 薄文广、殷广卫：《国家级新区发展困境分析与可持续发展思考》，《南京社会科学》2017 年第 11 期。

续表

阶段	早期试点阶段 1992—2009	总结探索阶段 2010—2013	经验推广阶段 2014 年至今
新区功能使命	区域经济驱动平台	逐渐超越一般的经济政策功能区	战略性的区域发展载体
新区新增情况	2 个：上海浦东新区；天津滨海新区	4 个：重庆两江新区；浙江舟山群岛新区；兰州新区；广州南沙新区	13 个：西咸新区；贵安新区；西海岸新区；金普新区；天府新区；湘江新区；江北新区；福州新区……

资料来源：图表自制。

在早期试点阶段，国家级新区在更大程度上被视为我国经济特区政策的延伸，并作为区域经济平台以承担起全国引领对外开放等经济使命。为进一步探索新区建设经验，我国在总结探索阶段又设立了少量新区，并在赋予其经济使命的同时，尝试委托其承担若干社会治理任务。在日趋多元的使命任务下，国家级新区性质逐渐超脱于一般意义上的经济政策特区。[①] 进入经验推广阶段，国家级新区得以大量密集批设，其功能使命范畴更为多元，逐渐蜕变为战略量级更高、任务延展性更强、区域辐射范围更广的发展载体和战略支点。

尽管近年来国家级新区总体数量比较稳定，但相较于其他功能区和一般行政区，此类新区仍然具有更高战略量级。各类包括自贸区等在内的高层级、大体量的改革试点纷纷向新区集中，新区范围内政策叠加效应远强于一般功能区。2017 年 4 月，被誉为"千年大计"的雄安新区正式设立。作为继深圳经济特区和上海浦东新区之后又一具有全局战略意义的新区，雄安新区正式归类于国家级新区行列[②]，这在相当大程度上体现着国家层面对于新区模式的认可与支持。但值得注意的是，随着国家级新区数量增多、空间异质性逐渐增强，如何进一步激发国家级新

[①] 于棋：《国家空间的理论演变及国家级新区的建构实践》，硕士学位论文，山东大学，2018 年，第 33 页。

[②] 国家发展和改革委：《国家级新区发展报告 2020》，中国计划出版社 2020 年版，《序言》。

区作为战略支点和改革试点的引领作用，无疑对于新区的体制机制建设提出了更高要求。

四 体制机制的变革

为达成更高功能定位的政策预期，国家级新区在布局环节便需要尽可能地寻求更加精细化和前瞻性的制度设计。除浦东和滨海等早期国家级新区之外，在后期国家级新区的建设实践中，国家发改委常在批复环节就要大致明确各新区体制机制建构的主要方向，尤其强调地方行政体制与新区的有效对接，具体如表3-5所示。布局国家级新区的制度意义在于，新区要在实现国家所赋予的多重功能使命的过程中，以体制机制创新作为核心驱动要素，进一步服务于国家改革进程和地方转型需要。这一点与早期功能区高度依赖政策红利的发展路径存在显著区别。随着我国各类功能区的大量扩散，以差异化制度供给手段和倾斜性政策为代表的"政策红利"不断被稀释。尤其体现在新设国家级新区政策优惠力度大为下降，政策优惠仅限于获得先行先试权。[1] 作为空间战略支点和政策试点，国家级新区面临着政策红利稀释和创新压力剧增的双重压力，亟须转变"向国家要政策"的既有发展路径，更多地要向体制机制创新要潜力。这将在结果维度上赋予新区布局这一空间现象以制度影响。

表3-5   部分新区创设环节体制机制变革的政策预期

序号	新区名称	体制机制变革的政策预期
1	重庆两江新区	重庆市人民政府要切实加强对两江新区建设的组织领导，明确工作责任，完善工作机制。（国函〔2010〕36号）
2	兰州新区	甘肃省和兰州市人民政府要切实加强对兰州新区建设的组织领导，创新体制机制，明确工作责任。（国函〔2012〕104号）
3	广州南沙新区	广东省和广州市人民政府要切实加强对《规划》实施的组织领导，完善工作机制，落实工作责任。（国函〔2012〕128号）

---

[1] 范巧：《国家级新区辐射带动力及其实现机制研究》，经济科学出版社2019年版，第6页。

续表

序号	新区名称	体制机制变革的政策预期
4	青岛西海岸新区	山东省人民政府要切实加强对青岛西海岸新区建设的组织领导，完善工作机制，明确工作责任，加大支持力度，积极探索与现行体制协调、联动、高效的管理方式。（国函〔2014〕71 号）
5	大连金普新区	辽宁省人民政府要切实加强对大连金普新区建设的组织领导，明确思路、落实责任、完善工作机制，加大支持力度，积极探索创新体制机制。（国函〔2014〕76 号）
6	四川天府新区	四川省人民政府要切实加强对四川天府新区建设发展的组织领导，进一步明确发展思路，突出发展重点，创新发展方式，完善工作机制，明确落实责任，加大支持力度，探索与现行体制协调、联动、高效的管理方式。（国函〔2014〕133 号）
7	云南滇中新区	云南省人民政府要切实加强组织领导，明确工作责任，完善工作机制，加大支持力度，积极探索与现行体制协调、联动、高效的管理方式以及与行政区融合发展的体制机制。（国函〔2015〕141 号）
8	江西赣江新区	江西省人民政府要切实加强组织领导，完善工作机制，明确工作分工，加大支持力度，积极探索与现行体制协调、联动、高效的新区管理方式，落实各项重点任务。（国函〔2016〕96 号）
9	河北雄安新区	河北省要积极主动作为，加强组织领导，履行主体责任

资料来源：相关国家级新区批复文件，图表自制。

　　新区的"新"最突出的体现就是体制机制创新。[1] 国家级新区创设会不断超越单纯的地理空间，最终会传导至新区所在的地方治理架构中，使其在管理体制和运行机制等方面具备区别于一般行政区的制度差异。国家级新区的有效运作依赖于特定的组织架构，常见的体制类型包括政府型、管委会型和"政区合一型"等类型。[2] 但无论是采取何种体制类型，新区管理体制都属于一种地方行政架构之外的增量制度设计，新区创设环节都会面临制度嵌入问题：新区管理体制如何处理好与地方行政体制之间的制度衔接问题。但对地方层面的管理体制而言，国家级

---

① 国家发展和改革委：《国家级新区发展报告 2015》，中国计划出版社 2015 年版，第 10 页。
② 朱江涛、卢向虎：《国家级新区行政管理体制比较研究》，《行政管理改革》2016 年第 11 期。

新区创设不仅是一类空间现象，更在客观上为地方治理架构调整注入若干变量。在机制运行方面，国家级新区创设同样会带来更加复杂的制度影响。国家级新区创设，需要实现对规划范围内各类功能区、行政区等多主体的有效整合。这一过程不仅仅是对空间关系的明确，更是对多层级治理关系的重塑。新区既要处理好与下辖功能区之间的治理关系，同时还要协调功能区治理序列和行政区治理序列之间的职能分工问题。通常经过一定时期的逐步调试，新区及其相关运行机制能够同时兼容科层体制、市场机制等不同的运作逻辑，这成为新区布局带来制度影响的重要印证。

综上所述，国家级新区的创设不仅仅是一个空间现象，更对于地方治理体系的深层转型具有重要的制度建构意义。国家级新区创设中的空间—制度过程如图3-9所示。具体而言，国家级新区在空间维度上的设立，是国家层面基于特定的空间战略所作出的倾斜性空间选择行为，其目的在于赋予特定地区以发展优先性，体现着国家层面对特定治理尺度的关注和重视。由于肩负着特定任务使命，国家级新区在国家整体战略布局中的功能定位得以跃升，具有显著高于一般行政区和功能区的战略

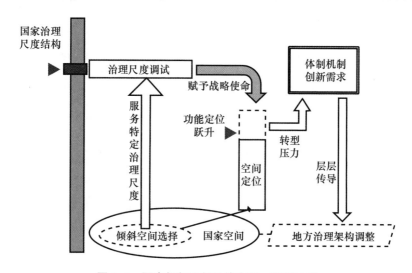

图3-9   国家级新区创设的空间—制度过程

资料来源：图表自制。

量级。而在实现国家赋予的多重功能使命的过程中，国家级新区面临着政策红利稀释和创新压力剧增的双重压力，亟须转变"向国家要政策"的既有发展路径，更多地要向体制机制创新要潜力，并最终会传导至新区所在的地方治理架构，使得该地区在管理体制和运行机制等方面具备区别于一般行政区的制度差异特征。

第三节 空间选择的个案阐述：青岛西海岸新区的建设历程

回溯国家级新区的宏观创设历程，可以发现，新区扩散的内在动力源自其设立逻辑的深刻转型。按照学者薄文广的观点，近年来国家级新区的设立模式已实现由"中央自主选点支持"向"地方主动申请、中央择优批复"的深刻转型。① 这种试验区批准设立模式转型背后，既代表着国家级新区设立过程中会伴随着更为复杂的央—地互动博弈过程，同时也进一步凸显地方政府在国家级新区建设过程中的显著角色，即"地方主动申请"成为后期国家级新区得以设立的主要动因。参考上下级政府之间的权力"摸高"博弈模型，可以进一步阐释新区设立背后的制度逻辑："地方政府之所以热衷于申报国家级新区，犹如运动员参加摸高比赛，如果能够取得成功，将是不容否认的政绩（即更好的比赛记录）；即便是此次申请暂时失利，至少仍能够保持现状且没有任何潜在的危害，甚至能够通过申请不断地向上级机关表明自身积极向上的主观意愿；而在这一过程中，作为裁判员的中央政府有权决定运动员能否有机会参加比赛（即新区是否批设），这一切取决于运动员的日常训练情况（即地方政府的治理实效）以及发展潜力（即新区建设的未来成效）。"② 在这

---

① 薄文广、殷广卫：《国家级新区发展困境分析与可持续发展思考》，《南京社会科学》2017 年第 11 期。

② 王佃利、于棋：《国家空间的结构调试：中国行政区划 70 年的变迁与功能转型》，《行政论坛》2019 年第 4 期。

一逻辑主导下，地方政府始终对国家级新区保持较高的申报热情。而这种"自下而上"的反推力，对于后发国家级新区的空间扩散起到重要推动作用。

作为后发国家级新区，青岛西海岸新区的创设同样能用"摸高"博弈模型加以阐释。早在 2010 年，山东省就已在《山东半岛蓝色经济区发展规划》中明确提及要建立国家级新区的战略构想，成为全国范围内主动申报国家级新区的较早区域之一。2011 年成立的青岛西海岸"经济新区"管委会，即是加强不同治理主体之间在重大规划、项目落地以及产业布局等对接协调的有益尝试。尽管从严格意义上来说，青岛西海岸新区于 2014 年 6 月才正式上升为国家级新区，[①] 但与其他国家级新区相类似，青岛西海岸新区的成功获批离不开该地区内部开发区等各类既有功能区的前期探索。也正因如此，青岛西海岸新区的空间选择历程需要上溯至我国最早一批国家级开发区——青岛经济技术开发区（以下简称"经开区"）的建设。事实上，无论是国家级开发区还是国家级新区，都属于国家层面进行空间选择实践的直接结果。这种源自国家级开发区并逐渐延伸至国家级新区的历史承续现象，是我国在国家空间战略变迁过程中不同试点载体时序变迁的重要例证。

青岛西海岸新区的空间选择过程，大致涉及"国家—区域"和"城市内部"两类不同的尺度架构。前者主要涵盖国家级开发区和国家级新区的两轮设立过程，以明确该新区在国家和区域发展战略中的优先性；后者则聚焦于该新区在城市内部格局中的基本定位。与其他国家级新区相类似，青岛西海岸新区的创设基础同样来自部分经济功能区的前期探索。早在 1984 年，青岛市就已成为首批经国务院批准的 14 个沿海开放城市之一。按照国家和山东省的政策要求，青岛市得到"划定具有明确地域边界的区域以兴办经济技术开发区的特定权限"[②]，这使得西

---

① 《国务院关于同意设立青岛西海岸新区的批复 国函〔2014〕71 号》，2014 年 6 月。

② 中共青岛西海岸新区工委 黄岛区区委组织部、中共青岛西海岸新区工委 黄岛区委党史研究室、青岛西海岸（黄岛）档案馆：《开发区、黄岛历史大事记（1976-2012）》，青岛市文广新局内部准印证号（青）2016027，第 15 页。

海岸地区在国家早期对外开放格局中明显走在前列。作为最早一批国家级经济技术开发区，青岛经济技术开发区于 1985 年正式动工，青岛西海岸地区的开发建设进程由此开启。而在这一阶段，仅在山东省范围内还有烟台市也在同样获准建设首批国家级开发区。因而在国家—区域尺度上，此时的西海岸地区并不能体现独有的优先发展属性。但在 2014年青岛西海岸新区上升为国家级新区之后，该新区在区域空间战略的优先地位得以明确。作为全国第九、全省唯一的国家级新区，青岛西海岸新区带有鲜明的国家战略和区域发展期待的政策叠加优势。

　　新区的选点布局是国家空间选择的直接体现，青岛西海岸新区在我国国家空间战略中的位置如图 3-10 所示。从国家空间战略的角度来审视，可以发现，青岛西海岸新区的设立实际上承载着重要的空间功能，是国家—区域尺度下落实重大空间战略的重要支点。就国家尺度而言，该新区位于京津冀和长三角两大都市圈之间，在黄河流域城市群以及山东半岛城市群建设中处于引领地位，而后者更在国家"十四五"规划中列为要发展壮大的重点城市群地区[①]；从区域尺度来看，西海岸新区位于山东半岛蓝色经济区和环渤海经济圈，处于山东省内胶东经济圈的核心地区，并在北方沿海地区具有明显的经济优势。由此，青岛西海岸新区的设立，既是国家层面对于该地区资源禀赋等发展条件的高度认可，同时对其在国家空间战略格局中的支点作用也提出了更高的政策期待。

　　从前期国家级开发区建设到随后获批为国家级新区，西海岸地区处于持续开发的长期建设中，并成为城市尺度下空间发展重心转移的重要见证。1984 年 10 月，青岛经济技术开发区获批设立。该开发区首轮开发范围为 2 平方千米，仅为全区总面积的 1%。[②] 此时的开发区尽管拥有国家级开发区的"名片"，并享受国家、省、市各级政府提供的大量

---

　　① 《中华人民共和国国民经济和社会发展第十四个五年规划和 2035 年远景目标纲要》，2021 年 3 月。

　　② 《国务院关于青岛、烟台两市进一步开放、兴办经济技术开发区规划方案的批复国函〔1984〕149 号》，1984 年 10 月。

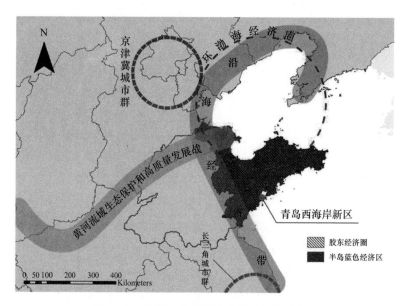

图 3-10　国家空间战略中的青岛西海岸新区

资料来源：图表自制，制图软件为 ArcGIS Pro 2.5.2，底图来自国家基础地理信息中心"国家 1∶100 万基础地理信息数据库（2021）"，无修改。

优惠政策，但在更大程度上被视为产业聚集地，尚未成为西海岸地区乃至青岛市城市发展的主要承载单元。但受益于后发优势，西海岸地区随后又先后兴建了国家级保税区和高新技术产业开发试验区、国家级出口加工区等大量高能级的政策试验区。尤其与空间受限等老城区相比，西海岸地区逐渐成为全市功能区最为密集的区域之一。由此引发的直接空间影响，即迅速提升的经济实力显著提升了该地区在青岛市发展格局中的定位，青岛市城市发展重心开始向西海岸地区转移。2001 年 3 月，青岛市市长办公会作出"不失时机地挺进西海岸，加快西海岸发展……构筑青岛新的经济发展重心"的决策部署。① 城市尺度下青岛空间发展重心的明确转移，使得西海岸地区迎来继设立国家级开发区之后的新一

---

① 青岛西海岸新区工委组织部、工委党史研究室：《青岛西海岸新区改革开放实录》第 1 卷，青岛出版社 2018 年版，第 27 页。

轮建设热潮。2012 年，《青岛西海岸经济新区规划》获批通过。这标志着该地区不再是仅被视为黄岛区这一市辖区的内部空间构成部分，更被冠以青岛市一级的经济新区的明确定位。自此，该地区逐渐由一个特殊政策打造的经济"飞地"转变成为城市尺度下的重要空间单元，并为日后国家级新区的成功创设奠定了重要基础。

　　2014 年 6 月，青岛西海岸新区经国务院批准正式成为国家级新区，新区范围包括青岛市黄岛区全部行政区域。与其他国家级新区相类似，国家层面除明确其空间范围、功能定位之外，在新区批复环节就对其制度设计具有较高的政策期待，强调要"积极探索与现行体制协调、联动、高效的管理方式"①。基于青岛经开区与黄岛区在体制架构与运行机制方面的长期摸索，青岛西海岸新区在创设之初便已明晰了"体制合一型"的制度设计原则，在新区和行政区之间实行"一套机构、两块牌子"：即青岛西海岸新区工委与黄岛区委、青岛西海岸新区工委与黄岛区政府实行体制合一。由此可见，国家级新区的设立，并非仅是空间布局行为，其背后同样存在着更为复杂的制度设计实践。

---

　　①　《国务院关于同意设立青岛西海岸新区的批复 国函〔2014〕71 号》，2014 年 6 月。

第四章　制度设计：国家级新区
体制机制及其运行

正如前文所述，设立国家级新区是国家实施倾斜性空间战略的重要体现，更在制度建构维度上具有重要意义。为实现对国家空间战略和新区功能预期的有序有效承接，国家级新区依赖特定的组织载体与运行原则。因而在国家级新区"落地"的过程中，包括管理架构、运行机制等为主要内容的制度设计是新区得以成型的关键一环。立足于国家级新区的常见管理架构与若干特殊制度安排，同时结合对青岛西海岸新区体制机制演变过程的展开历时分析，有助于理解国家级新区从政策理念转制为政策现实的实践进路。

第一节　作为制度设计的国家级新区

国家在进行倾斜性空间选择和持续调试治理尺度的同时，又对于国家级新区等各类政策试验区的制度设计提出了更高要求。作为深刻嵌入到地方治理架构中的制度增量，国家级新区在制度设计层面呈现出不同于行政区和其他政策试验区的显著特点。随着国家级新区建设经验逐渐丰富，国家层面围绕新区的宏观制度设计渐趋成熟，并在新区管理架构、机构级别、管理权限等若干方面摸索出若干特殊制度安排。

一　国家级新区中的常见管理架构

国家空间战略赋予了各新区灵活调试其管理体制的制度空间，因而在新区总体数量得以大量扩散的背景下，我国国家级新区的管理架构呈现出多样化的演进态势。相较于开发区、高新区等早期经济功能区，国家级新区的管理架构与既有功能区具有一定制度承接属性，也同时体现出独有特征。直接表现为，"管委会"这一典型功能区管理架构普遍存在于现有国家级新区之中，这可被视为对前期经济功能区治理实践的经验延伸。同时，由于国家级新区的空间构成并不仅仅局限于"一园一区"，其所涉及的地域范畴远远大于开发区等传统经济园区，且其治理任务的复杂程度远超城市内部的小体量新区。因而在实际运作过程中，国家级新区的建设离不开地方行政主体的有力支持，由此国家级新区不得不高度关注功能区与行政区之间的协调命题。因而，重视新区管理架构与地方行政体制之间的治理关系，成为理解国家级新区制度设计中的显性变量。这一点显然与前期小体量功能区所面临的治理难度存在明显不同。

反映到对新区管理架构的类型认知上，上述差异会进一步放大不同标准下新区管理架构的类型划分。笔者通过实地调研发现，学术界与实务界对国家级新区管理架构的类型划分依据存在一定不同。学术界对于新区管理体制的划分，明显受到治理理论的影响，更多倾向于以治理主体类型及其相互关系为划分依据。在近年来出版的关于国家级新区的论著中，存在以下几种典型划分思路：（1）基于是否成为建制政府这一单一标准，将国家级新区管理架构划分为"行政区型"和"管委会型"两类管理体制[1]；（2）聚焦国家级新区常见的"合署办公"现象，将新区架构进一步扩展为"政区型""政区合一型"和"管委会型"三类[2]；（3）出于功能区和行政区所属关系，将新区管理架构划分为"松散联合模式""管委会模式""属地政府模式"以及"属地政府+管委会模式"[3]；（4）立足于新区建设中常见的各类非正式领导组织，将新区管理架构划

---

① 曹云：《国家级新区比较研究》，社会科学文献出版社2014年版，第68—73页。

② 西咸新区研究院：《国家级新区体制与政策比较研究》，中国社会科学出版社2017年版，第35—37页。

③ 李湛、黄建刚等：《国家级新区：拓宽发展新空间》，上海交通大学出版社2017年版，第154、155页。

分为"领导小组+开发办公司""领导小组+党工委和管委会""建设委员会+开发办公室""新区党工委+新区管委会""新区政府+功能区管委会""新区政府+开发区管委会"六种模式。① 包括但不限于上述认知，体现着学界对于当前国家级新区管理架构的有益探索。

　　但作者在青岛西海岸新区实地调研期间发现，长期处于新区治理一线的受访者，对于新区体制存在自己的分类原则和认知重点（"新区管理架构叫什么并不重要，与现行体制的对接机制才是关键"，访谈编号20211026B/02），后者更加重视新区管理架构与既有行政体制的对接问题。由访谈可知，新区治理参与者更多是从新区实际运作角度对当前我国新区加以区分，直接表现为主要关注新区规划范围与行政区域是否重合这一空间标准。基于上述思路，可按照新区规划范围与当地行政区划之间的重合关系，将国家级新区的管理架构划分为"完全重合"与"部分重合"两大类。前者基于新区部门设置情况可划分为"行政区域型"和"体制合一型"；后者基于是否担负社会事务职能，划分为"功能区域型"和"类行政区型"。由此，基于既有研究并结合访谈反馈结果，作者进一步提炼出我国国家级新区管理架构的类型划分情况（如表4-1），以期丰富对国家级新区管理架构的类型学认知。

表4-1　　　　　　　　我国国家级新区管理体制类型

体制类型	代表性新区	体制特点
行政区域型	浦东新区、滨海新区	该类新区由园区模式长期演变而来，已实现向行政区的体制转轨，统一管理街镇、统筹区域发展。其辖域内的功能区与街镇职责分工明确，前者主抓开发建设等经济职责，社会事务则由街镇承担
体制合一型	舟山群岛新区、南沙新区、西海岸新区、金普新区	该类新区常采取"合署办公"的形式，新区管理机构与行政区党委、政府实行"一套机构、两块牌子"。新区不单独设置工作机构，或仅设置少量综合性部门

① 盛毅、方茜、魏良益：《国家级新区建设与产业发展》，人民出版社2016年版，第207页。

续表

体制类型	代表性新区	体制特点
功能区域型	贵安新区、湘江新区	该类新区规划范围内一般涉及多个行政区域及经济功能区，新区治理功能较为单一，主要负责统筹协调区城内的产业发展、投资促进、规划建设等经济发展工作，一般不承担社会事务职能
类行政区型	两江新区、兰州新区、西咸新区、天府新区、江北新区、福州新区、滇中新区、哈尔滨新区、长春新区、赣江新区、雄安新区	该类新区虽未实现向行政区的体制转轨，但其使命功能较为多元。既负责区域开发建设，又承担着一定的社会事务管理工作。通常借助划设"直管区"的形式，由新区直接管理特定区域的经济与社会事务，同时可协调其他区域的发展

资料来源：图表自制。

　　从机制链接的角度审视新区管理架构，可以发现，我国国家级新区与地方行政体制之间存在两类对接模式："完全嵌入"和"部分嵌入"。前者适用于新区规划范围与行政区域完全重合的情景，国家级新区常常会采取建立"行政区政府"或"体制合一"的形式，将新区管理体制完整嵌入当地行政体系之中，并通过现有科层体制发挥治理职能。后者基于新区规划范围与行政区划之间的部分重合关系，通过内部功能区与街镇之间的职能划分，实现新区管理体制的部分嵌入。而在这一过程中，由于新区的管理权限受到其规划范围的直接影响，新区管理主体主要承担着统筹协调等职能。由此更加说明，国家级新区管理架构的设计应该充分考虑新区自身特殊性、改革渐进性、管理的高效性[1]，从而在不同治理主体之间建构起更为规范合理的制度对接关系。而这一点在后文对青岛西海岸新区体制机制变革进程展开个案例分析部分，同样有所体现。

二　国家级新区中的特殊制度安排

　　除常见的新区管理架构之外，作为国家层面政策试验区的国家级新

---

　　① 汪东、王陈伟、侯敏：《国家级新区主要指标比较及其发展对策》，《开发研究》2017年第1期。

区同样具有若干特殊的制度安排。尤其是在新区的行政级别、管理权限等机制运行核心命题上，新区的具体制度内容显著区别于科层体制传统。

（一）国家级新区的行政级别

国家级新区一般是由省级政府进行统一规划，并纳入国家级的相关经济区规划中。[①] 国家级新区所体现出更高的规划层级，其他类型政策试验区较少具备的重要制度前提。而这种特殊性反馈到新区行政级别上，则表现为新区的机构级别与干部级别等方面。

1. 国家级新区的机构级别

所谓国家级新区的机构级别，特指新区行政管理机构的规格层级。根据我国现行体制，我国地方行政区建制可分为"省—地—县—乡"四个等级。其中，省级行政区包括：省、自治区、直辖市、特别行政区；地级行政区包括：地级市、地区、自治州、盟。虽然在新区设立、规划核准等方面由国务院负责批准，但既有新区大都是基于地方行政区和功能区来进行建设和运作的。在国家级新区属地化运作过程中，由于地方政府常常会通过设立管委会、"合署办公"等方式对其加以管理，其所在地的行政区级别对于国家级新区的建制级别具有显著影响。因而从具体运作过程而非严格意义上建制层级的角度出发，即便大多数国家级新区的管理主体并非一级政府，但作为既有行政体制的延伸，国家级新区至少在具体运作层面带有一定的行政规格属性。

总的来看，国家级新区的机构级别一般为副省级或正厅级，其规格级别上的差异主要受到两方面的影响。其一，是新区管理体制。由于上海浦东新区和天津滨海新区已实现由管委会体制转型为行政区政府，其行政级别较为明确，属于副省级的行政机关。此外，部分采取"合署办公"管理体制新区的建制级别也同样比较明确，例如：由于青岛西海岸新区与黄岛区实行"一套班子，两块牌子"的管理模式，该新区机构建制级别可被视同于黄岛区，即为副厅级。而由于我国国

① 盛毅、方茜、魏良益：《国家级新区建设与产业发展》，人民出版社2016年版，第46页。

家级新区设立时间跨度极大，不同新区所处的发展阶段也有所不同，其管理体制常常处于动态调整之中。当前，我国其他国家级新区在管理体制方面存在显著差异，呈现出包括政府型、政区合一型、管委会型等在内的不同体制类型。① 因此，各新区管理主体很少从官方渠道就新区本身的建制级别进行明确说明。其二，是所属地区的行政级别。在属地化管理原则下，国家级新区主要由所在省市来负责指导新区的具体工作。因此，国家级新区所依托主体城市，不仅是其开展运作的空间基础，同样也是界定其建制级别的重要组织基础。尤其是在省级行政区这一维度上，不同新区之间的差异更为明显。重庆两江新区是依托于直辖市（省级行政区）设置，而陕西西咸新区、舟山群岛新区、贵安新区等新区则是基于省下辖的副省级城市甚至是地级市来进行设置的。因此，遵循既有行政体制惯例，前者常被视为拥有更高的行政级别。从这个角度来看，国家级新区所依托主体城市在某种程度上决定着新区行政级别的组织上限。

2. 国家级新区的干部级别（高配+兼任）

鉴于各个国家级新区在行政级别方面存在的显著差异，所以新区人员配置的基础也有所不同。依托各自直辖市自身较高的行政级别，上海浦东新区、天津滨海新区等副省级新区，均是按照副省级的标准对其主要干部进行配置的。在默认的行政层级规则下，其干部配置标准已是接近"满配"。而对于其他自身行政级别较低的新区而言，在无法提升新区整体机构层级的情况下，常常会通过有目的地拔高主要官员的级别配置，以达成提升新区在体制内话语权和影响力的目的。例如：青岛西海岸（黄岛区）本身作为副厅级单位，但其管委会主任为正厅级。作为改革开放以来城市新区建设策略的总结与延伸，"干部高配"现象同样也来源于开发区等功能区的建设经验。钱昊平等学者调研发现："全国90%地级市开发区'一把手'都已高配为副市级。"从这一角度来看，以"官员高配"的形式作为体制机制创新和开发建设的前提，体现着

---

① 西咸新区研究院：《国家级新区体制与政策比较研究》，中国社会科学出版社2017年版，第35—36页。

新区"特性"与"惯性"的辩证统一。这一区别于科层体制既有规则的官员配置状况，本身就突破了普通行政区的干部配置级别，并在一定程度上弥补了部分国家级新区机构层级的差异，从而助力新区实现了与其战略性、全局性功能相匹配的内部领导权限。[①]

从城市新区建设的基本规律出发，国家级新区的建设需要城市乃至相关区域的系统协调配合。反馈到体制运行方面，就需要实现横纵维度上的"条块结合"。因此，为进一步推进开发、建设主体形成合力，干部兼任现象在国家级新区中也极为常见。不同于加挂某办"牌子"等虚体勾连方式，国家级新区主要干部的兼任情况更加"实权化"。除上海浦东新区、天津滨海新区等政区型新区之外，我国部分国家级新区主要干部兼任情况如表4-2所示。由下表可知，绝大多数新区的主要干部都是所在城市市委委员，部分新区甚至可高达由（副）省长兼任。除此之外，在国家级新区建设初期经常设立"XXX新区建设领导小组"中，也常会由副省级乃至省级干部牵头负责协调事项[②]，为后续新区获取相应的资源调动奠定组织基础。因此，无论是"干部高配"还是"干部兼任"，其目的都是通过拔高主要负责人的行政级别，在一定程度上突破现有体制约束或惯例束缚，以间接提升国家级新区在体制内外的资源调动能力和组织影响力。

表4-2   我国国家级新区主要干部的兼任情况

序号	类型	兼任情况	示例
1	城市市委兼任型	新区党工委书记（或新区管委会主任）新区管委会主任由所在城市市委常委兼任	长春新区、青岛西海岸新区等
2	市委书记（市长）兼任型	新区党工委书记（或新区管委会主任）由所在城市市委记或市长兼任	云南滇中新区、湖南湘江新区等

---

① 曹云：《国家级新区比较研究》，社会科学文献出版社2014年版，第63页。
② 盛毅、方茜、魏良益：《国家级新区建设与产业发展》，人民出版社2016年版，第45—46页。

续表

序号	类型	兼任情况	示例
3	副省长（直辖市）市委常委兼任型	新区党工委书记（或新区管委会主任）由省委常委（含常务副市长）或直辖市市委常委兼任	贵安新区、重庆两江新区等
4	省长兼任型	新区党工委书记（或新区管委会主任）由所在省（市、区）长兼任	天府新区

资料来源：信息截取为 2021 年 6 月 9 日。

值得注意的是，除机构级别、干部级别等常见组织要素之外，发文规格也是体现国家级新区特殊定位的重要表现形式。在当前我国已设立的 19 个国家级新区中，除浦东新区、滨海新区和雄安新区（"中委""国发"等其他形式）之外，绝大多数新区都是以"国函"的形式发文批示。在现有的行政惯例中，这显然比其他一些新区以及开发区、高新区等具有更高政治地位。[①]

（二）国家级新区的管理权限

管理权限的赋予情况，直接关乎国家级新区制度运行的实际效能。回溯我国国家级新区的发展历程，可以发现，国家级新区不仅在整体上明确被赋予较高层级的管理权限，还在不同改革领域具有先行先试权。这种"整体拔高+先行先试"的赋权格局，体现着国家层面在新区运作机制等维度实行的特殊制度安排。

1. 国家级新区的整体性赋权

在我国改革开放的宏观进程之中，常常伴随着行政权限等治理资源的动态调整。作为必要的配套制度设定，不同时期、不同类型的政策试验区所具备的管理权限也有所差别。深圳特区设立早期，在"摸着石头过河"的政治定位下，其管理权限带有更强的模糊色彩。在视察了深圳、珠海、厦门特区后，邓小平同志强调："除了现在的特区之外，可

---

① 薄文广、殷广卫：《国家级新区发展困境分析与可持续发展思考》，《南京社会科学》2017 年第 11 期。

以考虑再开放几个点……这些地方不叫特区，但可以实行特区的某些政策。"① 在部分特区政策的带动下，我国开发区建设模式得到不断推广，各类开发区的管理权限逐渐走向规范化。作为开发区体系中的最高形态，国家级开发区在实际运转过程中具有比省级开发区更高的管理权限水平。国家级新区本质在于若干特殊的权限设定，其优势来源于特殊管理权所带来的一系列稀缺的利好点和优惠政策。尽管都由国家层面进行批复，国家级新区和国家级开发区在管理权限方面同样有所差别。直接表现为，部分国家级开发区可以由省级开发区升格而来，其在初创之时并未直接承接到国家权限，而国家级新区自设立之初便已得到国家层面的青睐。在管理体制上，国家级开发区管委会是所在地（直辖）设区的市级以上人民政府的派出机构，拥有同级别人民政府的审批权限。②而所有的国家级新区在创设之初便需经由国务院同意进行规划和审核，理论上拥有（副）省级管理自主权，与所属城市的行政级别并无直接关联。

就新区本身而言，赋予适当管理权限是国家级新区建设的必要制度保障，同样也是创新体制机制的重要变量。作为优化区域空间格局和深化改革开放进程的重要支点，国家级新区常常需要整合和协调辖区内大量行政区和功能区。只有充分赋予新区规划、土地、财政等与开发建设适应的行政管理权限③，才有可能突破行政边界的壁垒限制，实现资源在多主体之间的高效有序流动。尽管国家层面极少在最初批复环节明确新区的管理权限，但在批复发展规划和后期建设过程中，国家也在适时调整和引导各新区的管理权限。以 2015 年为例，当时我国已设立了 11 个国家级新区，初步覆盖了我国主要经济板块。同年 4 月，在总结既有国家级新区建设经验的基础上，国家四部委联合下发《关于促进国家级新区健康发展的指导意见 发改地区〔2015〕

---

① 《邓小平文选》第 3 卷，人民出版社 1993 年版，第 53—54 页。
② 曹云：《国家级新区比较研究》，社会科学文献出版社 2014 年版，第 18、62 页。
③ 西咸新区研究院：《国家级新区体制与政策比较研究》，中国社会科学出版社 2017 年版，第 58 页。

778 号》，并指出"鼓励各省（区、市）最大限度地赋予新区行政管理机构相关管理权限，重点扩大新区在投资项目建设、外商投资项目立项、矿产资源开发利用、城市建设等方面的审批、核准、备案和管理权"。① 2019 年，国务院进一步关注到管理权限对于国家级新区建设发展尤其是体制创新的重要作用，适时出台的《关于支持国家级新区深化改革创新加快推动高质量发展的指导意见 国办发〔2019〕58号》，并明确强调"允许相关省（区、市）按规定赋予新区相应的地市级经济社会管理权限，下放部分省级经济管理权限"②。上述变化，既体现出新区管理机构在新型城镇化背景下具备社会管理权限的必要性，同时也初步探索出"以地市级经济社会管理权限为基础、部分省级经济管理权限为补充"的权限配置体系。

我国国家级新区设立时间跨度较长，且发展阶段差异极大。各省（市、区）出台的政策对于辖域内国家级新区的权限、事项具体表述也略有差异，因此各新区的管理权限也有所不同。表 4-3 是我国部分国家级新区管理权限的政策规定，可见，我国绝大多数国家级新区都拥有（部分）省级经济管理权限，但在社会事务管理方面略有不同。贵安新区和兰州新区都拥有省级经济管理权限，但在行政管理权限和省内计划单列方面略有不同：兰州新区被明确赋予了市州一级行政管理权限，并在工农业生产等领域实施省内计划单列，而贵安新区则暂无相应制度设计。而在副省级经济管理权限基础上，广州南沙和新区赣江新区都拥有相应的社会管理权限，而福州新区尚没有明确规定。各新区之间围绕管理权限所开展的差异化制度设计，也体现出不同层级政府之间存在复杂博弈情况。但值得注意的是，尽管当前被赋予的管理权限有所不同，但绝大多数新区都建立了可与省直接联系的请批关系，这为日后持续完善新区权限配置预留了更为具体的制度渠道。

---

① 《关于促进国家级新区健康发展的指导意见 发改地区〔2015〕778 号》，2015 年 4 月。
② 《国务院办公厅关于支持国家级新区深化改革创新加快推动高质量发展的指导意见 国办发〔2019〕58 号》，2020 年 1 月。

表4-3 部分国家级新区管理权限的赋予情况

NO.	新区名称	权限内容	特征提取	规范文件	时间
1	舟山群岛新区	省政府及其有关部门根据舟山群岛新区建设发展的需要，以依法交办、委托等方式，将有关行政审批事项下放由舟山市政府及其有关部门具体承办，增强舟山市政府及其有关部门的行政管理职能	省级行政审批事项	浙江省人民政府《关于下放行政审批事项推进舟山群岛新区建设发展的决定》（省令第301号）	2012.05
2	西咸新区	西咸新区在项目建设、城乡统筹、规划实施等方面赋予其省、市级管理权限及部分社会事务管理职能。省级有关部门要提出支持西咸新区发展的简政放权清单，除需国家审批核准或国家明确规定由省级政府部门审批核准外，其余审批权限下放给新区办理。西安、咸阳两市人民政府及相关县（市、区）政府涉西咸新区的经济及相关社会事务管理权委托新区行使	省、市级管理权限部分社会事务管理职能	中共陕西省委、陕西省人民政府印发《关于加快西咸新区发展的若干意见》（陕发〔2014〕10号）	2014.10
3	广州南沙新区	授予南沙新区部分省级经济社会等管理权限（一）对法律、法规和规章规定由省政府及省有关部门行使的经济调节、市场监管、社会管理、公共服务等行政管理职权，除确需由省级行政机关统一协调管理的事项外，原则上下放或委托南沙新区管理机构依法实施。（二）对法律、法规和规章规定不得委托或下放以及需省综合平衡的省级管理事项，南沙新区管理机构与省建立直接请批关系	部分省级经济社会管理权限与省建立直接请批关系	广东省人民政府关于支持广州南沙新区加快开发建设的若干意见（粤府〔2015〕49号）	2015.04

续表

NO.	新区名称	权限内容	特征提取	规范文件	时间
4	福州新区	赋予福州新区部分省级经济管理权限，根据新区功能定位和管理体制，将省里能下放或委托的权限全部予以下放或委托。国家政策法规规定不得委托或下放以及需要省综合平衡的省级管理权限，可建立新区管理机构与省直接请批关系。下放或委托的权限清单由审改办牵头提出，报请省政府批准实施	部分省级经济管理权限与省建立直接批关系	福建省人民政府《关于支持福州新区加快发展的若干意见》（闽政〔2015〕53号）	2015.11
5	大连金普新区	赋予新区省级经济社会管理权限，除法律法规和国家明文规定外，凡属省级的行政审批和管理事项，原则上全部下放和委托给新区	省级行政审批和管理事项	中共辽宁省委辽宁省人民政府《关于推进大连金普新区建设发展的实施意见》（辽委发〔2017〕2号）	2017.01
6	河北雄安新区	逐步赋予雄安新区省级经济社会管理权限	省级经济社会管理权限	中共中央 国务院《关于支持河北雄安新区全面深化改革和扩大开放的指导意见》	2019.01
7	四川天府新区	探索按设区市计划单列，承接更多省级经济社会管理权限，确需由省级综合平衡的管理事项，重要情况天府新区可直接向省委、省政府报告	按设区市计划单列部分省级经济社会管理权限与省建立直接请批关系	中共四川省委四川省人民政府《关于加快天府新区高质量发展的意见》（川委发〔2019〕14号）	2019.05
8	贵安新区	赋予省级经济管理权限。除法律、法规和国家明文规定不得下放的权限外，将涉及贵安新区的省级经济管理权限全部下放贵安新区行使。国家政策法规规定不得委托或下放以及需要省综合平衡的省级经济管理权限，建立贵安新区与省直接请批关系	省级经济管理权限与省建立直接请批关系	中共贵州省委贵州省人民政府《关于支持贵安新区高质量发展的意见》（黔党发〔2020〕10号）	2020.02

续表

NO.	新区名称	权限内容	特征提取	规范文件	时间
9	兰州新区	赋予兰州新区市州一级行政管理权限，在工农业生产、交通运输、固定资产投资、财政信贷、统计等方面实行省内计划单列，其所辖区域行政管理具体事务由兰州新区直接对口省级部门。除法律法规和国家明文规定不得下放的权限外，涉及兰州新区的省级经济管理权限全部下放至兰州新区行使；国家政策法规规定不得委托或下放以及需要省综合平衡的省级经济管理权限，兰州新区直接向省上请批	市州一级行政管理权限部分领域实行省内计划单列 省级经济管理权限 与省建立直接请批关系	甘肃省人民政府办公厅《关于进一步支持兰州新区深化改革创新加快推动高质量发展的意见》（甘政办发〔2020〕67号）	2020.07
10	云南滇中新区	除法律法规和国家明文规定不得下放的外，省级经济管理审批权限全部下放新区，不得委托或下放的审批权限，建立新区向省级有关部门直报请批体制	省级经济管理审批权限 与省建立直接请批关系	中共云南省委、云南省人民政府《关于支持滇中新区深化改革创新加快推动高质量发展的实施意见》	2020.08
11	湘江新区	加大简政放权力度，进一步强化新区自主发展权、自主改革权、自主创新权，稳步推进省级经济管理权限下放，健全新区与省级部门直报机制，设立新区国家重大项目库直报专户	部分省级经济管理权限下放 与省建立直接请批关系	湖南省人民政府办公厅《关于支持湘江新区深化改革创新加快推动高质量发展的实施意见（湘政办发〔2020〕39号》）	2020.10
12	两江新区	加快建设体制机制改革示范区。依法赋予市级经济管理权限	赋予（直辖市）市级经济管理权限	重庆市委市政府《关于推动两江新区做大做强实现高质量发展的意见》	2020.11

续表

NO.	新区名称	权限内容	特征提取	规范文件	时间
13	南京江北新区	探索按设区市计划单列，承接更多省级经济社会管理权限	探索按设区市计划单列部分省级经济社会管理权限	江苏省政府办公厅《关于支持南京江北新区深化改革创新加快推动高质量发展的实施意见》（苏政办发〔2020〕74号）	2020.12
14	赣江新区	赋予部分省级经济社会管理权限。赣江新区行政管理具体事务直接对口省直部门，相关数据指标及资金实行省内计划单列。除法律法规和国家明文规定不得下放的权限外，涉及赣江新区的省级经济管理权限全部下放	部分省级经济社会管理权限与省建立直接请批关系	江西省人民政府办公厅《关于进一步支持赣江新区高质量跨越式发展的若干意见》（赣府厅发〔2020〕36号）	2020.12

资料来源：截取时间为 2021 年 7 月 13 日。

2. 国家级新区的先行先试权

"改革创新先行区"是当前国家层面对国家级新区的主要功能定位之一。① 在国家级新区建设与推广过程中，"先行先试"的概念实现了由媒体术语向政策话语的转变。2005 年，"先行先试"的提法最早见诸针对浦东新区改革创新的非官方表述（"浦东新区先行先试法制保障研究"课题组）②，并为媒体广泛使用。2006 年国务院出台的《关于推进天津滨海新区开发开放有关问题的意见 国发〔2006〕20 号》，是首个明确提及"先行先试"概念的政策法规。该文件指出，"在金融企业、

---

① 国家发展和改革委：《国家级新区发展报告 2020》，中国计划出版社 2020 年版，第 23 页。
② 张稷锋：《法治与改革：国家级新区的成熟范本与两江实践》，中国政法大学出版社 2015 年版，第 20 页。

金融业务、金融市场和金融开放等方面的重大改革，原则上可安排在天津滨海新区先行先试"①。此后，随着国家级新区模式的不断推广，"先行先试"也频繁出现在国家层面对于新区发展的重要指导文件中，详见表 4-4。国家级新区的先行先试权，主要体现在静态和动态两方面的制度设定上。前者是强调将国家和省（区市）重大改革试点优先布局在国家级新区，并使之探索不同主题的可示范、可复制、可推广经验的历史重任②；后者则是根据开发及建设的阶段性任务不同，对于国家级新区的授权情况实现渐进调整。

表 4-4　　　　　　　　国家政策中关于先行先试的部分表述

NO.	时间	文件名	表述内容
1	2015.04.15	《关于促进国家级新区健康发展的指导意见》发改地区〔2015〕778 号	（二）基本原则……改革创新、先行先试……鼓励先行先试，创造可复制、可推广的经验，赋予新区更大自主发展权、自主改革权、自主创新权。（二十一）深化重大改革创新……优先安排新区开展国家和省（区、市）重大改革试点，支持新区在改革创新中先行先试
2	2015.07.07	《关于推动国家级新区深化重点领域体制机制创新的通知》发改地区〔2015〕1573 号	结合各自特点和优势，围绕 1—2 个重点问题开展体制机制创新探索，力争形成可复制、可推广经验，为其他地区提供引领示范
3	2016.05.12	《2016 年国家级新区体制机制创新工作要点》发改地区〔2016〕1032 号	继续结合各自发展阶段和比较优势，围绕 1—2 个重点方向推行体制机制先行探索，以创新发展新经济，以改革培育新动能，力争形成可复制、可推广经验，为其他地区提供引领示范

---

① 《国务院关于推进天津滨海新区开发开放有关问题的意见 国发〔2006〕20 号》，2006年 5 月。
② 盛毅、方茜、魏良益：《国家级新区建设与产业发展》，人民出版社 2016 年版，第49 页。

续表

NO.	时间	文件名	表述内容
4	2017.03.28	《2017 年国家级新区体制机制创新工作要点》发改地区〔2017〕583 号	着力在深化"放管服"改革、培育壮大新动能、扩大双向开放等方面先行先试、率先突破，全面提升开发开放水平和能级
5	2019.12.31	《关于支持国家级新区深化改革创新加快推动高质量发展的指导意见》国办发〔2019〕58 号	大力培育新动能、激发新活力、塑造新优势，努力成为高质量发展引领区、改革开放新高地、城市建设新标杆
6	2020.01.24	国家级新区 2020 年重点任务（发改办地区〔2020〕237 号）	支持国家级新区积极开展政策创新探索……总结形成一批高质量的试点经验，有序做好复制推广工作

资料来源：截止到 2021 年 10 月 1 日上午 10 时。

（1）静态层面：服务于国家层面差异化的试点任务安排

由于早期数量有限，处于初创阶段的国家级新区更多聚焦于新区发展模式等宏观层面的探索。随着国家级新区数量的显著增加，国家级的设立"从全域性战略目的逐渐转为解决具象问题的战术目的"[①]。在此背景下，除继续鼓励将国家和省（区市）重大改革试点优先布局在国家级新区之外，国家层面开始尝试对各新区展开更为具体的差异化试点任务安排：即立足于各个新区差异化的功能定位，有所区别地赋予各新区在不同具体领域开展先行先试，"不断在改革中破局开路、克难前行，为所在省市乃至全国提供改革的经验和样本"[②]。表 4-5 是国家层面要求部分国家级新区开展体制机制创新中的重要试点任务情况。由下表可知，各国家级新区在不同领域被赋予的先行先试权内容有所区别，且不同年份创新要点也略有调整，从中体现出国家层面对于新区先行先试权限的整体调控。

[①] 薄文广、殷广卫：《国家级新区发展困境分析与可持续发展思考》，《南京社会科学》2017 年第 11 期。

[②] 国家发展和改革委：《国家级新区发展报告 2020》，中国计划出版社 2020 年版，第 24 页。

表 4-5 部分国家级新区体制机制创新中的试点任务

新区	2015 年	2016 年	2017 年
上海浦东新区	重点围绕深化自由贸易试验区制度创新，在金融、贸易、航运等方面加快构建开放型经济新体制开展探索	进一步深化和有序推广自由贸易试验区制度创新，以政府服务、投资管理、贸易监管、金融制度等创新为重点，加快构建开放型经济新体制	以制度创新为抓手，推进各类功能平台融合联动、协同互促，力争在深化自由贸易试验区改革创新、推进科技创新中心建设和推进社会治理创新上有新作为，持续在构建高标准开放型经济新体制上发挥引领示范作用
天津滨海新区	重点围绕京津协同创新体系建设和港区协调联动开展探索	务实深化京津协同创新体系建设，大力推进投资与服务贸易便利化改革创新，全方位推动港区协调联动探索，提升服务京津冀协同发展能力	着力在深化"放管服"改革、培育壮大新动能、扩大双向开放等方面先行先试、率先突破，全面提升开发开放水平和能级，进一步发挥在京津冀协同发展中的示范带动作用
重庆两江新区	重点围绕打造丝绸之路经济带和长江经济带重要交会点，推动建立内陆通关和口岸监管新模式开展探索	深化内陆通关和口岸监管模式等重点领域探索创新，发挥和提升丝绸之路经济带和长江经济带重要交汇点服务引领作用	以深化内陆开放领域体制机制创新为重点，以战略性新兴产业为抓手，探索开放型经济运行管理新模式，推动建立质量效益导向型外贸发展新格局，进一步发挥在"一带一路"建设和长江经济带发展方面的引领作用
浙江舟山群岛新区	重点围绕打造江海联运中心，推动建立高效便捷的通关和口岸监管模式开展探索	创新通关和口岸监管模式，推动江海联运中心建设取得新进展，探索重点产业转型升级新路径	依托舟山港综合保税区和舟山江海联运服务中心建设，开展自由贸易港区建设探索，推动建立与国际接轨的通行制度
甘肃兰州新区	重点围绕深化政府服务创新，在建立促进产业集聚和科技创新新机制方面开展探索	探索建立促进产业集聚和科技创新的新机制，创新生态保护与经济发展统筹推进适宜模式，提升新区综合竞争力	探索促进产业集聚和科技创新的新机制，打造务实高效的政务服务环境，充分激发社会投资动力和活力

续表

新区	2015 年	2016 年	2017 年
广州南沙新区	重点围绕推动自由贸易试验区制度创新，构建与国际投资贸易通行规则相衔接的基本制度框架开展探索	探索构建与国际投资贸易通行规则相衔接的基本制度框架，引领粤港澳合作模式创新	深化粤港澳深度合作探索，推动建设粤港澳专业服务集聚区、港澳科技成果产业化平台和人才合作示范区，引领区域开放合作模式创新与发展动能转换
陕西西咸新区	重点围绕推进"一带一路"建设，创新城市发展方式和以文化促发展的有效途径开展探索	深化城市发展方式创新和以文化促发展模式探索，进一步发挥在"一带一路"建设中的重要作用	深化城市发展方式创新和特色化产业发展路径探索，进一步发挥国家创新城市发展方式试验区的综合功能和在"一带一路"建设中的重要作用
贵州贵安新区	重点围绕构建产城融合发展的新机制，以产业集聚促进新型城镇化发展开展探索	深化以产业集聚促进新型城镇化发展等方面的探索，创新产城融合发展机制	依托大数据产业发展集聚区、南方数据中心示范基地和绿色数据中心建设，探索以数字经济助推产业转型升级，促进新旧动能顺畅接续的供给侧结构性改革路径
青岛西海岸新区	重点围绕提升深远海资源开发能力，形成以海洋科技创新促进海洋产业发展的有效途径开展探索	重点围绕促进军民融合发展和推动形成以海洋科技创新促进海洋产业发展的有效途径开展探索	深入推进青岛（古镇口）军民融合创新示范区和青岛蓝谷海洋经济发展示范区建设探索，持续深化军民融合体制机制和海洋科技发展创新
大连金普新区	重点围绕深化面向东北亚区域开放合作，推动构建现代产业体系开展探索	着力创新管理体制，加快形成创新发展的内在动力，进一步深化面向东北亚区域开放合作	进一步创新管理体制，探索以科技创新和双向开放促进产业转型升级的有效途径，加快形成创新发展的内在动力
四川天府新区	重点围绕深化土地管理制度改革，构建有利于产业集聚发展和城乡一体化发展的体制机制开展探索	以深化土地管理制度改革为引领，着力构建有利于产业集聚发展和城乡一体化发展的体制机制	突出"全面加速、提升发展"两大重点，加快全面创新改革，全力破解体制机制难题，进一步提升产业和区域整体竞争力

续表

新区	2015 年	2016 年	2017 年
湖南湘江新区	重点围绕创新生态文明建设体制，推动建立综合性生态补偿机制，走绿色低碳循环发展道路开展探索	创新投融资模式，深化生态文明建设体制机制改革，走绿色低碳循环发展道路	深化要素市场创新，持续推进生态文明建设体制机制改革探索，在推进绿色集约高效发展与产城融合、城乡一体化发展等方面有所突破
南京江北新区	重点围绕实施创新驱动发展战略，以自主创新引领产业转型升级、以制度创新促进区域协同发展开展探索	大力实施创新驱动发展战略，探索以自主创新引领产业转型升级有效路径	以科技创新培育发展新动能，以新技术助推行政管理体制改革，努力打造优良创新环境，积极发挥辐射带动作用

资料来源：《关于推动国家级新区深化重点领域体制机制创新的通知》发改地区〔2015〕1573 号；《2016 年国家级新区体制机制创新工作要点》发改地区〔2016〕1032 号；《2017 年国家级新区体制机制创新工作要点》发改地区〔2017〕583 号。图表自制。

（2）动态层面：适时调整国家级新区的赋权设定

尽管国家在各新区批设之初便明确了支持相关各省市开展倾斜性赋权的基本原则，但受制于科层体制下赋权、接权、用权等环节的复杂性，各国家级新区得到赋权的情况也存在明显差别。因而除在特定领域允许新区先行先试之外，国家同样采取了动态性的赋权策略，常会根据发展阶段、管理体制等方面的不同特性适时调整其管理权限。

一般而言，国家级新区赋权调整情况主要受到两方面影响：其一是在新区建设之初的支撑性赋权，其二是在新区相对成熟、亟须进一步深化改革时的引导性赋权。前者是国家级新区功能平台搭建初期的基本条件，后者是进一步释放改革活力的必然要求。以青岛西海岸新区为例，在国家专门印发的《青岛西海岸新区总体方案》中，明确提及"研究赋予新区省级经济社会管理权限"，这是国家层面在该新区设立之初明确支持地方政府向新区放权的积极表态。随后，为更好体现青岛西海岸新区作为国家级新区的赋能效果，山东省政府、青岛市政府在短期内密集进行向青岛西海岸新区开展赋权，成为发挥国家级新区先行先试优势的重要保障。随着该新区建设不断成熟，体制机制改革向纵深发展需要更高层级的赋权加以引导。自 2018 年 1 月 1 日起实施的《山东省青岛西海岸新区条例》，其围绕新区赋权问题进行了更为明确的规定，自此引发了新一轮赋权过程。2020 年 7 月，在山东省政府出台《关于调整实施部分省级行政权力事项的决定 省政府令第 333 号》中，明确将青岛西海岸新区与济南市、青岛市这两个副省级城市一同作为省级行政权力事项的承接实施主体，并委托该新区实施 240 项省级行政权力事项[①]，这成为该新区继续推进体制机制改革的重要保障。由此可见，在国家级新区的建构过程中，地方政府常常会通过各种方式向其辖域内的国家级新区下放行政管理事项及相应权限，并由此使得各新区的管理权限常处于动态调整之中。

2019 年，国务院出台《关于支持国家级新区深化改革创新加快推动高质量发展的指导意见 国办发〔2019〕58 号》，并在国家级新区专项指导文件中首次明确提及地方政府赋权的体系层级问题。该文件在指明赋权重要性的同时，也从侧面印证了部分国家级新区迄今为止并未完全获得充分授权，不同新区赋权情况存在一定差异。因此，无论是整体性赋权还是先行先试权，对于国家级新区的赋权问题，应充分考虑不同新区在地域、阶段、体制等因素的差异，适时、灵活、有序地推动赋权工作，使其成为新区深化体制机制改革的重要制度资源。

第二节　青岛西海岸新区的体制机制演变进程

探索适宜的管理架构与运行机制，是国家级新区建立乃至运转的重要制度依托。作为全国唯一一个由市辖区（原青岛市黄岛区）和县级

---

① 《山东省人民政府关于调整实施部分省级行政权力事项的决定 省府令第 333 号》，2020 年 7 月。

市（原青岛市胶南市）合并而成的新区，青岛西海岸地区在成立国家级新区之前就面临着多重制度和区划层面等复杂挑战：新区成立前18个月，原胶南市并入黄岛区组成新的黄岛区，此类市辖区与县级市之间的行政区划合并需要有效实现不同行政层级之间的对接与匹配，且相关合并工作在新区成立之前并未彻底完成；而密集分布但层级各异的功能区，又需要处理好与当地行政区之间的职责分工问题。在这复杂治理情境下，青岛西海岸新区在创设初期，便明确了"体制合一型"的制度设计原则。究其原因，这一制度选择源于自开发区时代起各新区建设以来的长期探索。结合青岛西海岸地区开放建设历程，可以发现，该地区的地方治理体系变革进程受到了功能区制度设计的显著影响，并呈现出功能区治理序列与地方行政体制不断趋近融合的发展进路，其体制机制演变过程可大致分为以下四个阶段。

一　聚焦功能区建设的早期制度设计

青岛西海岸新区的前身，可以追溯至1985年成立的青岛经济技术开发区（以下简称"青岛经开区"）。换言之，青岛西海岸地区治理体系转型的早期探索，首先是围绕青岛经开区这一国家级开发区的建设运行所展开的。

1984年5月，中共中央、国务院批转《沿海部分城市座谈会纪要》，决定进一步开放青岛等14个沿海港口城市①，经济技术开发区建设逐渐起步。同年8月，青岛市委、市政府决定成立青岛市经济开发公司，开启了以企业为主体管理开发区的早期探索。同年10月，国务院批准设立青岛经济技术开发区，规划建设面积15平方千米，近期开发范围2平方千米。② 1985年1月，为加强对青岛经开区的组织领导，青岛市决定成立青岛市经济开发公司党组。作为首批国家级开发

---

① 《国务院关于批转〈沿海部分城市座谈会纪要〉的通知》中发〔1984〕13号，1984年5月。
② 《国务院关于青岛、烟台两市进一步开放、兴办经济技术开发区规划方案的批复国函〔1984〕149号》，1984年10月。

区，青岛经济技术开发区于 1985 年 3 月 28 日正式动工。由于在全国范围内开发区建设经验尚不充分，早期各类开发区规划面积普遍较小。在青岛经开区建设之初，其规划面积不足黄岛区总面积的 7%，首轮开发面积仅为全区总面积的 1%，初期规划范围如图 4-1 所示。在此基础上，青岛市基于经济特区早期建设经验尤其是园区建设模式，将经济开发公司作为开发区的治理主体，采取企业主导型的治理模式。在内部机构设置上采取了以开发建设为主要功能导向的部门设置模式，除办公室、政治工作部、群众工作部等少量行政部门之外，大量部门集中在对外贸易、土地开发、房屋建设、投资咨询等建设开发环节。受制于时代局限，此时的青岛经济开发公司尽管属于企业性质，但其不仅负责开发区内建设、经营等经济职能，而且要基于青岛市级政府授权在开发区范围内行使部分行政管理职能①，其整体制度设计仍处于摸索阶段。鉴于此时青岛经开区具有更鲜明的园区属性且存在明确的地理边界限制，在这种空间"孤岛"的治理格局下，功能区与行政区之间的关系建构问题暂未提上日程。

由于青岛经济开发公司属于企业性质，在资源配置、行政协调等方面与既有体制存在种种制度不适。尤其是作为一个经济实体，难以承担越来越多的行政事务②，导致开发公司的治理主体地位只存在了大概 19个月的时间。1987 年 3 月，青岛经济技术开发区管理委员会正式成立（即开发区管委），同时设立中共青岛市委经济技术开发区工作委员会（即开发区工委），原经济开发公司党组即行撤销。③ 作为市政府派出机构，青岛经开区管委会并非一级政府，但受青岛市政府委托，对开发区实行统一领导和管理。同时为更好承接开发区内的行政职能，管委会内

---

① 中共青岛西海岸新区工委 黄岛区区委组织部、中共青岛西海岸新区工委 黄岛区委党史研究室、青岛西海岸（黄岛区）档案馆：《开发区、黄岛历史大事记（1976—2012）》，青岛市文广新局内部准印证号（青）2016027，第 15 页。

② 青岛西海岸新区工委组织部、工委党史研究室：《青岛西海岸新区改革开放实录》第 1 卷，青岛出版社 2018 年版，第 88 页。

③ 中共青岛西海岸新区工委 黄岛区区委组织部、中共青岛西海岸新区工委 黄岛区委党史研究室、青岛西海岸（黄岛区）档案馆：《开发区、黄岛历史大事记（1976—2012）》，青岛市文广新局内部准印证号（青）2016027，第 22、23 页。

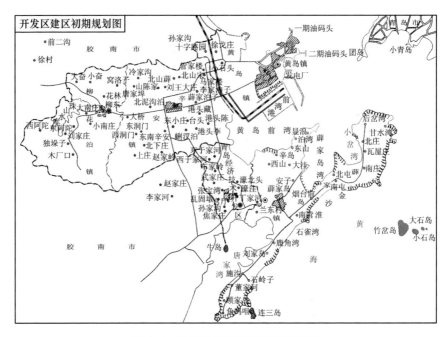

图 4-1　青岛经开区建设初期规划图

资料来源："档案见证青岛西海岸——青岛西海岸新区档案史料陈列展"，笔者自行查阅于青岛西海岸新区档案馆，查阅时间为 2021 年 7 月。

部设置了办公室、财政处、规划建设处、政治工作处等 7 个部门。① 原治理主体的青岛市经济开发公司依旧保留，但相关行政职能被剥离，恢复成为独立核算、自负盈亏的经济实体。

以 1987 年为界，青岛经济技术开发区的治理主体由单一的经济开发公司转变成"管委会+经济开发公司"两个治理主体，其治理格局逐渐转变为"政企嵌套模式"（如图 4-2 所示）。在这一制度设定下，管委会与经济开发公司在职能上相互分工，在制度上统一嵌合于开发区的治理体制之中。前者在对青岛经开区实行统一领导的同时，逐渐承担起开发区范围内的部分行政职能；后者则依托其公司属性，试图更好地撬

———————

① 吴金群、廖超超：《尺度重组与地域重构——中国城市行政区划调整 40 年》，上海交通大学出版社 2018 年版，第 370 页。

动社会资源以支持开发区的开发建设工作。而在青岛经开区发展过程中，开发区"扩容"工作也逐渐起步。1989年1月，经青岛市委、市政府批准，黄岛区薛家岛镇的官厅等9个村庄、辛安镇的车家岭等3个村庄以及胶南县灵山卫镇的武家庄划归青岛经开区管理。上述13个行政村划归工作的完成，意味着部分行政区交由功能区托管这一崭新空间调整形式得以出现。但由此所带来的直接空间影响：不同治理主体之间的协调问题开始显现，这赋予了日后青岛经开区乃至新区适时调整空间范畴以相当大的制度契机。1991年，为更好适应开发区建设发展需要，青岛经开区管委会基于经济、建设和社会三个管理归口的标准[①]，再次调整了其内部部门设置。而在此次调整中，社会管理职能明确成为开发区管委会的主要职责内容。

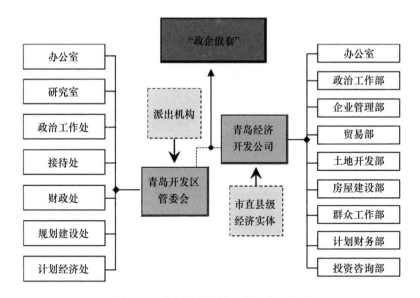

图4-2 政企嵌套期间开发区治理模式

资料来源：图表自制。

---

① 中共青岛西海岸新区工委黄岛区区委组织部、中共青岛西海岸新区工委黄岛区委党史研究室、青岛西海岸（黄岛区）档案馆：《开发区、黄岛历史大事记（1976—2012）》，青岛市文广新局内部准印证号（青）2016027，第30—38页。

正如 1990 年时任山东省委副书记、省长赵志浩在青岛经开区视察时所强调的："开发区要大发展，一定要进一步解放思想。开发区就是开发区，就是要实现特殊政策。"① 可以说，在改革开放早期便能够依托国家级开发区进行探索，这意味着具有相当高的制度创新起点，并赋予了西海岸地区以较为充分的制度创新空间和改革自主权。正是基于早期青岛经开区的前瞻性探索，"走出开发区"成为随后开展体制机制改革的重要理念，功能区与行政区不同治理主体之间关系逐渐成为影响该地区制度设计整体走向的重要议题。

二　功能区辐射下的地方治理体系初探

1992 年，国家层面明确了将社会主义市场经济体制视为经济体制的改革目标。② 同时经过十余年的探索，各级政府逐渐认识到开发区等经济功能区在对外开放、产业发展等方面所具有的显著效能，进一步推广开发区建设经验成为当时地方政府推进改革的重要方向。就青岛经开区而言，1992 年 5 月 4 日由山东省委、省政府印发的鲁发〔1992〕9 号文件，极大提升了该开发区的发展自主权与改革势能，主要表现在：一是将青岛经开区管委会的行政级别升格为"副地级"，首次突破了行政级别设定的既有限制；二是在出国审批、土地征用、规划建设等七大方面赋予青岛经开区以"地市级"的管理权限，从而打破了行政级别与行政权限之间的单向对应关系，管理权限不再与行政级别完全挂钩；三是明确提出了"积极争取把青岛经济技术开发区拓展到黄岛全区"的改革理念，开发区早期制度探索成果由此逐渐辐射到全黄岛地区，初步奠定了不同治理单元之间开展进一步协调的理念前提。同年 5 月 7 日，青岛市委、市政府印发青发〔1992〕13 号文件，强调以"开发区与黄岛区体制合一"的方式，将"青岛经济技术开发区拓展到黄岛全区"

---

① 中共青岛西海岸新区工委 黄岛区区委组织部、中共青岛西海岸新区工委 黄岛区委党史研究室、青岛西海岸（黄岛区）档案馆：《开发区、黄岛历史大事记（1976—2012）》，青岛市文广新局内部准印证号（青）2016027，第 35 页。

② 江泽民：《加快改革开放和现代化建设步伐 夺取有中国特色社会主义事业的更大胜利——在中国共产党第十四次全国代表大会上的报告》，《求是》1992 年第 21 期。

的改革路线，以体制改革引领区域发展的思路逐渐明晰。但通过与省级层面文件精神的比较，可以发现，该文件在明确开发区管委会行政级别和赋予若干市级管理权限的同时，暂未将"规划建设"这一重要管理权限明确赋予开发区管委会，相关权限依然保留在青岛市级层面。由此可体现出，由于涉及多个治理主体，在青岛经开区改革过程中存在着复杂的层级博弈活动，尤其是纵向协调关系对于改革效果具有较大影响，这一点将由其延伸至后期国家级新区建设。6 月 11 日，时任山东省委副书记、省长赵志浩在视察青岛经开区时明确指示："对两区合并，我赞成一套人马一个机构，可以高度统一，出高效益。"[①] 这一来自高层领导的明确表态，在相当大程度上扫清了青岛经开区和黄岛区之间的开展体制合并的潜在障碍。

根据同年青岛市编委批复的《青岛市经济技术开发区、黄岛区体制合并与机构改革方案》，青岛经济技术开发区和黄岛区在管理架构上实施"体制合并"："中共青岛市委经济技术开发区工委与黄岛区委、青岛经济技术开发区管委会与黄岛区政府、中共青岛市纪委经济技术开发区工委与黄岛区纪委合一，均为'一套班子，两块牌子'。"在实现"体制合一"之后，青岛经开区管委会与黄岛区政府合称"青岛经济技术开发区（黄岛区）"，其以"合署办公"的形式成为整个开发区乃至黄岛区的唯一治理主体，在全国开创了开发区与行政区体制合一的先例。[②] 这一制度设计，初步建构起功能区与行政区之间相互借力的体制机制。就开发区管委会而言，可以在更大空间范围内进行开发建设，尤其是土地资源的获取变得更为充分；对黄岛区来说，可以更好地借助青岛经开区这一国家级功能平台，辐射和带动整个黄岛地区的发展。此时的开发区的治理主体虽然名义上是开发区管委会（黄岛区政府），且开发区在名称组建上列于区政府之前，但在本质上已与常规一级政府没有

　　① 中共青岛西海岸新区工委 黄岛区区委组织部、中共青岛西海岸新区工委 黄岛区委党史研究室、青岛西海岸（黄岛区）档案馆：《开发区、黄岛历史大事记（1976—2012）》，青岛市文广新局内部准印证号（青）2016027，第 44、47、48 页。
　　② 青岛西海岸新区工委组织部、工委党史研究室：《青岛西海岸新区改革开放实录》第 1 卷，青岛出版社 2018 年版，第 93 页。

本质区别。[①]

  表4-6是青岛经开区与黄岛区在进行合并前后的机构序列的设置情况。此次两区体制合并的直接目的，是将原开发区的发展建设经验尤其是部分优惠政策引入扩散至黄岛区的全部行政区域，具有鲜明的经济发展导向。反馈到整体部门设置情况上，尤其体现为合并后的机构设置依然是以原黄岛区机构序列为主，即是将管委会的机构部门分散嵌入至原黄岛的对应部门之中，诸如体现日后"大部制"改革色彩的部门设置经验并未在合并后的新体制中得到更多体现。在人员配备上，此阶段的青岛经开区（黄岛区）基本遵循"人随机构"的配置原则，开发区工委和管委分别为副市级，党政领导可以交叉任职。这一点与管委会的机构级别保持一致，此时暂未出现后期国家级新区阶段"领导高配"的现象。尽管如此，合并之后的青岛经开区（黄岛区）在管理体制改革方面依然取得了较好的成效。相较于体制合并之前，青岛经开区（黄岛区）的部门单位数量上由304个调整为196个（含部门机构和事业单位）；编制规模上由原来的4131名缩减为3866名（含行政编制与事业编制），减少268名，约为6.5%。自此，青岛经开区（黄岛区）的对外开放范围由15平方千米扩展至159平方千米，并成为集国家级开发区、保税区等4区政策和功能于一体的改革开放先导区。[②]

  空间选择不仅体现在国家层面，同时也表现为城市层面的战略倾斜。进入21世纪，青岛市的城市发展重心逐步"西移"，相对远离城市旧中心的西海岸地区的发展逐渐上升到城市战略地位。2001年3月22日，青岛市市长办公会作出"不失时机地挺进西海岸，加快西海岸发展……构筑青岛新的经济发展重心"的决策。[③] 作为制度创新的重点，立足于"体制合一型"管理架构的实际运行状况，青岛地方政府

  ① 吴金群、廖超超：《尺度重组与地域重构——中国城市行政区划调整40年》，上海交通大学出版社2018年版，第371页。
  ② 青岛西海岸新区工委组织部、工委党史研究室：《青岛西海岸新区改革开放实录》第1卷，青岛出版社2018年版，第26页。
  ③ 青岛西海岸新区工委组织部、工委党史研究室：《青岛西海岸新区改革开放实录》第1卷，青岛出版社2018年版，第27页。

表 4-6　　"体制合并"前后青岛经开区与黄岛区的机构设置情况

阶段	管理主体	工作部门	直属事业单位及其他	编制情况	
体制合并前	黄岛区人民政府（截至1992.06）	办公室 经济计划委员会 科学技术委员会 民政局 劳动局 司法局 公安分局 审计局 统计局 监察局 物价局 税务局 财政局 工商行政管理局 商业局 粮食局	水产局 城乡建设委员会 交通局 农林水利局 教育局 体育运动委员会 文化局 卫生局 土地管理局 计划生育委员会 工业局 人事局（与机构编委办公室合署） 老龄工作委员会办公室（与区委老干部局合署） 法制办公室（隶属区委办公室）	广播电视剧 经济协作办公室 乡镇企业局 农业机械管理局 技术监督局 史志办公室 接待处 物资局 第二工业局	机关部门：54个；行政编制：593名；事业单位：202个；事业编制：2856名
	青岛开发区管委会（截至1992.06）	办公室 规划建设局 经济发展局 公用事业局 社会事务局	审计监察局 劳动人事局（与机构编委办公室合署） 企业局（与技术监督局合署） 区街管理局（与民政局合署） 财政局（与国有资产管理局合署）	研究所(室) 新闻中心 投资促进局 对外联络局	机关部门：18个；行政编制：125名；事业单位：30个；事业编制：557名

续表

阶段	管理主体	工作部门	直属事业单位及其他	编制情况
体制合并后	青岛开发区管委会（黄岛区政府）（截至1994.12）	办公室 经济贸易发展局 计划统计局 建设环保局 规划土地局 农村经济发展局 国内贸易局 计划生育卫生局 审计局 劳动民政局 交通局	公安局（加挂安全局牌子） 机构编委办公室（组织部加挂牌子） 人事局（组织部加挂牌子） 司法局（政法委加挂牌子） 监察局（与区纪委合署） 科技教育体育局（加挂科技协会牌子） 财政税务局（加挂财政局、税务局和青岛市税务局经开区分局牌子） 工商行政管理局（与市工商行政管理局经开区分局合署）	项目促进中心（加挂外商投资服务中心牌子） 大项目办公室 接待办公室 广播电视中心 镇街企业服务中心 珠山街道办事处（派出机构）	全区机关：35个（含保税区）；行政编制：801名；事业单位：161个；事业编制：3065名

资料来源：《青岛经技术开发区·青岛市黄岛区志（1984—2005）》，黄岛区档案馆，查阅时间：2021年7月9日。

逐渐对青岛经开区（黄岛区）的体制机制进行调整。2005年，青岛市委、市政府进一步优化了青岛经开区（黄岛区）的基本管理架构，其基本思路是在管委会与区政府之间尝试推行"适当分开，各有侧重"①。具体而言，就是在坚持"体制合一"的前提下，针对开发区管委会和黄岛区政府两类截然不同的治理体系，实施更有针对性的制度安排，遵循"在空间范畴上适度分开、职能配置上各有侧重、但以人事安排上加以统合"的制度设计。基于上述设定原则，青岛经开区管委会和黄岛区

---

① 中共青岛西海岸新区工委 黄岛区区委组织部、中共青岛西海岸新区工委 黄岛区委党史研究室、青岛西海岸（黄岛区）档案馆：《开发区、黄岛历史大事记（1976—2012）》，青岛市文广新局内部准印证号（青）2016027，第124页。

政府在继续坚持"合署办公"的同时，两者在管理空间范畴和职能配置上逐渐有了差异化的分工，具体如图4-3所示。

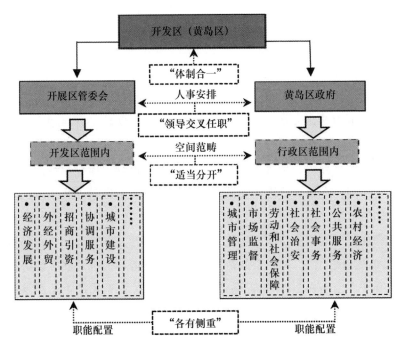

图4-3　2005年青岛经开区（黄岛区）管理体制调整情况

资料来源：图表自制。

经过此次调整，开发区管委会和黄岛区政府之间进行了明确的职能分工，即"前者主要负责开发区的经济发展、外经外贸、招商引资、城市建设等事务；后者则具体担负本行政区域城市管理、市场监督、劳动和社会保障、社会治安、公共服务等职能"①。同时，为避免管委会与区政府"分而不合"，青岛市委、市政府继续明确了"领导交叉任职"的人事安排原则，即"工委书记、区委书记与区长可以分设，适当时候

---

① 中共青岛西海岸新区工委 黄岛区区委组织部、中共青岛西海岸新区工委 黄岛区区委党史研究室、青岛西海岸（黄岛区）档案馆：《开发区、黄岛历史大事记（1976—2012）》，青岛市文广新局内部准印证号（青）2016027，第124页。

也可以一人兼任，管委会主任要由工委书记兼任，适当的时候也可以分设"①。正是通过领导干部的兼任方式，较好保证了在职能适度分开的情况下开发区（黄岛区）管理体制的整体性，有效降低了功能区与行政区之间的分立风险，奠定了不同治理主体之间互为补充的中观制度基础。这一重要经验，将在日后青岛西海岸地区创设国家级新区管理体制的过程中得到进一步体现。

较之早期以部门整合为主要内容的体制合并方案，2005 年进行的改革思路更为细化。基于过去十余年的体制运行实践，青岛地方政府已逐渐认识到不同功能区和行政区的治理主体在治理诉求、发展阶段等方面存在较大差异。由于管委会与行政区政府等治理主体在职责配置方面也有所不同，在黄岛范围内照搬开发区的建设发展经验以及采取完全一致的体制机制并不可行。而通过此次改革，青岛经开区（黄岛区）现有管理体制已能初步协调好功能区与行政区、开发区管委会与黄岛区政府之间的互动关系，并在空间范围、职能配置等方面也开展了较好的分工与合作。因而在 2007 年青岛市编委印发的《关于规范青岛经济技术开发区（黄岛区）机构规格的通知》中②，继续明确了青岛经开区（黄岛区）"体制合一型"的管理架构。这标志着青岛经开区（黄岛区）的管理体制逐渐走向成熟，不同治理主体的制度衔接机制取得初步成效，已成为全市乃至全省体制机制创新的载体和示范窗口。③ 2011 年，青岛经开区申报的国家级开发区体制机制创新试点获商务部批复④，这既是对该开发区既有改革经验的高度认可，又对于日后的改革力度和深度提

① 中共青岛西海岸新区工委 黄岛区区委组织部、中共青岛西海岸新区工委 黄岛区委党史研究室、青岛西海岸（黄岛区）档案馆：《开发区、黄岛历史大事记（1976—2012）》，青岛市文广新局内部准印证号（青）2016027，第 124 页。

② 中共青岛西海岸新区工委 黄岛区区委组织部、中共青岛西海岸新区工委 黄岛区委党史研究室、青岛西海岸（黄岛区）档案馆：《开发区、黄岛历史大事记（1976—2012）》，青岛市文广新局内部准印证号（青）2016027，第 145 页。

③ 青岛西海岸新区工委组织部、工委党史研究室：《青岛西海岸新区改革开放实录》第 1 卷，青岛出版社 2018 年版，第 33 页。

④ 中共青岛西海岸新区工委 黄岛区区委组织部、中共青岛西海岸新区工委 黄岛区委党史研究室、青岛西海岸（黄岛区）档案馆：《开发区、黄岛历史大事记（1976—2012）》，青岛市文广新局内部准印证号（青）2016027，第 186 页。

出了更高要求。

三 功能区和行政区相对独立运行模式

2012 年 2 月，青岛市第十一次党代会明确提出"要加快西海岸经济新区开发建设"，各类空间—制度要素开始向西海岸地区加速聚集。同年 9 月，经国务院批准，原胶南市整建制并入黄岛区，在县级市与市辖区合并的基础上成立新的黄岛区。此次区划调整大幅扩大了黄岛区的行政区划范围，但所带来的直接后果便是打破了青岛经开区管委会与黄岛区政府之间既有的均衡格局，包括空间范畴与职能配置等稳定的划分关系受到显著影响。此时青岛经开区（黄岛区）体制合一型的管理架构，面临着如下挑战：一是作为县级市的原胶南市在与黄岛区（市辖区）开展行政合并时面临复杂的层级变动，继续维持与开发区（为市政府派出机构、副市级）的体制合一模式，将进一步放大行政合并的推进难度；二是在黄岛区面积急剧扩大后，开发区的面积暂未调整，原黄岛区政府和开发区管委会在空间管辖格局上出现失衡态势，尤其是在统一执行开发区政策方面存在若干限制；三是原胶南市作为必要的行政主体构成，暂时无法有效融入开发区管委会与黄岛区政府之间的职能配置结构。

面对新时态下不同治理主体之间的制度衔接困境，青岛经开区暂时结束了与黄岛区"体制合一"治理模式，开发区管委会与黄岛区政府不再实行"合署办公"。在新的治理架构下，青岛经开区恢复成为独立运行的经济功能区，黄岛区政府以一级正式政府层级的身份推进新黄岛区的区划整合、经济建设等相关工作，两者在既有政策框架下独自运行、自主发展。[①] 但经过近 20 年的发展，青岛经开区的建设开发范围不断外延，不同治理主体之间的协调问题逐渐显现。随着体制合一型的管理架构逐渐解体，开发区需要重构与驻地政府之间的协调机制。2013 年，为更好加强开发区的空间管制和资源配置能力，黄岛区委托开发区

---

① 吴金群、廖超超：《尺度重组与地域重构——中国城市行政区划调整 40 年》，上海交通大学出版社 2018 年版，第 373 页。

管理长江路街道等 8 个街镇以及隐珠街道长城村等 10 个行政村。开发区管委会作为派出机构，以行政托管的方式开始介入功能区与行政区之间的协调命题。自此，"行政代管"成为上述两类治理主体之间协调机制的基本支点，如图 4-4 所示。

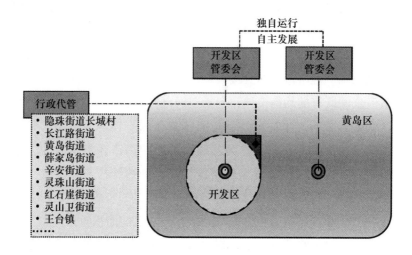

图 4-4　青岛经开区相对独立运行模式示意图

资料来源：图表自制。

四　新区创设与体制合一型地方管治体系

　　早在 2010 年，山东省就已在《山东半岛蓝色经济区发展规划》中明确提及要建立国家级新区的战略构想。2011 年成立的青岛西海岸"经济新区"管委会，即是加强不同治理主体之间在重大规划、项目落地以及产业布局等对接协调的前期尝试。2014 年 6 月，经国务院批准，青岛西海岸新区正式成为国家级新区，新区范围包括青岛市黄岛区全部行政区域。[①] 从空间构成来看，成立之初的青岛西海岸新区具有如下特点：其一是在新区创设环节就实现了新区规划范围与现有行政区划的完全统一，兼具国家级功能区和行政区的双重属性；其二，作为全国首个由县级市和国家级开发区整合而来的国家级新区，该新区在批设之初并

---

① 《国务院关于同意设立青岛西海岸新区的批复 国函〔2014〕71 号》，2014 年 6 月。

未彻底完成行政区划的合并工作，其体制机制在层级架构、机构设施等方面面临更加复杂的挑战。但基于青岛经开区与黄岛区在体制架构与运行机制方面的长期摸索，青岛西海岸新区在创设之初便已明晰了"体制合一型"的制度设计。这一点将为日后西海岸新区的体制机制变革走向带来深远影响。根据《关于黄岛区（西海岸新区）机构设施的实施意见 青黄发〔2014〕12号》的具体要求，遵循统分结合的原则，青岛西海岸新区的管理体制实行"一套机构、两块牌子"：即青岛西海岸新区工委与黄岛区委［简称工委（区委）］、青岛西海岸新区工委与黄岛区政府［简称管委（区政府）］实行体制合一。青岛西海岸新区（黄岛区）成立之初的管理体制如图4-5所示。

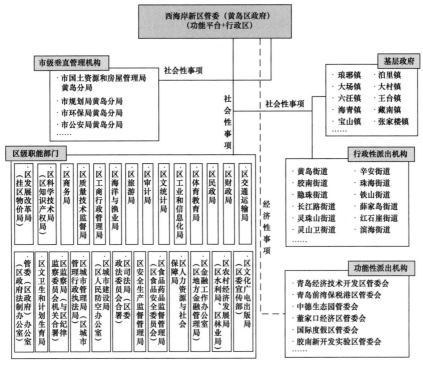

注：实线代表社会性事务，块状虚线代表经济性事务。

图4-5　青岛西海岸新区成立初期的管理体制

资料来源：《青岛西海岸新区区情资料手册（2016）》，黄岛区档案馆，查阅时间：2021年7月9日，图表自制。

在国家级新区管理架构创设之初，青岛西海岸新区（黄岛区）的体制设计呈现出以下两个特征。其一，是基于前期与开发区"体制合一"的探索经验，在全区层面初步建立起"功能区+行政区"的体制合一型管理架构，以在不同治理单元之间达成更好的制度衔接效果。区别之前与青岛经开区管委会的合署体制，黄岛区此次合署办公的对象由国家级开发区管委会升级为国家级新区管委会，后者级别更高、权限更大，原青岛经济技术开发区管委会依然为次一级派出机构。由图4-5可知，基于区级层面"管委会+区政府"的架构设计，青岛西海岸新区（黄岛区）在横向职能部门设置上既有常规区级职能部门，也存在一定数量的市级垂直管理机构。除下辖镇政府和街道等行政性派出机构之外，青岛西海岸新区（黄岛区）立足于各类功能区差异化的功能定位，有目的地设立管委会、理事会等功能性派出机构。① 其二，基于"经济事务"与"社会事务"之间的职能划分，探索对新区内部功能区和行政区不同治理主体之间的协调机制。根据2014年青岛市委、市政府印发《关于调整完善黄岛区（西海岸新区）管理体制的通知 青委〔2014〕80号》，初步实现了功能区与行政区之间的事权划分，并逐渐形成"功能区管经济发展和招商引资、街镇管社会治理和公共服务"的治理格局②：街镇剥离了招商引资功能，避免在经济领域与功能区恶性竞争，促使专注公共服务等社会事务成为可能；同时功能区可以从大量行政事务中解脱出来，更加高效地承担开发建设、经济发展等工作。由此，青岛西海岸新区的功能区与行政区实现了"空间对应"与"职责重构"，其辖区内不同治理主体和管治体系被统一纳入"新区管委会+黄岛区政府"的组织架构之中。

2018年1月，《山东省青岛市西海岸新区条例》正式实施。作为党的十九大以来制定出台的首个国家级新区条例，该《条例》正式实施，

---

① 王佃利、于棋：《青岛西海岸新区管理体制改革探析——一种"嵌入式"模式的尝试》，《青岛行政学院学报》2016年第4期。

② 青岛西海岸新区工委组织部、工委党史研究室：《青岛西海岸新区改革开放实录》第1卷，青岛出版社2018年版，第46页。

既表明青岛西海岸新区在探索国家级新区制度化建设方面所肩负着更高期望，同时更意味着西海岸新区的体制机制逐渐走向成熟。从整体内容架构上来看，《山东省青岛市西海岸新区条例》是对自西海岸新区成立以来各项制度探索的深刻总结，并对于日后西海岸新区发展定位、体制机制、产业发展等方面进行了更为明确的规范界定。该《条例》中专门设立一章对于新区管理体制进行内容界定（即"第二章 管理体制"），以"管理体制"为核心词的专设性章节安排较少出现在已有国家级新区条例之中。由此说明，体制机制建设成为近年来国家级新区发展尤其是制度化探索中的重点任务。聚焦新区的体制机制命题，该《条例》围绕功能定位、法律地位、体制架构、权责体系等方面进行了更为明确的规定，具体如图4-6所示。

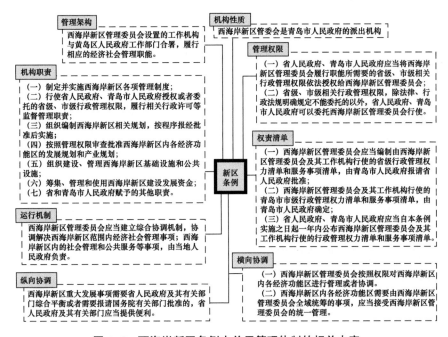

图4-6 西海岸新区条例中关于管理体制的相关内容

资料来源：《山东省青岛西海岸新区条例》，图表自制。

除明确管理机构性质、机构职责、管理权限之外，该《条例》还进一步规范了西海岸新区的内部运行机制以及外部协调机制。在内部运行机制方面，该《条例》明确新区管委会与功能区、新区管委会与各功能区之间的权责关系，为充分发挥西海岸新区的统筹作用提供了重要法律保障。同时在外部协调机制上，明确提出"新区重大发展事项需要省人民政府及其有关部门综合平衡或者需要报请国务院有关部门批准的，省人民政府及其有关部门应当提供便利"。① 这一表述，从原则上为西海岸新区纵向维度上的"面上沟通"预留了渠道。但此制度安排，显著区别于舟山群岛新区所授权开展的"省—部际联席会议"等更为明确的纵向沟通机制（即由国家发改委牵头、旨在加强部省之间纵向沟通的专设渠道）②，这为日后优化体制机制纵向改革留有了进一步可待优化的政策空间。

第三节　青岛西海岸新区现行
制度设计内容

就我国国家级新区现有体制类型而言，青岛西海岸新区（黄岛区）的管理体制属于"体制合一型"：即新区规划范围与当地行政区划完全重合，且新区治理主体与地方行政主体施行"一套机构、两块牌子"，主要以"合署办公"的形式加以统筹。自 2014 年青岛西海岸新区成立以来，历经 2015 年、2019 年等多轮改革，青岛西海岸新区（黄岛区）的管理体制日渐成熟，其所建构的"新区管统筹、功能区重发展、街镇强治理"的全新体制机制③，被发改委誉为"最顺管理体制"。从体制架构和运行机制两个角度对青岛西海岸新区当前的管理体制加以剖析，可以发现，该新区既具有行政区的常规属性，又呈现出作为国家级新区

① 《山东省青岛西海岸新区条例》，2018 年 1 月。
② 《国务院办公厅关于同意建立浙江舟山群岛新区建设部省际联席会议制度的函 国办函〔2013〕115 号》，2013 年 12 月。
③ 青岛西海岸新区工委组织部、工委党史研究室：《青岛西海岸新区改革开放实录》第 1 卷，青岛出版社 2018 年版，第 45 页。

治理主体的鲜明特点；既具备国家级新区管理体制的一般共性，又体现出与新区战略定位相匹配的制度特征。

一 管理架构及其跨尺度指向

由于新区规划范围与行政区划在空间上完全重合，青岛西海岸新区的建设首先需要直面黄岛区内部复杂空间治理格局。早在新区成立前两年，黄岛区与原胶南市即已开展行政区划调整。"由于在此之前并没有县级市与市辖区成功合并，人员与机构的持续调整实际上是跨越了新区成立的时间节点……直到新区成立后一段时间才得以完成（访谈编号：20211026B/11）。"作为我国国家级园区数量最多、功能最全、政策最集中的区域之一，西海岸新区还同时下辖多达23个街镇，如何更好地协调功能区与街镇关系，成为影响新区管理体制运行效能的重要制度因素。为此，西海岸新区基于不同治理主体差异化的功能定位，分别在区级、功能区以及街道层面搭建起各具特色的管理架构。

（一）以统筹为导向的区级管理架构

相较于成立初期，当前该新区在区级体制架构上的基本变革趋势是进一步强化管委（区政府）的统筹角色，其统筹内容主要涉及三个方面：（1）对于辖区内的党务、行政、经济建设、社会管理和公共服务等方面进行统一管理；（2）对于辖区内各大功能区的规划建设、土地利用、产业布局和结构调整等事项进行统筹领导和具体协调；（3）对于辖区内街镇各项工作进行统一领导。反映到区级层面的架构设计上，更多的是通过整合区级部门机构，来强化对辖区内经济事务和社会发展事务的统筹管理。（"新区现有管理架构模式，是充分吸取过去的改革经验的……尤其是黄岛区与原青岛开发区的体制合一经历，是一脉相承的，访谈编号20210708A/01"。）经过2019年区级机构改革后，青岛西海岸新区进一步优化了区级层面的部门设置情况，并深化"功能区—管委会"和"行政区—区政府"两套治理体系的整合。截至2021年6月，改革后的青岛西海岸新区共设置党政机构37个，其中工委（区委）设置11个工作部门，管委（区政府）设置26个工作部门，部分党政部门之间存在"合署办公"或"加挂牌子"的情况，具体如图4-7所示。较之成立初期，青岛西海岸新区现有部门机构数量更加精简，更加符合山东省政府强调的"突出优化协同高效"和"强化统筹兼顾、协调联动"等机构改革原则。尤其是围绕海洋经济、行政审批、实体经济、城市管理、新农村建设等重点领域，青岛西海岸新区基于新区资源禀赋优势深化机构职能改革，较好建立起与新区经济社会发展相适应的机构体系。

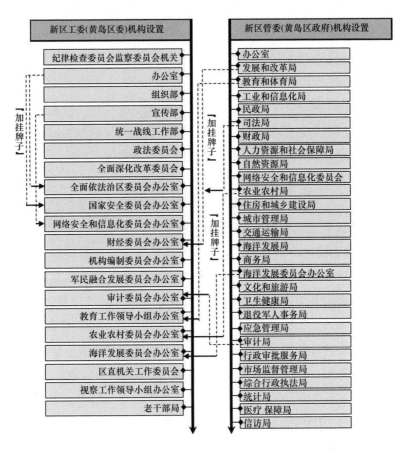

图4-7 青岛西海岸新区（黄岛区）党政机构设置情况

资料来源：管委（区政府）部门信息源于青岛西海岸新区政务网，工委（区委）机构信息来自作者访谈资料，图表自制。

在"体制合一型"的管理架构下，管委会在部门干部配备与机构级别等方面特殊设定会对整个新区的行政资源配置带来一定影响，从而使其呈现出不同于一般行政区的体制特征。常见于国家级新区中"领导高配"的现象，同样存在于青岛西海岸新区，其目的依然是弱化体制掣肘、更好地达成调动体制内各项资源的目的。但在"体制合一型"的管理架构下，西海岸新区的主要领导均为正厅级，高于同层级的一般行政区。其中，西海岸新区工委书记由市委常委、黄岛区委书记兼任，管委会主任兼任黄岛区政府区长，两者均属正厅级。作者通过访谈得知，西海岸新区管委会并没有配置副主任，但"黄岛区政府配备了5名副区长，实际上干着'副主任'的工作（访谈编号：20210709B/04）"。这体现出新区在人员安排方面的灵活性。从机构级别来看，西海岸新区管委会为市政府派出机构，规格应为青岛市正局级；而黄岛区作为青岛市辖区，其机构级别为副厅级。但在体制合一型的管理架构下，管委会与区政府之间的级别差异得以有效弥合。上述种种制度设计，体现出在"体制合一型"的管理架构下，管委会与区政府之间密切的互动关系以及相互"借力"的运行规则。这一点对于青岛西海岸新区的实际运作而言意义重大。

（二）以发展为导向的功能区布局设定

严格来说，功能区并不是一个确切的行政层级。但功能区布局的调整与优化，却是变革新区管理架构的空间基础。作者在访谈中得知，"各功能区在新区运作中发挥的作用远超一般街镇，实际上应是'1.5个层'（访谈编号：20210809A/01）"。这既表明各功能区在新区运转中的现实功能，又是强调了其对整个新区整体竞争力的重要影响。作为我国国家级园区数量最多、功能最全、政策最集中的区域之一，青岛西海岸新区拥有数量众多、层级不同且空间结构各异的功能区，涉及海洋经济、军民融合、现代服务业、高效农业等多样态领域。这种功能区高度分散的空间结构特点，既有助于实现各地差异化功能定位，但同样存在"空间碎片化"等潜在风险。自国家级新区成立以来，青岛西海岸新区基于各新区差异化的产业结构和空间布局，将辖区内原有的15个功能区逐步整合为十大功能区，以更好地发挥 7 个国家级园区和 3 个省级园区的辐射带动作用。当前青岛西海岸新区十大功能区的空间布局如图 4-8 所示。事实上，调整和完善功能区整体空间格局，不仅关乎各功能区产业布局与空间上限，更成为进一步厘清和调整各功能区治理主体职能体系的重要前提。可以说，新区通过整合既有功能区并形成更加合理的空间格局，成为进一步厘清功能区与行政区关系、优化各功能区管理体制的重要前提和基本保障。

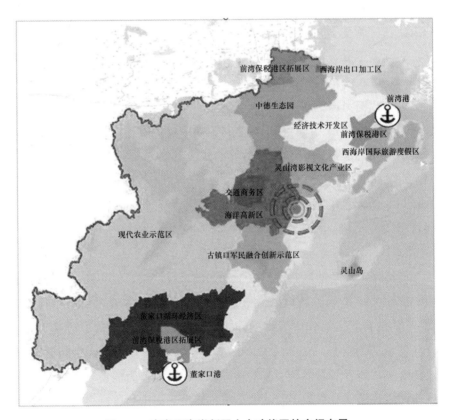

图 4-8   青岛西海岸新区十大功能区的空间布局

资料来源：作者申请政府信息公开，政府信息公开告知书 2021 第 98 号。

在完成各功能区空间布局的整合调整之后，青岛西海岸新区进一步明确了各功能区以经济发展为主要职责的功能定位。从近年来开发区体制机制变革的整体趋势来看，"去行政化"成为我国推动开发区等功能区改革转型的重要方向，其本质是优化调整开发区经济发展与社会管理之间的职责体系。自 2019 年起，山东省启动新一轮开发区体制机制改革，其基本思路是推动开发区聚焦经济发展等主责主业，将社会管理职能剥离至属地街道。2019 年 7 月，山东省委出台《关于促进开发区改革和创新发展的实施意见》，该文件明确要求："各开发区要因地制宜精简或剥离开发区行政和社会管理职能，交由开发区所在地市、县（市、区）政府负责，开发区集中精力抓好经济建设"。① 在当前青岛西海岸新区的管理架构中，辖域内的功能区回归经济发展载体的这一基本定位：即"功能区主要承担管'吃饭'的发展使命（访谈编号：20210708B/02）。"功能区"重发展"的基本定位，就是要不断淡化各功能区在行政级别上的差异，新区层面根据各功能区产业结构差异统筹安排各自功能定位，各功能区主要负责园区规划、产业发展、投资促进等经济事务，以园区开发和项目建设为工作重点，原则上不再承担社会事务职能，统一交由黄岛区和所在街镇承担。

　　表 4-7 是当前青岛西海岸新区各功能区所拥有的管理权限。由下表可知，尽管各功能区级别不同、面积各异，但其管理职权主要集中在经济事务领域，主要涉及产业发展、投资管理、规划管理、土地管理、建设管理、环境保护、安全生产七大领域，社会事务方面涉及较少。作为配套举措，青岛西海岸新区先后出台《关于部分街镇行政区划调整的意见》和《关于印发部分街镇行政区划调整实施方案的通知》，"坚持行政区划和主体功能相对应，原则上各大功能区规划范围和所在街镇边界闭合，各大功能区先行启动区由一个镇街保障服务"②。自此，青岛西海岸新区通过内部治理边界调整，重构了功能区与行政区之间的空间结构，为进一步厘清两者直接的权责关系奠定基础。

---

　　① 《山东省政府办公厅关于促进开发区改革和创新发展的实施意见 鲁政办发〔2017〕58号》，2017 年 7 月。

　　② 青岛西海岸新区工委组织部、工委党史研究室：《青岛西海岸新区改革开放实录》第1 卷，青岛出版社 2018 年版，第 46 页。

表 4-7　　　　　　　　　青岛西海岸新区各功能区管理职权

序号	职权类别	职权内容
1	产业发展	依据新区发展总体思路和产业发展规划，各大功能区负责区域内产业发展规划的编制、报批和实施，建立项目评价和准入、退出制度，负责产业促进、结构调整、产业扶持政策落实等工作
2	投资管理	负责编制和上报年度投资计划，对使用自有财力资金安排的政府投资项目进行审批管理，受理、核准、备案权限内企业固定资产投资项目。对需报上级发改部门核准、备案的项目，由功能区函请新区转报
3	规划管理	行使权限内的建设项目选址、建设用地规划、建设工程规划、建设项目批后监管等管理权限。依据新区总体规划、控制性详细规划及相关规划，组织授权范围内的修建性详细规划等相关规划编制、报批和实施，受理规划报建、踏勘等业务，参与土地利用规划和区域规划等编制工作
4	土地管理	负责统筹协调区域内土地利用总体规划修编、调整与修改，编制项目用地计划，确定项目用地预选址。负责功能区范围内的农转用、征收组件、初审工作，协调土地征收补偿等工作。负责国有建设用地使用权出让、划拨供地的组件、初审及收储洽谈工作；集体建设用地初审、报批工作；设施农用地、临时用地审批、报备工作。各大功能区负责组织实施土地一级开发
5	建设管理	在权限内行使从施工许可、工程质监安监到竣工验收备案、城市绿化建设和管理、户外广告设置、人防工程和设施等基本建设方面管理权限
6	环境保护	行使权限内污染物排放许可、拆除、闲置、关闭污染防治设施、场所、夜间连续施工作业证明、建设项目环境影响评价文件许可、建设项目竣工环境保护验收、建设项目试生产环境保护审核等管理权限
7	安全生产	负责相关安全生产监管等工作，加强对生产经营单位安全生产状况的监督检查和石油天然气管道保护工作，协助新区有关部门依法履行安全生产监督管理职责

资料来源：《关于进一步支持和保障各大功能区加快发展的意见 青西新发〔2015〕10号》，图表自制。

作为新区开发建设和经济发展过程中"主阵地"和"主战场"，各功能区经济发展效能的发挥依赖于合适的内部管理架构。按照"大部门、扁平化"改革思路，西海岸新区对于各功能区的机构数量进行适当控制。作者通过访谈得知，目前"原则上国家级功能区工作机构按8个左右掌握，省级功能区按 5 个左右掌握（访谈编号：20211026B/01）"。在新区统筹下，原青岛经开区内设机构由 10 个调整为 8 个。在进一步强化统筹作用的基础上，青岛西海岸新区又根据各功能区的差异化功能定位和发展实践，逐渐探索出更加灵活的制度设计。

　　表4-8是当前青岛西海岸新区内各功能区的管理架构。除灵山湾影视文化产业区之外，其他功能区大都采取以管委会为主体的制度设计，体现出对既有早期开发区建设经验的有效承接。同时为更好地发挥平台公司在资源集聚等方面的效率优势，新区为各功能区统筹设立了若干平台公司，并主导了各功能区管委会及其平台公司的职责分配：即各功能区管委会主要负责园区规划、产业发展、投资促进、开发建设等工作，突出抓好园区开发和项目建设；各平台公司主要负责园区土地一级开发整理、基础设施配套建设、招商引资、投融资等具体业务。与此同时，西海岸新区还根据各新区的产业结构和功能定位，赋予各新区灵活调整其内部管理架构的相应权限。例如：古镇口军民融合示范创新区以军地融合为核心定位的功能区，辖区内既存在行政区，又涉及军事单位驻地，从而探索形成了特色鲜明的"军地联席会议制度"；董家口经济区以国家一类开放口岸为核心，具有更强的专业性，由此形成了"理事会+管委会"的双重管理体制；等等。

表4-8　　青岛西海岸新区各功能区管理机构及其属性定位

序号	功能名称	行政级别	管理机构	机构性质	属性定位
1	前湾保税港区（挂青岛自贸片区管委牌子）	正厅级	前湾保税港区管委（青岛自贸片区管委）	省政府派出机构（委托青岛市管理）	经国务院批复设立的海关特殊监管区，以建设一流自由贸易港为发展使命充分发挥功能政策优势，加快区域转型升级和新旧动能转换
2	青岛经济技术开发区	正局级	青岛开发区管委	市政府派出机构	全国首批14个国家级开发区 全国开发区综合实力前五强 国家首批智能化工业园区
3	青岛董家口经济区	正局级	董家口经济区管委	市政府派出机构	国家一类开放口岸 国家循环经济示范区

序号	功能名称	行政级别	管理机构	机构性质	属性定位
4	青岛中德生态园（国际经济合作区）	正局级	中德生态园管委	市政府派出机构	全国首批低碳城试点 全国首家综合标准化示范园区 国家绿色制造国际创新园 全国中德智能制造示范园区
5	国家（青岛）军民融合创新示范区古镇口核心区	正局级	古镇口核心区管委	市政府派出机构	作为国家（青岛）合创新区核心区，重点发展船舶海工、航天航空、电子信息、海洋新材料、军事文化等六大产业集群
6	青岛西海岸国际旅游度假区	副区级	旅游度假区管委	区政府派出机构	是中国北方重要的滨海休闲度假目的地，拥有 1 个国家级旅游度假区、2 个省级旅游度假区、5 处国家 4A 级旅游景区
7	青岛海洋高新区	副区级	海洋高新区管委	区政府派出机构	打造海洋活力区经济中心、绿色金融中心、市民文化中心、生态休闲中心和海洋制造基地
8	青岛西海岸现代农业示范区	副区级	农业示范区管委	区政府派出机构	省级农业高新区 以现代高效农业为重点产业，打造全省农业科技创新示范、引领农业转型发展
9	青岛西海岸交通商务区	副区级	交通商务区管委	区政府派出机构	全面打造科技创新、商务总部、商贸物流、医疗康养、都市智造等五大产业板块，建设站城融合、绿色智慧、富有活力的生态智慧宜居新城
10	青岛灵山湾影视文化产业区	–	"国有企业+开发建设指挥部"	未批设	中国首个、世界第九个联合国教科文组织"电影之都"，建设世界级的影视产业基地和全球影视文化中心

资料来源：据黄岛区档案馆资料整理，查阅时间：2021 年 7 月，部分补充信息源于青岛西海岸新区政务网和访谈资料。

（三）以治理为导向的街镇发展格局

在当前青岛西海岸新区的管理架构中，街镇层面的主要定位是将其作为整个新区的治理支点，是进一步夯实新区基层治理的主体所在。所谓"街镇强治理"，被新区工作者形象地总结为"街镇管'睡觉'等具体命题（访谈编号：20210708B/02）"。旨在通过实施街镇体制改革，弱化街镇招商引资等经济管理职能，强化基层建设、社会治理等职能，以推动服务和治理力量向基层倾斜。自青岛西海岸新区成立以来，该地区在街镇层面的改革思路是同步推动行政区划调整和街镇管理体制变革。前者目的主要是进一步优化行政区与功能区之间的空间关系，后者则是立足于实现基层治理现代化的制度设定。

图4-9是近年来西海岸新区街镇区划的调整历程。在青岛西海岸新区成立之初，该新区就以现有功能区的区划范围为基准，通过街、镇、园区之间的调整与合并，初步实现了功能区与街镇边界闭合，较好地厘清了功能区与行政区之间的空间适配关系，从而为后期街镇与各功能区之间的职权重构奠定基础。在行政区划微观调整方面，该新区将部分管区已并入街道或转制为管委会并积极推进"撤镇改街"，这在进一步规避空间碎片化潜在风险的同时，能够更好地回应基层治理的实际诉求。作者通过调研发现，青岛西海岸新区在其内部管理过程中，常根据各街镇的经济水平等因素对辖区内的街镇进行区分，并在发展定位、绩效考评等方面采取差异化的制度安排。综合考虑街道功能、辖区面积、城市形态等因素，青岛西海岸新区现有23个街镇可划分为"城市街道""城乡街道"以及"镇"三大类别。由图4-9可知，青岛西海岸新区下辖10个"城市街道"，5个"城乡街道"以及8个"镇"。

街镇体制改革是2019年以来该新区推进体制机制改革的重点内容。此次机构改革目的是为满足"内—外—上—下"等多重治理目标：即对内整合政府内部"条块"架构中的相近力量，对外加强与市场、社会力量的对接；对上强化任务导向的落实机制，对下回应人民的诉求。按照同年黄岛区委和区政府联合印发的《关于青岛市黄岛区镇（街道）行政管理体制改革的实施意见 青黄办字〔2019〕（2号）》对街镇体制

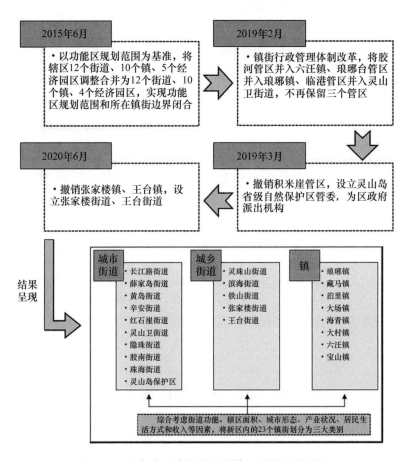

图4-9 近年来西海岸新区街镇层面的改革历程

资料来源：图表自制。

改革的明确要求，应"以探索建立简约精干的组织架构和务实高效的用编、进人制度为保障，着力打造基层党建、便民服务、综合执法、社会治理四大平台"。

表4-9是青岛西海岸新区街镇与开发区机构设置的情况对比。由下表可知，街道、镇以及开发区这三类基层空间单元，其内部机构设置有所区别。根据街道与镇在基层治理方面的任务差异，西海岸新区在街道上综合设置"四办八中心"，在镇上综合设置"五办七中心"。其区别

在于，后者多设立一个"乡村规划建设监督管理办公室"。而街道在设置"城市管理中心"的同时，还设立了"社区建设中心"。通过两者与开发区层面内部机构设置情况的对比，更能明显发现街镇与功能区在职能设定上的区别：除必要的综合部门之外，开发区大部分机构的设置都与开发建设、产业发展等经济事务相关；而街镇层面的机构设置更多服务于社会治理职能的履行。通过此次机构改革，在进一步优化街镇层面机构设置的同时，更使得街镇的工作重心逐渐转移，"从招商引资转向社会治理和公共服务，工作方式从区（功能区）街（街道）相对独立发展向各空间主体融合发展转变"[①]。

表 4-9　　　　青岛西海岸新区街镇及开发区机构设置情况

街道机构设置		乡镇机构设置		开发区机构设置
四办	党政办公室（挂人大常委会办公室牌子） 党建工作办公室 综合行政执法办公室（挂生态环境办公室） 应急管理办公室	五办	党政办公室（挂人大常委会办公室牌子） 党建工作办公室 综合行政执法办公室（挂生态环境办公室） 应急管理办公室 乡村规划建设监督管理办公室	纪检监察机构 综合部
八中心	便民服务中心（挂党群服务中心牌子） 社会治理中心 财政审计中心 宣教文卫中心 发展保障中心（挂统计站牌子） 社区建设中心 城市管理中心 退役军人服务站	七中心	便民服务中心（挂党群服务中心牌子） 社会治理中心 财政审计中心 宣教文卫中心 经济发展中心（挂统计站牌子） 农业农村中心（挂农产品质量安全监管中心牌子） 退役军人服务站	党群工作部 公共服务部 财务金融审计部 经济发展部（挂考核评价部牌子） 规划建设部（挂应急管理部） 投资促进部 科技创新部 石化区管理部

资料来源：图表自制。

---

① 《青岛西海岸新区街道体制改革实现三个转变》，《机构与行政》2015 年第 12 期。

二 机构运行与治理关系重构

在构建起新区体制架构的基础上，如何基于"体制合一型"的制度架构，实现新区内部行政区与功能区的有效整合，成为进一步完善国家级新区治理体系的关键一环。青岛西海岸新区试图厘清新区、功能区与行政区之间的三重治理关系，逐步摸索出契合于自身发展实践的运行机制，并通过《出台山东省青岛市西海岸新区条例》的方式，切实推动运行机制的制度化进程。

当前青岛西海岸新区机制特征，可以提炼为"新区管统筹、功能区重发展、街镇强治理"的格局架构。[①] 这一机制得以运转的关键核心，即是要厘清"新区与功能区""新区与街镇""功能区与街镇"等三重治理关系。青岛西海岸新区借助国家级功能平台与行政区之间"体制合一体制"与空间重合的既定优势，初步建立起契合于自身发展实践的运行机制，被发改委誉为"最顺管理体制"。[②] 当前青岛西海岸新区的运行机制如图4-10所示。

（一）新区与功能区：统筹管理、统分结合

基于"统筹管理、统分结合"的治理思路，青岛西海岸新区管委会（黄岛区政府）对辖区内各功能区进行统筹管理。既包括新区对单个功能区的具体领导，也涵盖在功能区之间发挥横向协调与统筹调度作用。前者体现为新区对于各大功能区规划布局、产业发展、财税体制等6个方面实行统筹领导，后者则是基于园区统筹协调领导小组会议制度，具体解决下辖各功能区之间的协调问题。各功能区在西海岸新区（黄岛区）统筹下，根据自身依法享有的差异化的管理权限，在各自规划范围内拥有明确的经济发展及相关方面主导权。

在运行机制方面，主要体现为重大事项请示报告制度、重大项目统

---

① 青岛西海岸新区工委组织部、工委党史研究室：《青岛西海岸新区改革开放实录》第1卷，青岛出版社2018年版，第45页。

② 青岛西海岸新区工委组织部、工委党史研究室：《青岛西海岸新区改革开放实录》第1卷，青岛出版社2018年版，第45页。

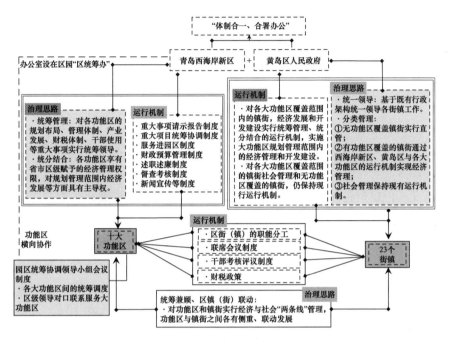

图 4-10　青岛西海岸新区运行机制

资料来源：根据调研访谈资料整理，图表自制。

筹协调制度、财政预算管理制度等七方面的制度内容。《关于西海岸新区黄岛区与各大功能区、镇街运行机制的实施意见 青西新发〔2014〕1号》中明确规定，"凡涉及区整体发展战略的土地利用、产业布局、重点投资项目和结构调整等重要经济建设事项，各功能区应向工委区委、管委区政府报告"。同时为加强各功能之间的横向协调与统筹调度，新区成立了以工委（区委）和管委（区政府）主要领导为组长、副组长的园区统筹协调领导小组，负责对各大功能区日常工作的统筹调度，研究解决各大功能区在产业布局、土地利用、项目建设、基础设施等方面的重大事项。聚焦重大项目，新区在项目论证、项目落户、跨区域基础设施项目等方面强化区级层面的统筹力度，以进一步整合发展动能。依托区级统一的财政体制，该新区实现了对各大功能区实行预算管理，大大强化了区级对功能区的统筹效果。除上述特定制度之外，西海岸新区还通过适时调整各功能区行政权力事项的方式，加大对各功能区的统筹力度。2020 年 9 月，新区将 16 项区级行政权力事项交由部分功能区实施①，定向精准赋权成为未来一段时间内新区统筹功能区发展的又一体现。

（二）新区与街镇：统一领导、分类管理

针对新区辖区内功能区数量多、分散广的空间特点，青岛西海岸新区对下辖街镇的管理主要遵循"统一领导、分类管理"的基本思路：即结合既有行政架构统一领导各街镇工作，社会管理保持现有运行体系不变，但根据各街镇发展阶段、功能区覆盖情况等不同要素采取分类管理的方式。

在运行机制内容方面，青岛西海岸新区依托黄岛区原有的行政架构，统一领导辖区内的街镇工作，但根据功能区与行政区之间差异化的空间分布关系（即街镇内部是否有功能区覆盖），对不同类别的街镇采取差异化的管治策略。具体而言，（1）功能区范围之外的街镇。此类街镇需承担经济发展、开发建设以及社会管理等全部职能，新区在既有行政体制框架下直接管理此类街镇，与一般行政区无异。（2）功能区范围之内的街镇。基于经济事务与社会事务相对分离的原则，新区层面明确了功能区治理主体与行政区治理主体之间的职责划分。开发建设、产业发展等经济事务主要由各功能区负责，街镇主要面向各功能区提供服务保障等社会事务。而在上述运行机制中，青岛西海岸新区的特殊性在于，既依托于"黄岛区—各街镇"这一传统行政架构，同时又进一步发挥国家级新区对辖区内各功能区的统筹作用，从而在"体制合一型"的管理架构下充分发挥功能区与行政区这两类治理体系的优势。

（三）功能区与街镇：统筹兼顾、区镇（街）联动

对地方行政体制而言，以开发区为代表的功能区管理体制属于一种增量制度设计：即地方管治体系的有效运行，需要功能区序列内嵌于既有行政区划和行政体制之中的。鉴于以开发区为代表各类功能区的广泛

---

① 青岛西海岸新区管委、青岛市黄岛区人民政府：《关于调整由功能区实施部分区级行政权力事项的通知 青西新管字〔2020〕38 号》，2020 年 12 月。

布局，行政区与功能区之间的协同发展问题，不仅关乎整个国家级新区体制机制的运行效能，更对于地方治理体系的转型具有重要意义。此处所强调的功能区与街镇关系，主要是指在各功能区范围内的街镇与相应功能区之间的关系。在青岛西海岸新区的运行机制中，功能区与街镇的基本关系原则是"统筹兼顾、区镇（街）联动"。根据新区对基层治理事权的划分，各功能区与辖区内的街镇实行差异化的职能分工。功能区主要负责统筹区域规划、产业发展、投资促进、开发建设等经济发展事务，功能区范围内的社会事务由相应街镇承担。同时为保障区镇（街）联动的联动效果，新区层面通过允许区镇（街）领导兼任的方式，以进一步加强两者之间的统筹效果。具体而言，功能区范围内的街镇由各大功能区主要领导分管，同时可根据工作需要由镇街党（工）委书记兼任功能区工委委员。上述这种领导兼任的方式，直接源自青岛经开区与黄岛区合署办公的早期探索经验，可以更好地保障区镇（街）之间的工作对接和联动发展。

联席会议制度、干部考核评议制度以及财税政策等具体制度设计，是加强功能区与街镇融合发展的基本制度保障。关于区镇（街）联席会议制度，相关工作人员在调研过程中明确提及："在各功能区的办公会议及各专题会议中，相关街镇具有发言权和建议权；功能区涉及街镇的重要事项，应争取街镇意见（访谈编号：20210709A/03）。"从而建构起信息共享互通机制。同时通过建立功能区和街镇干部的互评制度，且相关评议结果在各自考核中占据一定比重，在一定程度上避免了功能区与行政区之间力量失衡所带来的消极影响。同时，新区层面对财税收入和土地出让收入等主要收入来源进行统筹安排，并允许功能区与街镇之间进行收入比例分成，这显然对于提高街镇提供社会服务积极性具有重要意义。

综上所述，青岛西海岸新区通过厘清新区、功能区及街镇之间的治理关系，遵从差异化的治理思路，借助明确具体的制度设计，较好地统筹新区内部不同治理主体之间的利益关系，从而搭建起契合新区发展实践的运行机制，为日后充分发挥国家级新区这一功能平台的政策叠加优势奠定制度基础。

第四节 国家级新区制度建设的问题表征

作为一项复杂的系统工程，国家级新区的制度设计既需要满足国家空间战略对其的空间功能预设，同时又要实现与地方既有治理体制的对接需要，在增量制度和存量制度之间的保持相对平衡。尽管历经三十余年的摸索，国家级新区的制度设计渐趋成熟，但依然在实际运行过程中面临若干问题挑战。

一 国家级新区制度设计的一般问题

除上海浦东新区和天津滨海新区这两类政区型新区之外，其他国家级新区在制度设计中，无一例外地都会涉及功能区、行政区等不同治理主体之间的关系协调问题。青岛西海岸新区现有制度设计的本质特征，就是探索实现不同治理主体之间的深度整合。因而从治理主体构成来说，透视西海岸新区制度设计所呈现出的部分问题，有助于管窥当前我国国家级新区制度设计中的共性挑战。

第一，现行新区体制机制无法弥合治理资源与政策期待之间的巨大张力。青岛西海岸新区的创设过程，曾被比喻为陷入"只给牌照、不给车"的尴尬境遇：在发放国家级新区的"牌照"（即新区的"称号"与"头衔"）的同时，并没有在纵向层面获取足够的要素支撑（即政策倾斜、重大项目支持等）。姑且不考虑该新区资源的实际获取情况，但上述认知更多源于新区和黄岛区实行的"合署办公"体制的自身局限。新区与既有体制之间存在深度内嵌，因而无论省一级还是市一级，在实际体制运作过程中更多地将其视为一般行政区（即作为市辖区的黄岛区），而非作为"增量"制度设计的国家级新区。新区的特殊性并未在现有体制机制运作过程中发挥显著作用，尤其表现为无法更好适配于既有纵向协调体制：省级层面认为，其已协助完成"称号"的申报，新区管委会是市级派出机构，其主要指导责任在市一级；市级层面认为新区已经具有足够大的功能平台、已较其他市辖区具有更大发展空间，且在成立初期已经得到了国家、省、市的扶持，更应依靠自身实现突破发展；就青岛西海岸新区而言，其所采取的"合署办公"的体制实现了经济板块与行政区划之间的边界重合，已经在相当大程度上避免了治理空间碎片化等新区假设常见问题，并在功能区与行政区之间横向联动方面具有一定优势。但由于新区管理机构与体制内既有层级实现了深度绑定，无力为纵向协调体制的优化提出可行方案。

国家级新区承担着国家重大改革任务与战略使命，在国家治理体系中肩负着极高的政策期待。即便是被称为"最顺管理体制"的青岛西海岸新区，也由于与既有行政体制过深绑定，无法更好地满足获取更多治理资源和满足不同治理尺度政策预期的多重发展诉求。当前大部分国家级新区都采取的是管委会等增量制度设计，即在同一行政区划或不同行政区范围内建构起"国家级新区—功能区"等新的功能区治理体系。这种在空间治理单元和行政单元之间重新建构起的体制机制，需要直面体制资源调动和满足多方政治期待的复杂境遇。这一点，无疑需要在国家级新区体制机制调试实践中进一步优化。

第二，"体制复归"困境限制新区体制机制创新的持续挖潜。所谓"体制复归"。即是指在经历一定时期的运作之后，新区前期制度创新成果容易出现被既有制度惯性复吸至原有体制运转轨道，相关创新成果在一定程度上渐趋消解的制度复归现象。西海岸新区的体制机制改革整体趋势，是加强新区内部新区治理主体与行政主体之间的横向整合：即其前期体制机制创新效能的发挥，主要依赖于内部治理主体的横向嵌合，并带来了一系列积极的治理效能。但由于新区治理主体与行政主体以"合署办公"的形式进行深度绑定，反而在新区实际运作中容易出现"体制复归"的风险，尤其受到纵向维度上既有体制的显著影响。

青岛西海岸新区的个案表明，新区早期的体制机制创新常常是以辖区内不同治理主体和治理体制之间的横向嵌合为主要形式的。这种以横向整合为主要方向的改革路径，其实在新区建设早期对充分调动体制内部资源具有积极意义。但随着体制机制改革的持续深入，新区在体制运行过程中将会显著受到纵向维度上既有体制的负效应。受制于纵向层面上管治关系，新区被迫需要重新适应既有体制运作惯性，部分可行的制度创新理念可能会在与既有体制互动过程中逐渐消解，从而带来"制度复归"的潜在风险。从这个角度来看，国家级新区作为国家层面体制机制创新的重要载体和试点，不仅需要更多的先行先试权，至少在纵向层面上赋予其更多的制度创新空间和容错机制，则显得尤为必要。因此，国家级新区体制机制创新经验需要在纵向维度上的不断推广，以持续改善各类新区的制度生态则显得更有实际价值。

第三，功能区治理主体呈现出"脱虚入实"潜在趋势。按照学者杨龙的观点，实体性的行政区和虚体性的功能区都是我国国家治理体系的空间构成单元。① 各类功能区的行政化转型，其实早在开发区推广建设过程中就有所显现。国家级新区、开发区等虚体治理单元的最大优势，便是在机构设置、职能边界等方面具备更强灵活性，能够在最大程度上规避既有管理体制的束缚。西海岸新区的最重要的建设经验，就是充分利用管委会、行政区政府等不同治理主体的各自优势，充分释放作为不同治理体系的互补效应和集群优势。但随着新区管委会等虚体治理体系不断嵌入到以黄岛区为主的实体治理单元体系之中，新区管委会逐渐实现了与作为实体治理单元的黄岛区的深度绑定。尤其是在区级架构层面上，新区管委会的灵活性逐渐被行政区属性所掩盖，后者在一定程度上呈现出"脱虚入实"的演进趋势：即西海岸新区越来越抽象成为黄岛区招商引资的"名头"，管委会等虚体治理主体在新区运作中的体制机制创新作用逐渐淡化，越来越具备行政区等实体治理单元的常见属性。"虽然有国家级新区的头衔，在招商引资和增加固投的时候还是很有优势的……根本上还是青岛市的一个市辖区（访谈编号：20210708A/02）。"延伸至"功能区/街镇"层面，由于部分功能区和相关街镇存在领导兼任的现象，功能区和街镇之间在基层治理的具体工作

① 杨龙：《两种国家治理单元的综合使用》，《学术界》2020 年第 12 期。

中的分工逐渐模糊，功能区在一定程度上蜕变为行政机构的延伸机构和后备补充力量。

上述制度安排所带来的直接后果，就是行政体制的运行规律和治理原则不断渗透至功能区之中。功能区等虚体治理单元与行政区等实体治理单元之间制度差异逐渐磨平，导致前者在灵活性等方面的潜在优势逐渐消解。尽管在客观上存在管委会这类虚体治理单元，在新区实际运作过程中主要遵循行政体制的运作机制，虚体性治理单元在新区内部体制机制创新作用逐渐淡化。新区创设的基本使命之一便是推动体制机制创新，而非是仅仅利用倾斜性体制资源供给（包括：财税政策、土地指标等）来推动一般行政体制的运转。这一演进趋势，显然与国家级新区所肩负的体制机制的创新使命并不相符。

二　西海岸新区制度设计的具体问题

从开发区时代算起，青岛西海岸新区历经 30 余年探索，已基本理顺了其内部管理架构和运行机制。但由于该地区需要协调"国家级新区—功能区"和"黄岛区—街镇"这两种不同治理体系之间的差异化治理诉求和运作规律，尤其是要依托区级治理架构（市辖区）来整合包括省级、市级派出机构等数量众多、层级各异的功能区，因而在主体权限设定、基层管理幅度等方面需要化解更多具体问题。

第一，现行体制并未彻底解决不同治理主体之间的法定权限差距。在新区的实际运作过程中，西海岸新区管委会和黄岛区政府之间总体上形成了"横向嵌合"的协作模式，会根据任务差异进行灵活调整治理主体。"两者之间的关系那就看区里发的文件就能清楚一二，有的文件后面两有两个落款（管委会+区政府），有的时候只有黄岛区的章……都是根据事项需要不同进行安排的（访谈编号：20210708B/04）。"尽管这种横向制度安排，有效实现了"国家级新区—功能区"和"黄岛区—街镇"这两种不同治理体系之间的整合，但并未从根本上磨平两者之间的权限差异。由于西海岸新区和黄岛区法定权限差别较大，新区运作过程中客观存在一定资源调用机制，导致一方履职时往往需要向对方

"借力"。比如：西海岸新区需要借用黄岛区的社会事务管理主体地位，来服务保障园区开发、项目建设等工作；黄岛区则需要借用西海岸新区某些专有的政策优势提升公共服务与社会治理能力。既然上述过程被形象地称为"借"，那就必然存在不同治理主体之间协调效率的问题，尤其是在研究行政行为的合法性与正当性、履行相关手续等问题耗费大量精力。

上述问题在功能区/街镇维度上表现得更为明显。尽管近年来国家大力推进权责清单的制度建设，且已在相当程度上规范了各级政府的行政权限的配置情况。但国家统一推进下权责清单的规范对象更多聚焦在行政区这类实体治理单元，各功能区的实际权限依然较为模糊，且现有协调机制并没有针对不同治理主体之前的权限差异进行优化。因此，面对功能区数量众多、层级各异的空间权力配置格局，该新区现有的体制机制在平衡法定权限差距等方面依然留有较大的制度优化空间。

第二，缺失明确具体的纵向协调机制。在现行体制机制下，青岛西海岸新区较好地实现了内部治理单元之间的横向嵌合，但在纵向协调机制方面较为模糊，尤其是缺乏层级明确、内容具体的制度设计。按照《山东省青岛西海岸新区条例》的相关规定，"新区重大发展事项需要省人民政府及其有关部门综合平衡或者需要报请国务院有关部门批准的，省人民政府及其有关部门应当提供便利"①。可以说，在该新区实际运行过程中的确存在某种形式的纵向沟通机制，但相关规定仅在原则上为纵向维度上的"面上沟通"预留了渠道。

但与之相对的是，其他部分国家级新区则拥有更为明确的纵向沟通机制。以舟山群岛新区为例，该新区设有"省—部际联席会议"等具体的制度设计②，能够在"国家部委—浙江省—舟山群岛"等纵向治理结构上发挥更加鲜明的协调作用。在近年新设立的大湾区等虚体治理单元中，同样明确设立了"粤港澳大湾区建设领导小组""粤港澳大湾区

---

① 《山东省青岛西海岸新区条例》，2018 年 1 月。
② 《国务院办公厅关于同意建立浙江舟山群岛新区建设部省际联席会议制度的函 国办函〔2013〕115 号》，2013 年 12 月。

法律工作联席会议制度"等纵向协调机制。① 与之类似的制度安排，并未明确出现在青岛西海岸新区现行体制机制之中。在青岛西海岸实际运行的过程中，由于缺乏稳定且具体的纵向沟通机制，并不利于调动体制内部资源的支持。由此可见，与较为成熟的内部横向整合机制相比，建立内容具体的纵向沟通机制应成为该新区后续优化体制机制的重要方向。纵向维度本身应是国家级新区制度设计的重要组成部分，相较于具备成熟机制的科层体制，国家级新区的纵向协调机制在制度完善度、运行效率等方面留有更多完善空间。

第三，行政级别显著影响功能区的嵌入效果。赋予功能区管理机构以一定行政级别从而更高效地调动体制内部资源，这是改革开放以来我国建设政策试验区的基本经验。青岛西海岸新区内各功能区管委会虽然是一级政府的派出机构，但都存在明确的机构级别和领导级别。但对于西海岸新区这种功能区叠加区域而言，行政级别显然会使得地方治理结构变得更加复杂。区别于以较高行政级别强化资源调动的相关经验，笔者在调研时发现，过高的行政级别反而会更显著影响相关功能区嵌入新区的实际效果，不同治理主体之间差异化的行政级别设置情况同样会干扰不同功能区之间协作机制的运转。

在西海岸新区内部，除前湾保税港区（加挂青岛自贸片区管委牌子）之外，其余九大功能区都是市政府或区政府的派出机构，人、财、物均由西海岸新区统管。但作为唯一一个省级派出、市级代管的正厅级功能区，前湾保税港区成立之后依然保持相对独立运行的状态。由于省市层面并未明确协调管理机制，行政级别关系本应是新区和该功能区之间实现工作对接的基本原则。但由于该功能区的行政级别较高，这种行政级别的差距反而会进一步弱化西海岸新区对其的协调效果，从而在整体上影响新区的运行效率。

差异化的行政级别同样会影响新区内部不同功能区之间的协作效果。在功能区之间的实践协作过程中，即便是在西海岸新区在总体架构

---

① 《粤港澳大湾区发展规划纲要》，2019年2月。

层面设立了明确的沟通机制，但功能区之间的行政级别差异还是会对彼此之间的沟通协调效果带来显著影响。换言之，尽管西海岸新区围绕功能区之间关系设立了一系列更加灵活的沟通协调机制，但行政层级对比等既有体制运作逻辑还是会对功能区之间关系带来更加显著的影响。这也进一步印证着，功能区等治理主体存在一定程度上的行政化转向趋势。

第四，偏大的街镇管辖幅度影响地方治理效果。从整体空间规模来看，青岛西海岸新区陆域管辖面积约为 2128 平方千米，在全国 19 个国家级新区中位列第 4（不含各新区远期规划面积）。作为自身体量较大的国家级新区，西海岸新区依托市辖区这一层级的地方治理架构显然意味着更大的治理难度。从新区内部纵向结构来看，西海岸新区下辖 23 个街镇，平均管理幅度近 93 平方千米，与浦东新区（总面积 1210 平方千米、辖 36 个街镇，平均管理幅度不到 34 平方千米）相比，西海岸新区各街镇管理幅度明显偏大。"我们新区比其他大部分国家级新区面积都要大，治理压力还是很大的，尤其在基层治理方面的担子更重（访谈编号：20210709B/01）。"包括长江路、隐珠等在内的主城区街道，辖区面积约 40—60 平方千米，人口均在 40 万以上，管辖幅度相当于一个市南区（30 平方千米、56 万人口，为青岛市主城区之一）；面积最大的大村镇管辖面积达 213 平方千米，比整个青岛原三大主城区（市北区等三区合计 192 平方千米）都大，管辖面积远超一般乡镇。西海岸新区下辖的各街镇，大都承担为新区内的功能区提供基础公共服务等社会治理任务。但相对偏大的管辖幅度，意味着该新区基层治理单元在加强和创新基层社会治理方面投入精力有所不足。对西海岸新区的街镇等治理主体而言，需要在功能区高度密集的地区发挥有效社会治理功能，显然需要克服更多现实挑战。

第五章　功能塑造：国家级新区的空间—制度效能分析

作为政策试验区，国家级新区需要在其自身建设和实际运转中摸索出一系列可复制、可借鉴、可推广的创新经验，以反哺国家治理和社会发展的现代化进程。因而在完成既定制度设计的基础上，国家级新区亟须在结果层面凸显其自身创新价值与发展潜力，以空间—制度层面的"有为"换取在其整个国家治理体系和社会发展格局中的"有位"。从这个角度来看，新区应能够有效回应当前国家发展中的阶段张力并带来实质性功能成效，这将成为决定国家级新区能否得以存续并实现长期发展的基本空间前提与制度依据。

第一节　国家级新区发展的阶段张力与建设导向

如何理解国家级新区建设实践所隐含的政治经济学意义？第一，在政治学的传统关注中，国家级新区是部分权力要素在特定体制内的再组织和再安排；第二，在公共管理的视野下，国家级新区更是一种基于问题导向、试图充分运用与整合各项资源的运行机制重塑与政策执行模式；第三，从经济学视角出发，国家级新区的本质是众多功能区的集合，体现的是推动产业结构调整和资源配置能力提升的制度建设过程。

可见，作为承载重大国家战略使命的功能单元和改革试点，国家级新区建设的功能成效必定是多维且复杂的，并与当前区域发展所面临的阶段压力密切相关。

一 国家级新区发展面临的阶段张力

国家级新区的建设导向，受到整体外部环境的直接影响。近年来，我国经济社会发展的宏观环境发生了深刻变化。除经济水平得到显著增效之外，包括但不限于：对外开放格局、对内深化改革进程、城市群建设、国家治理现代化水平等多重空间—制度变量，对于我国各类政策试验区及空间功能单元的建设提出了更高要求。就国家级新区的制度设计和空间功能设定而言，其目的在于有效化解该类新区在"国家—区域—城市"等多维尺度上所面临的复杂阶段张力。

一是需要同时满足国家层面对"深化开放"与"扩大内需"的空间诉求。显著区别于早期新区以对外开放为主的任务导向，重塑对外格局与释放内部需求活力，将成为新阶段深刻影响我国各类新区发展的重要环境变量。新技术革命方兴未艾、国际治理格局加速调整以及全球经济格局的深刻变化，都使我国外部发展环境趋于复杂。而过去较长时间内高度依赖开放和外需的经济增长方式，"造成了我国经济内外失衡、内需不足和发展模式不可持续的困境"①。面对宏观社会环境发生了深刻变化，我国需要同时应对"深化开放"与"扩大内需"的双重压力。2020年9月，习近平总书记主持召开中央全面深化改革委员会第十五次会议时指出："加快形成以国内大循环为主体、国内国际双循环相互促进的新发展格局。"② 这一重量级表态释放出国家层面拟有序调整国家总体发展格局，这对于我国既有对外开放格局下的国家级新区发展提出了新的挑战。因此，如何以更合适的制度设计与政策配套，推动供给

---

① 孙久文、原倩：《我国区域政策的"泛化"、困境摆脱及其新方位找寻》，《改革》2014年第4期。

② 《关系我国发展全局的一场深刻变革——习近平总书记关于完整准确全面贯彻新发展理念重要论述综述》，《光明日报》2021年12月8日。

侧结构性改革以更加契合新时代对外开放总体格局，都需要审慎思考和调整我国国家级新区建设导向。

二是有效回应区域层面空间异质性渐强的显著压力。推动区域协调发展是当前我国制定和实施各类空间战略的核心目标之一。但受到原有空间策略内容及各地资源禀赋基础的限制，我国区域整体实力在得到显著增强的同时，区域之间的空间异质性在逐渐拉大，并在一定程度上呈现出趋于碎片化的空间格局。集中表现为：除东、中、西等四大经济板块之间的传统差异之外，我国南北经济实质性差距也正在不断拉大，包括创新能力、产业结构、体制偏好等方面"南强北弱"的空间异质性差距正在不断显现。有学者指出："我国东西失衡的本质是政策公平问题，而南北差距的问题本质在于经济发展问题。"[1] 面对空间异质性凸显所带来的区域协调发展压力，国家级新区无疑需要扮演更加显著的引导性角色。

三是服务于城市层面发展方式的深刻转型。截至 2021 年年底，我国常住人口城镇化率已超过 64%。[2] 从城市发展的宏观进程来看，中国城市发展正面临由"增量"转向"存量"的历史拐点。正是在这一转型压力下，日益刚性的城市边界和逐步固化的城市功能布局，使得传统粗放式城市规模扩张路径难以为继，并显著放大了各城市对于国家级新区建设使命的承接难度。过去一定时期内我国所采取的非均衡区域空间策略模式，在促进区域发展和重塑城市发展格局的同时，其消极影响逐步显现。诸如：城市新增人口在空间维度上的差异化分布也愈来愈显著，不同城市之间人口规模结构可能面临潜在的失衡趋势，等等。因而从纵向层级的角度来观察，城市层面所面临的重重转型压力，既是国家宏观战略和区域发展战略层层落实传导的必然结果，更是治理创新、深度挖潜等阶段发展任务在区域—城市层面的重要表达。

二 当前新区制度建设的效能导向

在我国顶层政策图景中，国家级新区所承载的任务使命之重要、功

---

① 陈晓东：《构建区域经济发展新格局的若干重大问题》，《区域经济评论》2021 年第 4 期。
② 《中华人民共和国 2021 年国民经济和社会发展统计公报》，2022 年 2 月。

能定位之多元，远超于改革开放初期设立的开发区、高新区等一般类型的新区。2020 年 11 月，习近平主席在"浦东开发开放 30 周年庆祝大会"上明确提出，浦东新区要"努力成为更高水平改革开放的开路先锋、全面建设社会主义现代化国家的排头兵、彰显'四个自信'的实践范例，更好向世界展示中国理念、中国精神、中国道路"①，进一步明确了国家层面对包括浦东新区在内的各国家级新区具有较高的政策期待。根据国家级新区主要批设机构——国家发改委的官方界定，新时代下国家级新区需要肩负起新使命，应着力成为"高质量发展区、改革创新先行区、全方位开放试验田、实体经济发展新高地、城市建设新标杆"②。而在实际运转过程中，国家级新区也正在逐渐担负起经济引擎、体制创新平台、扩大开放窗口、统筹城乡重要载体等多元化任务。③ 无论说是高层的政策期待还是具体的功能定位，抑或是新区实际运作中的任务导向，国家级新区都需要发挥出切实的空间—制度效能：既需要在经济发展、城市建设等空间维度体现出国家空间战略的支点作用，同时也要在国家治理现代化转型过程中扮演体制改革和机制优化的"尖兵"角色。在实现自身空间功能与制度安排之间深度耦合的同时，为国家治理和社会发展提供一系列可复制、可借鉴、可推广的新区经验。也正因如此，能否发挥实质性的空间作用并在体制机制方面发挥改革带动效能，成为评判国家级新区"生根"环节的关键标准。

　　立足我国国家级新区的长期探索，尤其是考虑到当前此类新区所面临的阶段张力，本部分对国家级新区在建设环节所带来功能成效的认知，主要集中在"体制—机制—经济"三个维度。其中，前者是将新区管理体制视为增量制度设计，探讨新区建设在地方管理架构维度上所带来的影响；次者是从行政权力事项的角度出发，探讨新区建设后地方

---

① 《努力成为更高水平改革开放的开路先锋——三论深入贯彻落实习近平总书记在浦东开发开放 30 周年庆祝大会上的重要讲话》，《光明日报》2020 年 11 月 15 日。
② 国家发展和改革委员会：《国家级新区发展报告 2015》，中国计划出版社 2020 年版，第 23 页。
③ 王佃利、于棋、王庆歌：《尺度重构视角下国家级新区发展的行政逻辑探析》，《中国行政管理》2016 年第 8 期。

实际运作机制中行政资源配置的变革趋势；后者则强调国家级新区首先要服务于特定的空间功能，尤其是要强调新区建设对促进地方经济发展所发挥出的重要作用。为此，下文将聚焦青岛西海岸新区的发展实际，拟从管理架构重塑、权力事项调整以及经济发展增效三个方面，对国家级新区创设所带来的功能成效命题展开具体探讨。

第二节 体制调试：西海岸新区 管理架构的特征阐释

　　理解国家级新区创设所带来的体制效果，需重点关注新区建设对既有行政区管理架构带来何种影响。从结果导向来看，西海岸新区建设对西海岸地区管理体制所带来的直接影响，是建构起以"合署办公"为具体形式的"体制合一型"新区管理架构。简而言之，是国家级新区治理主体与行政区治理主体之间采取"一套机构、两块牌子"的体制形式，在强化两者统筹作用的基础上，在其内部依然保留新区管委会和黄岛区政府两套治理体系。这一管理体制既区别于一般行政区，同时也与浦东新区、两江新区、贵安新区等其他国家级新区管理体制存在明显不同。因此，理解西海岸新区管理体制的内在特征，不能仅仅立足于国家级新区管理体制或地方政府行政体制的视角，更应关注新区治理主体与地方行政主体之间互动关系，从而深刻把握该新区体制的内在属性。本节通过对比西海岸新区与一般行政区和其他国家级新区在管理架构方面的制度差异，梳理出该新区体制的若干特征，并从新区治理主体与地方行政主体之间关系视角，进一步呈现西海岸新区创设所带来的体制影响。

一 新区体制的内容对比

　　"体制合一型"是当前我国国家级新区中常见的管理架构形式。除青岛西海岸新区之外，目前采取此类体制的新区还有舟山群岛新区、南沙新区和金普新区等。青岛西海岸新区搭建起"体制合一型"管理架构的过程，其本质指向是权力分配与权力结构的调整①，具有与同类新区相类似的体制共性：一是在管辖范围上，新区规划范围与某一个或多个行政完全重合，有利于将国家级新区与黄岛区放置于同一发展目标之下；二是在新区架构上常采取"合署办公"的形式：新区管理机构与行政区党政机关实行"一套机构、两块牌子"；三是在机构设置上不单独设置新区工作机构，或仅仅设置少量综合性部门；四是在新区内部建立起存在若干制度链接，以实现辖区内功能区与行政区之间互动协调。

由此可见，"体制合一型"新区管理架构并不仅仅局限于新区与功能区部分机构之间实施"合署办公"这一具体形式，更是一种涉及空间范围、机构设置、运行机制的复杂治理系统，其本质是在新区治理体制与驻地政府行政体制之间实现深度嵌入、互为配合：将新区管委会与黄岛区政府聚焦于同一治理目标之下，在具体运作过程中将"新区—功能区"与"行政区—街镇"两类治理体系实现有机整合。就西海岸新区而言，该管理架构属于"体制合一型"的国家级新区体制类型，明显不同于其他新区体制；但就黄岛区政府而言，"合署办公"的机构设置原则又使得其呈现出区别于一般行政区的体制属性。因此，为更好厘清青岛西海岸新区管理架构的体制特性，本节将通过与一般行政区和其他国家级新区管理体制的对比，进一步呈现该新区管理架构特征。

（一）对比地方行政区

由于青岛西海岸新区与黄岛区采取"合署办公"，因而其管理架构的设立会不可避免地受到行政区机构设置惯性的影响。长期以来，我国在纵向府际关系中采取的是"同构"式的职责配置模式②，在上下级政

---

① 陈科霖、尹璐：《"双合"改革与国家治理现代化：权力逻辑、历史经验及保障机制》，《行政科学论坛》2018 年第 3 期。

② 朱光磊、杨智雄：《职责序构：中国政府职责体系的一种演进形态》，《学术界》2020 年第 5 期。

府之间大致保持"一对一"的机构设置规律。因而，通过对比新区与同级行政区在管理体制方面的区别，能够更好地提炼出西海岸新区机构设置的特殊制度安排，从而反映出国家级新区建设对地方管理架构的影响。本部分将同为青岛市辖区的市南区作为对比对象，在具体对比内容上既包括区级层面上的机构设置，也涵盖街镇/功能区层面的对比。表5-1是西海岸新区与青岛市市南区在机构设置方面的对比情况，主要涉及两级、四类机构。

表 5-1　　　　青岛西海岸新区与市南区机构设置情况对比

机构设置		青岛西海岸新区	青岛市南区
区级层面	同设机构	【19个】区政府办公室；区发展改革局；区教育体育局；区民政局；区司法局；区财政局；区人力资源社会保障局；区城市管理局；区商务局；区文化和旅游局；区卫生健康局；区退役军人（事务）局；区应急局；区审计局；区行政审批局；区市场监管局；区综合执法局；区统计局；区信访局	
	特设机构	【8个】 区工业和信息化局 区自然资源局 区农业农村局 区住房城乡建设局 区交通运输局 区海洋局 区医保局 西海岸生态环境分局	【4个】 区科技局 区城市建设局 区地方金融监管局 区大数据局
区级以下	街镇	【23个街镇】琅琊镇、张家楼街道等	【11个街道】八大峡街道、云南路街道等
	功能性派出机构	【10个功能性派出机构】青岛经开区管委会、青岛前湾保税港区管委会等（含指挥部）	【1个功能性派出机构】青岛火车站周边区域联合管理办公室（市南区）

资料来源：图表自制。

由上表可知，西海岸新区与市南区在管理架构既存在共性特征，同样也具有若干特殊制度。前者代表着既有地方行政体制设置的强大惯性，后者则可以体现出国家级新区建设会对地方管理架构所带来的一定影响。整体来看，作为国家级新区的西海岸新区（黄岛区）在区级管理架构上与市南区没有本质区别，其机构设置情况与一般行政区无异。不仅在区级部门总体数量上较为接近，并且超过 70% 的机构名称是完全一致的。但仔细对比两区区级层面机构差异的区别，可以发现，其机构差异更多体现为在特定领域方面的机构设置。市南区独有的 4 个工作部门，其相应职责都被整合进区工业和信息化局、区住房城乡建设局等新区对应部门之中。而新区所特设的机构（例如：区海洋局、区农业农村局等）明显是服务于特定领域的，凸显出相关领域在新区建设发展中的重要地位。

为进一步明晰西海岸新区与一般行政区在机构设置方面的特殊制度安排，笔者多次前往西海岸新区调研，并对新区发改委、区委改革办等部门工作人员展开访谈。笔者在访谈中得知："新区的部门设置的总体思路，是要契合于政府职能转型的……而一些部门能够较好地体现出新区特色，这是与新区的功能定位和发展使命相关（访谈编号：20210709A/01）。"基于前期访谈结果，尤其考虑部分职能履行的特殊安排，作者得以总结出能够体现西海岸新区特色的部分部门机构，其机构设置情况如表 5-2 所示。

表 5-2 　　　　　　　　　　体现新区地域特色的部分机构情况

	机构名称	机构来源	设立目的	机构属性	内设机构
1	区委军民融合发展委员会办公室	组建	聚力建设国家军民融合创新示范区，推动军—地双方资源的优化组合	区委工作机关	——
2	区海洋发展局	组建	聚焦新区以海洋经济发展的核心使命，更好承接海洋强国战略使命	区政府工作部门	海洋经济科办公室	海域海岛管理科渔政渔港与渔业管理科

续表

	机构名称	机构来源	设立目的	机构属性	内设机构	
3	区工业和信息化局	重新组建	以工信、大数据等机构和职能为基础，着力解决产学研管理中存在的机构分设、资源分散、政策分家等问题，加快实施创新驱动战略	区政府工作部门	办公室 产业政策科 产业发展科 创新技改科	创新人才科 海洋与军民融合科 信息数据科 机关党委
4	区城市管理局	重新组建	整合区城市管理局、区水利局以及区城市建设局中涉及基础设施建设与管理的职责，更好地服务新区城市化进程	区政府工作部门	办公室 城市管理科	水务管理科 计划发展科

资料来源：图表自制。

由表5-2可知，部分新区特色机构既涉及工委（区委）工作机构，也包括管委（区政府）工作部门；既有新设立部门机构，也涵盖重新组建的工作部门。从设立目的来看，上述机构的组建主要基于两方面的考虑。其一，是作为新区部分战略功能使命的责任单位，具体承担部分战略功能使命的落实。例如："区委军民融合发展委员会办公室"的设立，即是为了更好地服务于国家军民融合创新示范区的建设；组建区海洋发展局，则是为了更好承接青岛西海岸新区作为国家级新区的核心使命——发展海洋经济。其二，是聚焦新区发展的重点领域或短板问题，服务国家级新区的整体建设进程。重新组建区工业和信息化局，契合于新区既有产业结构，其目的是更好地服务于新区的产业转型升级；通过重新组建区城市管理局的方式实现对区水利局、区城市建设局等相关职能的有效整合，则是为了提升青岛西海岸新区的城市发展质量。由此可以看出，在国家级新区的建设过程中，地方政府出于承接战略使命、发挥国家级平台等目的，会有所选择地调整其机构设置情况，从而显著影响地方治理结构。从国家空间战略选择来看，区域功能定位及其相应的改革试点的倾斜与配套情况，将会显著影响地方改革实践。但就地方政府而言，在地方机构改革中更加凸显试点特色与功能定位以明确工作责任划分，是地方政府有效承接国家战略和改革试点的重要方式。

在区级以下层面，西海岸新区与市南区的机构设置差异主要体现在派出机构数量上。青岛西海岸新区下辖数量众多的功能性的派出机构，而市南区则仅有一类担负特定职能的派出机构。这一制度安排契合于西海岸新区内部功能区高度集中的空间结构特征，但更与两区在功能定位、发展阶段等方面差异特征密切相关：市南区作为青岛市的老城区，受制于空间面积、产业结构等因素的影响，第三产业是其主导产业，并无大量设立功能区的空间基础和发展需要；青岛西海岸新区肩负推动地区产业结构转型等发展压力，需要其辖区内的各功能区发挥经济发展"主阵地"的空间功能。也正因如此，西海岸新区设立或代管了功能区管委会等大量派出机构，后者成为新区特殊制度设计的重要组成部分。由此对新区管理架构所带来的直接影响是，青岛西海岸新区必须同时统辖数量众多的功能区及街镇，更需要兼顾协调好"新区—功能区"和"行政区—街镇"两类治理体系之间的关系，因而在内部横向协调方面需要直面更大的制度张力。

（二）对比其他国家级新区

自设立以来，管理架构维度上的创新调试一直都是国家级新区的建设重点。尽管国家级新区建设需要较长的时间跨度，但国家依然持续强调包括西海岸新区在内的所有国家级新区，都"要持续增创体制机制优势，优化管理运行机制"[①]。青岛西海岸新区升格为国家级新区之后，其所带来的直接体制影响即是逐渐探索和形成出更具地方特色的新区管理架构。除以青岛西海岸新区为代表的"体制合一型"之外，当前我国还存在"行政区域型""功能区域型"和"类行政区型"这三类国家

---

① 国家发展和改革委：《国家级新区发展报告2020》，中国计划出版社2020年版，第29页。

级新区管理体制。为此，本节基于各新区设立的时序优先原则，选取以浦东新区为代表的"行政区域型"、以两江新区为代表的"类行政区型"和以贵安新区为代表的"功能区域型"展开横向比对，从而进一步加深对西海岸新区管理体制特征的认知。当前我国国家级新区四类管理体制的横向对比情况详见表5-3，其间涉及管理机构、管理模式、机构设置等多种体制要素。

表5-3　　　　　　　　　四类国家级新区管理架构比较

新区名称	成立时间	体制类型	管理机构	管理模式	体制内容	机构设置	功能园区
青岛西海岸新区	2014.06	体制合一型	西海岸新区工委、管委与黄岛区委、区政府"合署办公"	合署办公模式	新区管理机构与行政区党委、政府实行"一套机构、两块牌子"；功能区主要负责统筹产业发展、投资促进、开发建设等经济发展事务，功能区范围内的社会事务由街镇承担	工委（区委）工作部门 11个，管委（区政府）工作部门26个	功能区管理机构10个，涉及4类省、市、区等各级政府派出机构
上海浦东新区	1992.10	行政区域型	成立区委、区政府、区人大、区政协"四大班子"，管理机构与一般行政区无异	一级政府模式	上海市下辖行政区。规格未明确，实际按副省级对待，区委主要领导由市委常委兼任；采取强功能区导向。各开发区管委会在行政审批等方面拥有较高权限，各开发区管委会均由分管区长兼任	区委工作部门7个；区政府工作部门21个，均为副厅规格	功能区管理机构8个：其中自贸试验区为上海市派出机构，与新区合署；张江园区等7个为区属区管，副厅规格

续表

新区名称	成立时间	体制类型	管理机构	管理模式	体制内容	机构设置	功能园区
重庆两江新区	2010.06	类行政区型	成立以市长为组长的两江新区开发建设领导小组，设立两江新区工委、管委	"1+3"统筹模式	两江新区工委、管委主要负责新区经济发展、开发建设的统一规划、统筹协调和组织实施；会同江北区、渝北区、北碚区平行推进新区开发。辖区内区政府、功能区各自负责其内部的行政管理与社会事务工作，接受新区工委、管委指导、协调	工委、管委工作机构19个，均为正处级	重庆北部新区、两路寸滩保税港区、两江工业园区等经济功能区
贵州贵安新区	2014.01	功能区域型	实行管委会体制，成立以省委书记为组长的贵安新区规划建设领导小组，设立贵安新区工委、管委	统分结合模式	不调整既有行政区划，将新区范围划分为直管区和非直管区，前者约占新区面积的26.1%，由新区工委管委实施直接全面管理；后者遵循属地管理原则，新区工委、管委发挥全面统筹协调作用	工委管委工作机构12个，均为正处规格；直属事业单位13个，为处级规格，省直驻派部门11个	-

资料来源：黄建洪：《中国经济特区治理改革与地方政府管理体制创新研究》，人民出版社2018年版，第225—229页；西咸研究院：《国家级新区体制与政策比较研究》，中国社会科学出版社2017年版，第37—54页。曹云：《国家级新区比较研究》，社会科学文献出版社2014年版，第68—78页。内容有删改，图表自制。

由于我国国家级新区的建设历程具有较长的时间跨度，且彼此之间的发展阶段、资源禀赋等方面条件各异，加之新区建设所特有的先行先试权，由此导致各国家级新区管理体制存在较为鲜明的制度差异。以浦东新区为代表的"行政区域型"新区体制，已彻底实现由功能区向一级政府模式的体制转制。尽管整体上的机构设置与一般行政区无异，但在强化功能区发展导向方面带有一定新区特色。以两江新区为代表的"类行政区型"新区体制，虽未正式转制成为行政区，但管理机构的职责较为宽泛，既负责区域开发建设，又承担着一定的社会事务管理工作。这一过程中，需要以管委会这一非正式政府层级的"身份"同时协调行政区与功能区两类空间治理单元。以贵安新区为代表的"功能区域型"，是在不调整行政区划的空间前提下，主要依托管委会负责统筹协调区域内的产业发展、投资促进、规划建设等经济发展工作，其治理机构功能较为单一，一般不承担社会事务职能。青岛西海岸新区所采取的"体制合一型"管理架构，以新区规划范围与行政区划范围重合的方式实现对地方行政体系的进一步整合，治理职责更为多元，且要在其内部同时协调街镇与功能区关系，呈现出不同于上述三类模式的体制特征。

　　事实上，尽管各新区体制彼此之间存在若干差异，但总体来看其管理架构仍然存在一定共性制度安排，尤其是在释放经济功能区发展活力、灵活建立与行政区之间的协调机制、精简行政机构等方面具有普遍共识。也正因如此，在国务院办公厅在 2019 年出台的《支持国家级新区深化改革创新加快推动高质量发展的指导意见》中继续强调："要持续增创体制机制新优势……进一步理顺与所在行政区域以及区域内各类园区、功能区的关系。"① 从这个角度看来，持续释放国家级新区在创新体制机制方面的治理优势，需要我国各国家级新区不断突破既有体制惯性的束缚，以探索体制更灵活、形式更多样的制度设计。

二　新区体制的特征成效

　　基于上述比对结果，可以发现，国家级新区建设的确使得西海岸地

---

① 《国务院办公厅关于支持国家级新区深化改革创新加快推动高质量发展的指导意见 国办发〔2019〕58 号》，2020 年 1 月。

区的管理架构呈现出不同于一般行政区和其他国家级新区的体制特点。而进一步深挖青岛西海岸新区的管理架构所具备若干特征，有助于厘清其在实际运作层面所带来相关制度效果。

（一）体制特性

相较于一般行政区与其他国家级新区，青岛西海岸新区所建构起的"体制合一型"管理体制，是带有一定地域特色的独特制度安排，其在空间关系、机构整合、发展目标等方面具备如下体制特征。

其一，以空间重合建构起的横向关系设定模式。不同于其他国家级新区的空间构成模式，西海岸新区在成立之初就明确了新区规划与行政区划重合的空间建构策略。在国务院批设西海岸新区的正式文件中，明确提出要"青岛西海岸新区……包括青岛市黄岛区全部行政区域"①。这一空间建构策略，既不同于早期国家级新区中常见的由功能区后期转制为行政区的发展路径，也不同于其他国家级新区将管辖范围划分为直管区和非直管区的常见做法。这是在新区成立之初便考虑到整合地方行政主体的前置性政策安排，从而有效避免了新区与功能区之前相互推诿扯皮的潜在问题。自此，作为国家级新区的西海岸新区得以与作为市辖区的黄岛区实现空间维度上重合，从而奠定了在实际运作层面上建构起新区管理机构与地方行政主体之间横向关系的空间基础。

其二，不同属性管理机构之间存在深度嵌入。在空间重合的前置政策安排下，西海岸新区所采取的"体制合一型"管理架构，有效整合了功能区与行政区这两类不同属性治理体系。青岛西海岸新区管委会是国家级功能平台的管理主体，本质上是地方政府的派出机构。而黄岛区政府是行政区的责任主体。两者本身属性不同、级别各异。而依托"体制合一型"的管理体制，使得两者不仅在形式上实现了"合署办公"，更实现了在功能划分上的高度嵌入与整体统合。2018年实施的《山东省青岛市西海岸新区条例》中明确规定："西海岸新区管委会……设置的工作机构与黄岛区工作部门合署。"② 正是在"新区管'统筹'"这

---

① 《国务院关于同意设立青岛西海岸新区的批复 国函〔2014〕71号》，2014年6月。
② 《山东省青岛西海岸新区条例》，2018年1月。

一区级层面的整体框定下，区级以下的街镇和功能区之间的横向协调机制也逐渐建立起来，"功能区管'吃饭'、街镇管'睡觉'"的制度安排得以逐步落实，从而打通了新区内部纵向层面的嵌入关系。

其三，是基于同一发展目标的协同治理结构。在以往政策试验区治理过程中，尤其是在不打破既有行政区划的情境下，常会出现行政区与功能区之间或推诿扯皮或恶性竞争的发展困境。这既体现在新区管理机构与地方行政主体之间，同样在辖区内的功能区与街镇层面也时有发生。青岛西海岸新区所建构的"体制合一型"管理架构，契合于行政区划与新区规划彼此重合的空间基础，并使得功能区建设目标与地方经济发展目标趋于一体。借助空间重合、机构嵌入等具体制度安排，上述合一型的管理体制在相当大程度上凝聚了新区内部各类治理主体，有效避免了因发展利益分异所引发的体制损耗。同时在"行政发包制""晋升锦标赛"等既有体制运作原则下，无论是区一级的新区管理机构和区政府，还是其内部的功能区与街镇，都存在保障各主体协调推进新区发展目标的相应制度设计。

（二）成效总结

除呈现出一定体制特性之外，由此带来的若干改革成效同样也是西海岸新区建立"体制合一型"新区管理架构的重要结果表达。为进一步梳理西海岸新区管理体制所带的积极影响，可以从整体架构和制度运行两个角度展开具体分析。

从整体制度架构上来看，青岛西海岸新区所采取的"体制合一型"管理架构，有效实现了对"新区—功能区"和"黄岛区—街镇"两类属性不同、层级各异的治理体系的嵌入与整合，尤其体现在治理主体整合与协调关系重塑等两个方面。就前者而言，"体制合一型"管理架构在一定程度上补平了新区管委会和黄岛区政府两类治理主体之间在法定权限、层级属性等行政资源上的差异，有利于充分调动新区治理体系和行政体系的各自制度优势。后者强调该体制对新区内部治理关系的重塑作用，包括新区与功能区、新区与街镇、功能区与街镇等多重治理关系，有利于提升该新区整体治理效率。

从制度运行的角度分析，青岛西海岸新区"体制合一型"管理架构需要较好回应部分既有体制羁绊，能够有针对性化解部分具体体制问题。作者通过对实地调研与深度提炼，认为"体制合一型"的管理架构在应对如下具体问题方面具有积极意义：其一，有效理顺了黄岛区委、区政府与西海岸新区工委、管委的管理体制问题，减少管理层级；其二，在一定程度上解决辖区范围内功能区过多的问题，实现了功能区的有机整合；其三，厘清了西海岸新区、功能区、镇街责任边界不清问题，部分重塑了功能区与区域范围内镇街之间的关系；其四，有助于解决功能区去行政化问题，功能区开发建设实行政府主导型和企业主导型两种模式，探索走市场配置资源的路子；其五，较好地解决了功能区职权不明、办事难的现实问题，有利于放权搞活功能区。

三　新区体制的内在属性

从国家级新区宏观制度设计的维度来审视西海岸新区的体制架构，作者认为该新区"体制合一型"管理架构的内在属性在于实现了"横向嵌合"，这成为该体制区别于一般行政区和国家级新区的本质表达。所谓"横向嵌合"，即是在新区管理机构与行政区政府两类平行治理体系之间构建出深度嵌入、互为配合的权责配置格局。

通过梳理自设立国家级新区以来西海岸地区管理架构的发展历程，可以发现，该新区体制变革的基本指向是不断强化新区与行政区这两类治理体系之间嵌合与互动。尤其是在新区运转过程中，更加强调新区管委会与黄岛区政府之间通过行政资源共享、权力事项互补等多种方式横向"借力"，以达成资源整合、体系互联、权责互补等实施目标。从体制创设的基本属性上来看，"横向嵌合"的建构原则既不同于以"条块"关系为主要内容的科层体制，也区别于其他体制类型国家级新区的权力结构。前者是指体制内部上下级之间的层级归属与业务指导关系，纵向上的行政体制安排主要体现为上下级关系的行政隶属性；[①] 后者如

---

① 陈昱睿、唐辉、陈俞萍：《横向平衡与纵向控制——我国权力资源科学配置的机制问题与创新路径研究》，《陕西社会主义学院学报》2016 年第 3 期。

前文所述，大致包括行政区域型等常见类型，主要是围绕国家级新区这一功能平台建构起的组织制度集合。本书认为，西海岸新区的管理架构类型属于"体制合一型"，但这一架构的内在属性更体现为"横向嵌合"的建构原则。这一原则是指基于横向合作关系而非纵向隶属的制度设定下，西海岸新区与黄岛区各自管理机构围绕共同的治理目标，在协力开展治理实践过程中所体现出的互动原则。其直接目的在于，整合新区管委会和黄岛区政府这两类治理体系，推动相关治理主体之间的深度嵌入、互为配合，以更好地服务于该地经济社会发展这一共同治理目标。在青岛西海岸新区的运行过程中，"横向嵌合"原则主要体现为以下三个维度，具体如图5-1所示。

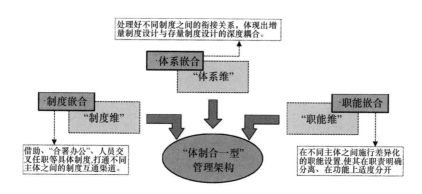

图 5-1　　"横向嵌合"运转原则的主要表现

资料来源：图表自制。

就青岛西海岸新区的管理体制而言，其所呈现出的"横向嵌合"的本质属性主要体现在制度嵌合、职能嵌合、体系嵌合等三个维度。（1）"制度维"，即具体制度维度上的嵌合。横向关系的设立基础，是基于若干具体制度实现相关治理主体的链接。西海岸新区在区级及功能区/街镇这两个层面，通过"合署办公"、人员交叉任职等具体制度设定，打通了新区管委、功能区管委、黄岛区政府及其街镇等不同主体之间的制度互通渠道。（2）"职能维"，即职能设置维度上的嵌合。不同治理主体之间相互借力的基本前提，是在不同主体之间采取差异化的职能设置模式：即在职责明确分离、在功能上适度分开。青岛西海岸新区所建构起的"新区管统筹、功能区重发展、街镇强治理"的职能配置模式①，在新区与功能区、新区与街镇、功能区与街镇之间在经济发展、社会服务等方面形成互为配合、彼此借力的互动格局。（3）"体系维"，即治理体系维度上的嵌合。治理体系效能的提升，需要处理好增量制度与存量制度之间的衔接关系。就西海岸地区而言，以黄岛区政府为主体的行政管理体系是存量制度，而国家级新区的治理机构是属于增量制度设计。青岛西海岸新区实施新区与区政府"体制合一型"的管理架构，体现出增量制度设计与存量制度设计的深度耦合。上述两种制度体系之间的互动关系，正体现出"横向嵌合"运行原则与其他新区运行机理的本质差异：在浦东、滨海这两类行政区域型新区中，增量制度与存量制度之间是替代接续关系，即国家级新区转制成为行政区后，两者之间是彼此替代关系；而在其他新区中管委会与行政区政府同时存在但彼此分立，其增量制度与存量制度之间是并存关系。

　　"体制合一型"的管理体制，是青岛西海岸新区管理架构变迁的实际结果。而在其演变过程中，之所以呈现出"横向嵌合"的变革走向，主要有如下以下因素的影响。其一，空间范围完全重合的政策初始设计。区别于浦东新区和滨海新区这类早期国家级新区，西海岸新区早在创设之初就明确且固定了其空间范围，并不存在整体空间范围随着新区建设进程而出现渐进调整的问题。2014 年 4 月，国务院《关于同意设立青岛西海岸新区的批复 国函〔2014〕71 号》中明确规定，"青岛西海岸新区……包括青岛市黄岛区全部行政区域"②。这种规划范围与行政区划完成重合的新区空间建构策略，在有利于压实国家级新区建设责任的同时，能够有效整合新区管委会和行政区驻地政府这两类属性各异的治理主体。尤其是在"行政发包制"和"晋升锦标赛"等制度设计下，管委会和区政府被有效归拢至同一治理目标之中，有利于整合和发

---

①　青岛西海岸新区工委组织部、工委党史研究室：《青岛西海岸新区改革开放实录》第 1 卷，青岛出版社 2018 年版，第 45 页。

②　《国务院关于同意设立青岛西海岸新区的批复 国函〔2014〕71 号》，2014 年 6 月。

挥不同治理主体的治理优势。

其二，管委会与地方政府之间存在差异化的法定权限。实现西海岸新区管委会与黄岛区政府的高效耦合，这是"合署办公"这一具体组织架构得以运转的基本前提。"合署办公"的机构设置涉及两类属性各异的治理主体：西海岸新区是国家级功能区，其管委会属于市政府派出机构；黄岛区为市辖行政区，区政府为完整的一级建制政府，两者的法定权限存在显著区别。而在西海岸新区的具体运作过程中，新区与行政区之间差异化的法定权限，常会导致一方履职时往往需要向对方"借力"。比如：西海岸新区需要借用黄岛区的社会事务管理主体地位，以开展服务保障园区开发、项目建设等工作；黄岛区则需要借用西海岸新区某些专有的政策优势提升公共服务与社会治理能力。作者在访谈中获知，"西海岸新区所发公文的落款中，部分文件单独为新区管委会或黄岛区政府，部分文件中两者同时并存（访谈编号：20210708B/04）"。这一点正可说明，在统一目标设定但存在鲜明法定权限差异的背景下，管委会与区政府常常会自发形成"横向嵌合"的互动关系。

其三，新区转制为行政区的操作难度极大。如何处置好新区管委会与地方政府在法定权限方面的差异，早期浦东新区和滨海新区是通过新区整体转制为行政区来实现的。由于我国所有国家级新区都由国务院批准设立的，是国家层面指定的国家战略承接主体。因而即便是仅涉及市辖区层面的行政区划调整与整体转制，都需要自下而上来推进体制内部的纵向协调，这显然对于地方政府而言难度极大。在近年来国家出台的新区支持政策中，尽管多次强调要促进功能区与行政区协调发展、融合发展，但并未明确回应新区管理体制的整体转制问题。事实上，自天津滨海新区之后，后续十余个国家级新区无一实现由功能区向行政区的转制，其间难度可见一斑。从这个意义上来看，通过以转制为行政区的方式达成拟合管委会与地方政府差异化法定权限的目标，无疑需要克服极大的操作难度。

其四，管委会与地方政府之间人员交叉任职的组织原则。尽管暂时无法实现功能区向行政区的整体转制，但为提高西海岸新区与黄岛区之间的协调效率，该新区在设立之初便明确鼓励新区与黄岛区之间人员交叉任职。上述组织原则，本意是将其作为两区之间的柔性链接，以人员交叉任职的方式推动职能整合，但在新区实际运作过程中反而成为功能区与行政区之间横向借力的主要依托。笔者调研中获知，"黄岛区政府配备了 5 名副区长，实际上干着'副主任'的工作（访谈编号：20210709B/04）"。这一现象在街镇层面也同样存在，新区下辖功能区的负责人也会常常兼任其辖区内主要街镇干部。上述现象表明，人员交叉任职的组织原则，在实际运作中会成为新区与地方政府这两类治理主体之间形成横向嵌合关系的重要内部动因。

第三节　机制创新：西海岸新区运作权限的结果表达

当前国家级新区面临着政策红利稀释但创新压力持续加码的转型压力，单纯依靠政策红利堆积无力支撑起新区的多重战略使命。① 在 2019 年年底出台的《国务院办公厅关于支持国家级新区深化改革创新加快推动高质量发展的指导意见 国办发〔2019〕58 号》中明确提出，"允许相关省（区、市）按规定赋予新区相应的地市级经济社会管理权限，下放部分省级经济管理权限"②。国家级新区的政策红利本质是各类权限的高规格供给③，行政权限成为关乎国家级新区机制运作的重要制度变量。国家级新区在设立和运转过程已然获得了超规格的行政权限，这一点逐渐成为学界普遍共识。但由于缺少对单个新区的细致剖析，国家级新区所获赋权的深度、广度等具体情况并不明确。以青岛西海岸新区为例，自 2014 年成立以来，该新区历经 2015 年、2019 年两轮集中赋

---

① 曹云：《国家级新区比较研究》，社会科学文献出版社 2014 年版，第 14 页。
② 《国务院办公厅关于支持国家级新区深化改革创新加快推动高质量发展的指导意见 国办发〔2019〕58 号》，2020 年 1 月。
③ 曹云：《国家级新区比较研究》，社会科学文献出版社 2014 年版，第 18 页。

权，在理论上获得更高层级、更大范围的管理权限。但如何从结果层面对国家级新区的赋权结果进行衡量，则需要对其事项数量、事项内容、事项级别等要素进行细致分析。

近年来我国正大力推进政府权责清单制度建设，这在显著规范公共权利主体与其他治理主体之间关系的同时[①]，成为厘清不同权力主体管理权限和治理边界的重要表达形式。本节拟借助"山东政务服务平台"这一官方平台中的权责清单数据，与同为市辖区的区级单位作为比照对象，逐条对比作为国家级新区的西海岸新区与地方行政区在行政权责事项方面的具体差异，从而对国家级新区运作权限进行细致梳理。在市辖区分析对象方面，笔者将青岛市市南区市作为该新区的对比对象，理由如下：其一，作为同一副省级城市的市辖区，市南区与青岛西海岸新区享有相近的权限基础，可在最大程度上弱化城市行政级别所带来的权限差异；其二，市南区是青岛市行政、文化和金融中心，人均 GDP 突破20 万元，具有不弱于一般新区的经济社会发展基础条件。

在具体对比过程中，本节主要从事项总量、部门事项差异以及事项实施层级情况等维度，对青岛西海岸新区和市南区的行政权责事项进行具体分析。前者反映新区与一般市辖区在权责事项规模层面的数量差异；次者是立足于同一部门的具体权限的微观对比；后者则通过对比两区同一事项在内容权限和责任事项的差别，以客观呈现新区赋权的具体结果。值得注意的是，尽管在"大社会、小政府"的改革趋势下，权责事项并非越多越好。但在行政权力意味着更多治理资源的特定体制情境下，行政权力事项的数量维度将成为追求更高治理效能的重要制度变量和机制运作基础。

一　整体权责事项的数量对比

为从整体上对比国家级新区与一般市辖区在行政权责事项方面的规模差异，作者基于"山东政务服务平台"中的相关数据信息，对青岛

---

① 李军鹏：《新时代现代政府权责清单制度建设研究》，《行政论坛》2020 年第 3 期。

西海岸新区与市南区的行政权责事项数量进行初步梳理汇总。按照地方行政主体权责事项清单的一般构成，共筛选出"行政许可""行政处罚""行政强制""行政征收""行政给付""行政裁决""行政确认""行政奖励""行政检查""其他行政权力""公共服务"11 大类，具体如表 5-4 所示。由下表可知，青岛西海岸新区拥有 4051 条各类权责事项，而作为一般市辖区的市南区仅仅拥有 2369 条权限事项，两者差值为 1682 条。而从同一类权责事项数量上看，两者之间单项数量差值最高可达 987 项（即为"行政处罚类"），市南区所拥有的权责事项数量均远远低于西海岸新区。因此，无论是从权责事项总量还是同类权责事项数量，作为国家级新区的青岛西海岸新区，在各类权责事项的数量上都大大超过了市南区所拥有的对应权限。两者之间出现如此显著的数量差异，初步印证了青岛西海岸新区与市南区在权责事项方面存在差异化赋权情况。

表 5-4 　　　　**青岛西海岸新区与市南区权责事项数量对比**

	行政许可	行政处罚	行政强制	行政征收	行政给付	行政裁决	行政确认	行政奖励	行政检查	其他行政权力	公共服务	总量
西海岸新区	191	2623	79	13	36	6	51	78	391	316	267	4051
市南区	72	1636	44	4	25	2	25	36	212	161	152	2369

资料来源：山东政务服务平台，截取时间为 2021 年 6 月 24 日 20 时，图表自制。

为进一步探究青岛西海岸新区与市南区权责事项数量上的具体差别，作者选取了"行政许可"类权责事项展开进一步分析。作为现代政府发挥规制作用的核心手段，行政许可是"具有信息收集、准入控制、行为监管等多重功能的政府治理工具"①。从我国政府职能转型的角度来看，行政许可类的权责事项是当前审批制度改革的重点所在，是

---

① ［爱尔兰］科林·斯科特、石肖雪：《作为规制与治理工具的行政许可》，《法学研究》2014 年第 2 期。

反映政府管理权限变迁的重要体现。以行政许可类的权责事项为切入点，作者借助"山东政务服务平台"对青岛西海岸新区和市南区的权责清单情况进行梳理，初步抓取青岛西海岸新区以及市南区"行政许可类"事项分别为291条和110条。为进一步呈现行政许可事项的准确数量，笔者对于部分由区级行政部门和区行政服务审批局共同负责的许可类事项进行合并处理，并对实施部门名称进行调整。经由"信息搜集—要素筛选—内容合并"等处理环节，共梳理出"行政许可类"权责事项共计263项。其中，青岛西海岸新区拥有的许可类权责事项共计191条，市南区72条。从绝对数量上来看，青岛西海岸新区比市南区拥有多达123项行政许可类管理权限。尽管"山东政务服务平台"这一官方平台可能存在由信息滞后等所导致的细微误差，但青岛西海岸新区和市南区之间在行政许可事项方面呈现出较大的数量差距，这在很大程度上印证了国家级新区相较于一般市辖区的确在具体行政实践中拥有更大的管理权限，从而体现出国家级新区在我国现有的行政权责事项构成架构中具备特有的赋权优势。

事实上，除绝对数量差异之外，青岛西海岸新区在区级层面权责事项的类型范畴方面也有其独特性。相较于市南区，青岛西海岸新区所独有的行政许可类权限事项，更多集中在工业生产、项目建设、空间使用等重要领域，具体如表5-5所示。同时考虑结合西海岸新区现有产业结构与发展阶段，目前青岛西海岸新区所拥有的超出一般行政区的行政权责事项，是与其作为国家级新区所肩负的高质量发展引领区、改革创新先行区等功能使命和发展导向相契合的。

表5-5　　青岛西海岸新区部分特有行政许可类权责事项

序号	事项编码	内容简述	实施部门
1	3700000107004	企业技术改造投资项目核准	区工业和信息化局；区行政审批服务局
2	3700000115001	海域使用权审核	区海洋发展局
3	3700000115006	建设项目用地预审与选址意见书	区自然资源局

续表

序号	事项编码	内容简述	实施部门
4	3700000115032	建设项目使用林地审批	区自然资源局
5	3700000115033	临时占用林地审批	区自然资源局；区行政审批服务局
6	3700000115059	临时用地审批	区自然资源局
7	3700000115060	建设用地规划许可证	区自然资源局
8	3700000115062	乡村建设规划许可证	区自然资源局
9	3700000115063	临时建设审批（用地、工程）	区自然资源局
10	3700000117095	建筑工程施工许可证核发	区住房和城乡建设局；区行政审批服务局
11	3700000118003	港口岸线使用审批	区交通运输局
12	3700000118004	水运建设项目设计审批	区交通运输局
13	3700000118005	公路建设项目施工许可	区交通运输局；行政审批服务局
14	3700000118006	涉路工程建设许可	区交通运输局；区行政审批服务局
15	3700000119017	生产建设项目水土保持方案审批	区行政审批服务局
16	3700000120039	渔业捕捞许可审批	区海洋发展局
17	3700000120047	在渔港内新建、改建、扩建各种设施，或者进行其他水上、水下施工作业审批	区海洋发展局
18	3700000120050	渔业港口经营许可	区海洋发展局
19	3700000131009	工业产品生产许可（含食品相关产品生产许可，省级发证）	区市场监督管理局；区行政审批服务局
20	3700000131014	特种设备生产（包括设计、制造、安装、改造、修理）许可	区市场监督管理局
21	3700000131016	特种设备检验检测机构核准	区市场监督管理局
22	3700000160004	从事可能影响油气管道保护的施工审批	区发展和改革局
23	3700000160006	对在电力线路、电力设施保护区内从事相关作业、活动的许可	区行政审批服务局

资料来源：山东政务服务平台，截取时间为 2021 年 6 月 24 日 21 时，图表自制。

二　部门权责事项的横向对比

除区级层面权责事项的整体对比之外，详细比对同一部门的具体权责事项，能够更加细致地反映西海岸新区与一般市辖区在行政权责事项上的差异情况。在具体机构部门的选择上，本节主要对比青岛西海岸新区与市南区的区发展和改革局（以下简称"区发改局"）。其原因在于，作为综合研究拟订地方发展政策、总体指导经济体制改革，发改部分肩负地方经济社会宏观调控职能，是能更好体现权责事项范畴差异的代表性部门之一。基于"山东政务服务平台"中权责清单的相关数据，笔者共计梳理出青岛西海岸新区与市南区各自区发改局所担负的权责事项数量共计 127 条。其中，西海岸新区的发改局共担负 82 条权责事项，而市南区的发改局仅担负 45 条。两者之间差值为 37 条，接近市南区权责事项数量的 82%，其权责事项差异在部门层面上已然非常显著。这一结果较为直观地表明，西海岸新区和市南区各自发改局的管理权限存在较大区别：相较于一般市辖区的发改部门，国家级新区的发改局权责事项范围更广，其事项数量也更多。此外，除绝对数量上的差距之外，西海岸新区和市南区发改局所承担权责事项的具体类型也有所区别，具体如表 5-6 所示。

表 5-6　　　　　　**新区与市南区发改局权责清单对比情况**

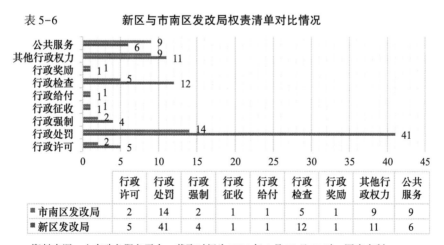

	行政许可	行政处罚	行政强制	行政征收	行政给付	行政检查	行政奖励	其他行政权力	公共服务
■市南区发改局	2	14	2	1	1	5	1	9	9
■新区发改局	5	41	4	1	1	12	1	11	6

资料来源：山东政务服务平台，截取时间为 2021 年 6 月 25 日 10 时，图表自制。

由上表可知，西海岸新区与市南区发改局权责事项的数量差异主要集中在"行政处罚"类事项（27条，约占两者之间差值的73%），其次是"行政许可""公共服务""行政强制""其他行政权力"等类型，而"行政奖励""行政给付""行政征收"类事项情况基本相同。这一结果表明，依托更多数量的"行政处罚类"权责事项，青岛西海岸新区能够更加自主地对于区域内的经济发展实践进行引导和规制。

为进一步明晰两区发改局在权责事项上的具体差异，笔者通过逐条对比新区与市南区发改局权责清单的内容类型，从而梳理出青岛西海岸新区发改局独有的权责事项，所涉事项编码如表5-7所示，具体内容可见"山东政务服务平台"的权责清单板块。由下表可知，相较于作为一般市辖区的市南区，西海岸新区单独拥有30项行政处罚、8项行政检查、3项行政许可、2项行政强制、1项公共服务和3项其他行政权力等权责事项，共计47项。为进一步解释同为市辖区的西海岸新区与市南区在权责事项所存在巨大差异的内在原因，作者将表5-7中所涉及的47条权责事项逐次在"山东政务服务平台"中进行筛除比对，尤其是比较青岛市发改局、市南区发改局与西海岸新区发改局之间的相关数据信息。经仔细核查，所有表5-7中的权限事项都无一例外地集中出现在青岛市级发改部门——"青岛市发展和改革委"的权责事项清单之中：即相较于市南区发改局，青岛西海岸新区发改局所独有的部分权责事项，本应属于青岛市发改部门的权责范畴，并不是一般市辖区标配的事项内容。而这一结果表明，市南区发改局的部分权责事项依然划归在青岛市发改部门的权责清单中，作为一般市辖区的市南区并未获得正式授权；而青岛西海岸新区依托国家级这一功能平台，已在行政实践运作层面承接了大量来自市级的权责事项，属于"超规格"的赋权结果。换言之，作为具体职能的承接主体，国家级新区相关部门在实际运作中确切呈现出不同于一般行政区的权责配置情况，其不仅数量更多，部分权限的级别也更高。这一点可以成为地方政府向国家级新区进行赋权的有力印证，青岛西海岸新区在具体实践运作中的确被赋予了超过一般市辖区的管理权限。

表 5-7　　　　　新区发改局独有权责事项（与市南区比较）

事项类型	事项数量	事项编码
行政处罚	30 项	3700000204014；3700000204015；3700000204016；3700000259003；3700000259004；3700000259005；3700000259006；3700000259010；3700000259011；3700000259012；3700000259013；3700000259014；3700000259015；3700000259016；3700000259018；3700000259020；3700000259021；3700000260001；3700000260002；3700000260003；3700000260004；3700000260005；3700000260006；3700000260007；3700000260008；3700000260009；3700000260010；3700000260012；3700000260013；3700000260014
行政检查	8 项	3700000659001；3700000659002；3700000659003；3700000659004；3700000659005；3700000659006；3700000660005；3700000660006
行政许可	3 项	3700000160003；3700000160004；3700000160005
其他行政权力	3 项	3700001060004；3700001060005；3700001060006
行政强制	2 项	3700000360001；3700000370001
公共服务	1 项	3700002060004

资料来源：山东政务服务平台，信息截取时间为 2021 年 6 月 25 日 17 时，事项编码的具体内容见上述平台"服务清单—权责清单"板块，图表自制。

尽管在部门权责事项数量上西海岸新区具有总体优势，但不可否认的是，作为一般市辖区的市南区在部分职能部门也独有少量权责事项。尽管同属一类部门，市南区应急局和西海岸新区的权限事项也并非完全一致，两者之间的权责事项并非简单的包含与被包含关系。例如：市南区应急局独有的 3 项行政许可类权限（事项统一编码：3700000125004；3700000125005；3700000125012），西海岸新区应急局则无对应权责事项。由此可见，无论是对一般行政区还是国家级新区而言，纵向维度上赋权实践仍需要与既有科层体制调试与磨合，尤其是要与特定部门的职能情况相契合。从这一点看来，近年来我国大力推进的权责清单制度，仍需在体系化与制度化等方面进行持续探索。

三　权责事项内容的层级比较

就机制运作的具体过程来看，行政权责事项的调整不仅表现为权责事项的数量差异，同一权责事项下差异化层级安排同样也是赋权结果的客观表达。聚焦于同一权责事项下西海岸新区与市南区之间的权限差异，亦是国家级新区在管理权限上肩负优势变量的重要体现。特定事权的层级差异既体现在内容权限的具体界定上，更表现为地方行政主体在落实相应事权过程中的实施层级方面。

（一）同一内容权限的对比

按照"全国一体化在线政务服务平台"的基本设定规则，包括山东省政府在内的地方政府政务服务窗口提供无差别、均等化的政务服务，同一个权责事项编码且其事项名称一致便可视为同一类权责事项。换言之，在该平台中某行政事项的编码和名称相同的情况下，如若事项内容描述存在显著区别，则可以体现出不同行政主体之间差异化的权限内容设置。借助"山东政务服务平台"中的相关数据，笔者对于青岛西海岸新区与市南区同一编码的权责事项及其具体内容展开详细比对。表5-8是在部分同一权责事项下西海岸新区与市南区在其内容权限的具体界定情况。由下表可知，即便是同一个权责事项编码且其事项名称表述完全一致的情况下，西海岸新区与市南区所对应的内容权限也有所不同，尤其在服务对象和涉及范围等两个层面呈现出差异化的制度设定。前者是针对权责事项差异化的服务客体，后者是指事项所涉及的不同处置权限。

其一是服务对象层面，两区特定权责事项的客体指向有所不同。以"青岛市高层次人才服务绿卡办理服务"（事项统一编码3702002014008）为例。作为公共服务类的行政权责事项，青岛西海岸新区"统筹负责本区域内所有高层次人才办理服务绿卡的初审事项"，与相关人员的单位归属无关；而作为一般市辖区的市南区则主要针对区属企事业单位所提交的申请材料，覆盖面略小。其二是涉及范围层面，两区特定事项的内容权限也有所不同。以某项"行政许可事项为例"（事项统一编码3700000112031）为例，市南区相关机构仅具有初审的权力，缺少进一步的处置权；而西海岸新区则具有监督检查、依法制止等多项权力，其权责事项的覆盖面更为广泛。由此可见，即便是同一特定权责事项，作为国家级新区的青岛西海岸新区与作为市辖区的市南区在内容权限上也存在一定差别。上述差别，更能体现出两者在履行行政权责事项中的差异化功能角色。

表 5-8　　　　同一权限事项下新区与市南区的内容权限情况对比

事项类型	事项编码	事项名称	内容权限	
			西海岸新区	市南区
公共服务	370200 2014008	青岛市高层次人才服务 绿卡办理服务	按照市局规定，负责对本区域高层次人才服务绿卡办理进行初审	区属企事业单位申请材料的初审
行政处罚	370000 0213031	对代理记账机构采取欺骗、贿赂等不正当手段取得代理记账资格的处罚	对本行政区域内登记设立的代理记账机构的处罚	县级财政部门开展检查中对发现的代理记账机构违法违规行为进行处罚
	370000 0213033	对代理记账机构及其负责人、主管代理记账业务负责人及其从业人员违反规定出具虚假申请材料或者备案材料的处罚	对本行政区域内登记设立的代理记账机构的处罚	县级财政部门开展检查中对发现的代理记账机构及有关人员违法违规行为进行处罚
	370000 0213036	对单位和个人违反规定使用财政票据及企业违反规定印制财政票据的处罚	对本级单位和个人违反规定使用财政票据及企业违反规定印制财政票据的处罚	对本级违反财政票据管理规定的行为的处罚
	370000 0217755	对将雨水管网、污水管网相互混接排放的处罚	按照属地管理原则，负责本行政区域的排水与污水处理监督管理	负责本行政区域内本条事项的行政处罚

事项类型	事项编码	事项名称	内容权限	
			西海岸新区	市南区
行政许可	3700000112031	基层法律服务工作者执业、变更、注销许可	对被许可人从事行政许可事项的活动进行监督检查，对未经行政许可，擅自从事相关活动的，依法采取措施予以制止	初审
其他行政权力	3700001012030	对司法鉴定机构、司法鉴定人的年度考核	司法鉴定人考核、司法鉴定机构考核初审	对在本区注册的司法鉴定人、司法鉴定机构进行初审
	3700001012031	对基层法律服务执业机构、人员的年度考核	对基层法律服务执业机构、人员的年度考核材料进行初审	对住所地在本区的基层法律服务执业机构及其执业人员的年度考核进行初审
	3700001021019	二手车交易市场经营者和二手车经营主体备案	负责本行政区域内二手车交易市场经营者和二手车经营主体备案初核工作	负责本行政区域内二手车交易市场经营者和二手车经营主体备案初核工作；受委托行使本行政区域内二手车交易市场经营者和二手车经营主体备案工作。

资料来源：山东政务服务平台，信息截取时间为 2021 年 6 月 25 日 21 时，图表自制。

（二）相应实施层级的对比

在同一权责事项下，除内容权限方面上的具体差异之外，青岛西海岸新区与市南区所担负的实施层级及其相应的责任事项也略有不同。作者借助"山东政务服务平台"中的相关数据信息资源，逐条对比了西海岸新区和市南区共同拥有的权责事项，并对其中存在实施层级差异的权责事项进行汇总整理。除大部分权责事项信息基本一致之外，少量权责事项存在差异化的内容设定，两区部分责任事项情况对比情况如表5–9所示。

表5-9　　　　　同一权限事项下新区与市南区的责任事项情况对比

事项类型	事项编码	实施主体	西海岸新区		市南区		青岛市	
			实施层级	责任事项	实施层级	责任事项	实施层级	责任事项
行政处罚	370000 0204011	区发改局/市发改委	县级	2项直接实施责任	省级/县级	3项直接实施责任	省级/市级/县级	5项直接实施责任；2项指导监督责任
	370000 0204012	区发改局/市发改委	县级	2项直接实施责任	省级/县级	3项直接实施责任	省级/市级/县级	5项直接实施责任；2项指导监督责任
	370000 0217756	区综合执法局/市城市管理局	县级	2项直接实施责任	县级	1项直接实施责任	市级/县级	4项直接实施责任；1项指导监督责任
行政许可	370000 0104004	区发改局/市发改委	县级	3项直接实施责任	县级	1项直接实施责任	市级/县级	3项直接实施责任；1项指导监督责任
	370000 0114003	区人社局/市人社局	县级	3项直接实施责任	县级	1项直接实施责任	市级/县级	3项直接实施责任；1项指导监督责任
公共服务	370000 2014033	区人社局/市人社局	县级	3项直接实施责任	县级	1项直接实施责任	市级/县级	3项直接实施责任；1项指导监督责任

资料来源：上表"直接实施责任"与"指导监督责任"的划分依据来自山东政务服务平台中的公示结果，资料截取时间为2021年6月24日，图表自制。

由上表可知，围绕相应权责事项，西海岸新区和市南区所具有的层级实施属性也有所不同，但相关对比结果明显区别于国家级新区被广泛赋权的固有印象。一般来看，作为国家级的功能平台，国家级新区更容易获得上级政府的层层赋权，具有更有利的资源获取优势，其权责事项的实施层级理应高于一般行政区。但通过对比西海岸新区与市南区在同一事项下的实施层级，可以发现，总体上西海岸新区的权责实施层级以县级权力为主，市南区却有部分权责事项可达到省级层级。针对这一结果，笔者通过访谈得知，"区里面部分权责事项的实施层级是特定的，是有历史原因的……新区成立暂不会而带来权限层级的提升……多轮赋权重点更多在数量上（访谈编号：20210708A/11）"。换言之，尽管新区的创设会带来一定数量的权责事项，但部分事项的实施层级早已固定的，新区建设并不能带来相关权责事项实施层级的提升。尤其是与老城区相比，作为后来者的新区在部分事项层级上存在一定劣势。由此来看，行政权责事项的纵向配置既体现在数量维度上的巨大差距，更意味着在同一权责事项的实施层级存在的差异化制度安排。

之所以出现市辖区部分权责事项的实施等级高于国家级新区的情况，除既有历史原因之外（诸如：成立时间、社会发展阶段等因素的限制），另一有力解释为目前针对国家级新区的赋权重点集中于数量维度的支持，而非既有权限的层级提升：即在赋权结果上更加强调数量导向，在一定程度上忽略了已拥有权责事项实施层级的"拔高"问题。伴随着我国"放管服"改革不断深入，现有权限的提升问题将取代新区初期强调数量维度的赋权导向，成为改革向纵深发展的基本着力点。与实施层级情况不一致的是，西海岸新区在实施层级略低的基础条件下，反而肩负着更多的直接实施责任，甚至有部分责任事项数量高于市辖区且与市级保持一致。由此可见，作为国家级新区的青岛西海岸新区，其在地方行政实践的具体运作中担负着更为庞杂的治理重担，仍需在"放管服"等改革领域中持续挖潜提升。

一般而言，西海岸新区的建设基础是黄岛区，在权责事项上应与同为市辖区的市南区保持大致一致。但通过上文分析可得知，作为上级赋权的主要承接主体，青岛西海岸新区依托国家级新区这一高级别的功能平台，的确拥有了相较于一般市辖区更多的权责事项，无论是在事项总量、部门事项还是在实施层级等方面都拥有着明显优势。但从行政权责事项调整的内容构成上来看，事项数量维度依然是不同层级政府之间赋权的主要形式，而在事项的实施层级维度体现得并不明显。这一点与当前进一步完善权责清单制度的改革进程不谋而合。即便是针对国家级新区这一政策叠加优势的聚集平台，地方政府还是主要依靠赋予其更多数量的权责事项来达成赋权新区的治理目的，而较少地通过拔高部分权限层级的方式来对新区进行赋能。换言之，在目前国家层面鼓励地方政府赋予国家级新区以市级乃至省级管理权限的背景趋势下，这一要求在地方政府的具体实践中，更多体现为赋予新区以更多数量的权限事项而非提升某些权限的层级。尽管"省级—市级—县级"权限由不同数量的权限构成，但有目的地拔高新区已有权限的层级，同样亦是深化赋权改革的重要形式。

第四节　经济增效：西海岸新区
空间功能的拟合测度

国家级新区建设是落实国家空间策略的直接体现，其基本政策出发点是需要新区在各自区域格局中扮演空间支点的现实角色，经济增效无疑是空间功能发挥的重要标准之一。从国家级新区所肩负的功能使命来看，依托于新区自身发展进而实现辐射带动区域协同，是批设国家级新区的首要战略意图。① 自成立国家级新区以来，青岛西海岸新区的经济社会发展取得长足进步。无论是经济规模还是发展质量，该新区都呈现出鲜明的存量优势与增长潜力。但如何验证国家级新区的设立对该区域经济发展的推动作用，这将是审慎思考国家级新区这一政策实践现实效能的重要前提。由于简单的数据横向比对无法排除其他外部因素的潜在

---

① 范巧：《国家级新区辐射带动力及其实现机制研究》，经济科学出版社 2019 年版，《序言》。

影响，因此，本部分拟借助合成控制法（Synthetic Control Methods，SCM），聚焦青岛西海岸新区成立前后经济发展态势的比较，重点探讨国家级新区的创设能否带动青岛西海岸地区经济发展这一现实命题，即国家级新区的这个"高帽子"，是否能为地方发展带来实质性的经济增效？

一　拟合测度设计

除双重差分法（DID）、三重差分法（DDD）以及回归控制法（RCM）之外，合成控制法（SCM）是当前研究中评估特定政策社会影响的重要方法。区别于对样本的平行趋势假设和大数定理的严重依赖[①]，合成控制法更适用于处理围绕具体研究对象的微观少量样本数据。赵婷茹、张彩江等学者的研究结果表明，合成控制法更契合于对"先试先行"类的政策展开绩效评估[②]，故而近年来被广泛应用于政策评估领域。[③] 这一点无疑与国家级新区先行先试的政策属性是高度契合的。因此，本部分拟采用合成控制法，具体分析国家级新区建设这一政策实践对西海岸地区所带来的经济影响。

（一）测度方法

合成控制法最早由埃尔波特·阿贝蒂（Alberto Abadie）等学者在2003 年提出[④]，随后其理论特质被不断深化。[⑤] 从方法归属来看，合成控制法属于准自然实验方法。虽基于较为传统的统计学原理，但该方法却能够借助"反事实框架"（Counter Factual Framework），追求如自然

---

① 陈浩耀、吴国维：《非参数模型合成控制法的应用》，《统计与决策》2021 年第 13 期。

② 赵婷茹、李世杰、朱沛祺：《基于实验设计的政策绩效评估计量方法述评》，《统计与决策》2021 年第 4 期。

③ 张彩江、李章雯、周雨：《碳排放权交易试点政策能否实现区域减排》，《软科学》2021 年第 10 期。

④ Alberto Abadie, Alexis Diamond, Jens Hainmueller, "Synthetic Control Methods for Comparative Case Studies: Estimating the Effect of California's Tobacco Control Program", *Journal of the American Statistical Association*, No. 105, 2010, pp. 493-505.

⑤ Alberto Abadie, Alexis Diamond, Jens Hainmueller, "Synth: An R Package for Synthetic Control Methods in Comparative Case Studies", *Journal of Statistical Software*, Issue13, No. 42, June 2011.

实验般的实证效果①，在拟合分析方面具有一定优势。合成控制法的主要思路是在明确既定实验组（Treated Group）的基础上，通过对若干控制组（Control Group）预测变量进行加权处理，从而拟合形成一个与事件或政策发生前发展特征非常相似的合成控制组②，最后通过对比实验组与合成控制组之间的数值差异，以印证相关政策的实际效应。

　　相较于其他准自然实验评估法，合成控制法拥有独特优势。目前，较为常见的准自然实验评估方法主要有双重差分法（DID）、双重差分倾向得分匹配法（PSM-DID）、合成控制法（SCM）等③，前两者需要满足较为严苛的研究适配条件：一方面，DID 和 PSM 的应用前提是存在一个多个体的处理组和一个多个体的控制组④；另一方面，两者需满足同质性、随机性和条件独立性假设。⑤ 在对已经得到广泛推广政策展开横向比对时，上述条件更容易达成，但对于国家级新区这类数量相对稀缺、试点属性鲜明的政策类型而言常常难以满足。与之相对的是，合成控制法更为适合小样本的政策评估研究。⑥ 根据具体研究对象的相关数据样本，合成控制法能够确定好控制组中的最优权重比例，从而构建出与实验组在发展态势、经济水平上具备最优相似度的合成控制组。⑦ 该方法通过合成变量的方式弥补了 DID 和 PSM 的在数据选取上的局限性，避免了因控制组的主观选择可能导致的政策内生性问题⑧，并通过

---

　　① Alberto Abadie, Javier Gardeazabal, "The Economic Costs of Conflict: A Case Study of the Basque Country", *American Economic Review*, No. 1, 2003, pp. 113–132.

　　② 丁焕峰、孙小哲、刘小勇：《区域扩容能促进新进地区的经济增长吗？——以珠三角城市群为例的合成控制法分析》，《南方经济》2020 年第 6 期。

　　③ 计小青、赵景艳、乔越：《慕"名"而来的经济效应存在吗？——基于合成控制法对县市更名经济效果的分析》，《旅游科学》2020 年第 5 期。

　　④ 谭文君、崔凡、杨志远：《负面清单管理模式对上海自贸区服务业资本流动的影响——基于合成控制法的分析》，《宏观经济研究》2019 年第 5 期。

　　⑤ 张彩江、李章雯、周雨：《碳排放权交易试点政策能否实现区域减排》，《软科学》2021 年第 10 期。

　　⑥ 计小青、赵景艳、乔越：《慕"名"而来的经济效应存在吗？——基于合成控制法对县市更名经济效果的分析》，《旅游科学》2020 年第 5 期。

　　⑦ 于智涵、方丹、杨谨：《资源型经济转型试验区政策对碳排放的影响评估：以山西省为例》，《资源科学》2021 年第 6 期。

　　⑧ 康继军、郑维伟：《中国内陆型自贸区的贸易创造效应：扩大进口还是刺激出口》，《国际贸易问题》2021 年第 2 期。

实验组与合成控制组在经济指标上的差值变化，从而能更直接地印证政策净效应。这一点，恰恰对于评估国家级新区建设这类特定政策的实际效能而言至关重要。

本部分拟借助于合成控制法，对国家级新区建设这一政策实践能否带动地方经济发展的具体命题展开对比分析。应用该方法的基本前提，是存在一项明确且毫无争议的政策干预实践。就本书而言，其基本预设的政策干预实践为是否设立国家级新区。由于国家级新区是由国务院正式批复设立的国家级战略功能平台且具有确切的名单，而截至2022年12月，青岛西海岸新区是山东省唯一一个国家级新区，省内其他地区并未设立，满足实验组与对照组进行对比的理论预设。而在衡量地方经济发展成效的变量选取方面，既有常见的宏观经济指标并无太大争议，在数据搜集途径、数据处理流程等方面也较为成熟，因而具备较强的可操作性。

当然，此方法同样存在若干局限：其一是对合成反事实的实验组具有较高要求，比如：权重必须大于0且权重之和为1等；其二，该方法仅能反映同类样本的经济发展情况，并不能很好地阐释跨尺度层面所带来的经济影响（诸如：新区对于区域经济发展的带动作用等）。上述限制，无疑对本部分实验组合成对象的样本选择提出了更高要求。

（二）测度思路

本部分以合成控制法为主要方法，其直接研究目的在于验证国家级新区的建设能否推动地方经济发展，而非影响程度的测量。其相关论证结果表现为西海岸新区与"合成新区"的经济变量对比："1+N"的经济发展情况。在本书中，"1"为实验组，即青岛西海岸新区；"N"为控制组，是未设立国家级新区的相关地区。划分实验组与控制组的核心标准在于，存在且只有"1"被明确批复为国家级新区，控制组中的任何样本并不具备这一特征。本部分的模型选用，参考引用了尚虎平、刘俊腾、陈太明等学者已有框架，但聚焦于国家级新区设立对本地区经济影响的研究命题。

在本研究中，用 T_0 代表西海岸新区升格为国家级新区的确切年份

（即 2014 年），$Y_{it,1}$ 表示在 i 区在 t 年受到了国家级新区设立所带来的经济影响，Y_{it} 表示 i 区在 t 年事实维度上的经济发展情况，$Y_{it,0}$ 表示 i 区在 t 年没有受到国家级新区设立影响时的经济发展状况，由此便可得出 $\beta_{it} = Y_{it,1} - Y_{it,0}$，则 β_{it} 代表着第 t 年的政策效应。

继续向下推导可知，$Y_{it} = Y_{it,0} + D_{it}\beta_{it}$。因此，$D_{it}$ 可以理解为虚拟变量，当 $t \leq T_0$（2014），D_{it} 则为零，即意味着 i 区的经济发展没有受到国家级新区设立的影响；反之，$D_{it} = 1$，代表着 i 区经济发展受到国家级新区设立的影响。鉴于 $Y_{it,1}$ 的客观经济数据具有可知性，因而只需要预估出 $Y_{it,0}$ 的数值，便可反推至 β_{it}。借助反事实变量模型，便可实现对 $Y_{it,0}$ 进行估值。

$$Y_{it,0} = \delta_t + \theta_t Z_i + \lambda_t \mu_i + \varepsilon_{it}$$

δ_t 表示影响区域经济发展的时间锚定效应；θ_t 是一个（$1 \times r$）维未知参数向量；Z_i 是可观察到的（$r \times 1$）维不受到国家级新区设立的控制变量，λ_t 是一个（$1 \times F$）维无法观测到的公共因子向量，表示影响所有地区同时兼具的共性因素；μ_i 是（$F \times 1$）维不可观测的地区固定效应；ε_{it} 是各地区在经济发展过程中无法直接测度的短期影响因素，即为误差项，其均值为 0。

通过对控制组中 N 个样本展开加权处理，从而得出模拟实验组的最佳权重，拟合出最切近实验组发展特征的合成对象，从而得出 $Y_{it,0}$。其中，权重向量设定为 $W = (w_2, \cdots, w_{i-1}, \cdots w_{n+1})$，任何 $w_n \in w$ 都有 $w_n \geq 0$，且 $\sum_n w_n = 1$。可得如下公式：

$$\sum_{(n=2)}^{(N+1)} w_n Y_{(it,0)} = \delta_t + \theta_t \sum_{(n=2)}^{(N+1)} w_n Z_{nt} + t \sum_{(n=2)}^{(N+1)} w_n \mu_n + \sum_{(n=2)}^{(N+1)} w_n \varepsilon_{nt}$$

其中存在一个最优权重 $W^* = (w_2^*, \cdots\cdots, w_{n+1}^*)$ 符合：，趋近于 0，即，可以作为，的无偏估计，从而 $\hat{\beta}_{1t} = Y_{1t} - \sum_{n=2}^{N+1} w^* Y_{nt}$ 就可以作为 β_{1t} 的无偏估计（β_{1t} 即为实际政策效应）。

二 测度指标、样本及其数据

运用合成控制法的直接目的，即是通过对西海岸新区与其他区域经济数据的对比，以分析验证国家级新区建设是否能够带来实质的经济增效。结合合成控制法在处理微观样本数据方面的优势，本部分在变量指标的构建上倾向于能够反馈特定地区整体经济发展效果的面板数据，在选择合成对象样本时尽量以同一尺度单元为主，且在数据来源上也主要采用地方国民经济与社会发展年度统计公报、省市地方发展年鉴等官方数据，以此保证指标构建的典型性、样本选择的合理性以及数据支撑的准确性。

（一）变量指标构建

鉴于本部分主要探讨国家级新区建设能否带来经济影响，故在变量指标选取方面更加侧重地方宏观经济数据。在政策效应变量的设定上，本部分以人均地区生产总值（即人均GDP，取对数）作为衡量地区经济发展成效的指标。参考部分学者测量部分公共政策经济影响的变量内容，结合省地市统计年鉴中衡量地方宏观经济发展水平的常见指标体系，本部分从"整体成效""产业发展""地方财政""社会活力"四个维度，选取若干指标对地方层面的经济发展加以测量，即预测变量。（1）整体经济成效，包括：第一，投资率，以地区固定资产投资额占GDP的比重衡量；第二，工业生产效率，用每平方千米规模以上工业产值衡量；第三，出口竞争力，以出口总额在全省出口总额中占比衡量。（2）产业发展水平，主要涉及第一、第二、第三产业。（3）地方财政情况，包括：地方财政汲取能力，以测量地方财政收入在当地GDP中的占比情况；地方财政对经济调控能力，用地方财政支出占当地GDP比重加以表示。（4）社会活力程度，涉及：人口密度，即用行政区域内每平方千米人口数衡量；市场活跃度，以实际人均社会消费品零售总额衡量。自此，本研究构建出了1个政策效应变量和10个预测变量，从而形成了测度国家级新区经济影响的指标变量。

（二）样本选择

为更好验证国家级新区建设对西海岸新区的经济影响，本部分设立若干控制组来与西海岸新区进行对比，筛选标准包括：（1）城市综合经济发展水平相近，且辖区内并未获批其他国家级新区；（2）由于西海岸新区与黄岛区"合署办公"，对比对象限定以区（县）级行政单位为宜。基于上述标准，作者在城市层面选定了青岛市、济南市和烟台市等三个城市。青岛市、济南市与烟台市均属山东省，上述城市的经济体量稳居全省前三，在资源禀赋和发展条件上具有一定相似性：青岛市与济南市均为副省级城市，其行政级别与行政权限相近；青岛市和烟台市同为全国首批沿海开放城市，且都在同年获批了全国首批国家级开发区，经济功能区在其前期发展中都扮演着重要角色。由于西海岸新区被定义为城市主城区之一，为尽可能排除行政权限等差异化要素配置所带来的潜在影响，本部分排除了青岛、济南和烟台所下辖县及县级市（具体为：青岛市排除样本4个，济南市排除样本4个，烟台市排除样本8个），并以行政区划较为稳定的市辖区作为对比对象。同时考虑到各类高新区、保税区等功能区的特殊属性，同样不将其列为控制组（青岛市排除样本2个，济南市排除样本1个，烟台市排除样本2个）。基于上述标准，本研究涉及的实验组与控制组名单如表5-10所示。

表5-10　　　　　　　　　　　实验组与控制组名单

组别类型	数量	市辖区及其所在城市
实验组	1	青岛西海岸新区（青岛市）
控制组	15	青岛市（5个）：市南区；市北区；崂山区；李沧区；城阳区 济南市（6个）：历下区；市中区；槐荫区；天桥区；历城区；长清区 烟台市（4个）：芝罘区；福山区；牟平区；莱山区

资料来源：图表自制。

（三）数据来源

由于合成控制法需要明确的时间节点且要求前后具有较长的时间跨度[①]，结合青岛西海岸新区的设立时间（即2014年6月），本部分以2014年国家级新区的成立作为实验时间节点，数据选取时间为2007年至2019年。为确保合成环节实现较好的拟合效果，事件前窗口期略长

[①]　Gardeazabal Javier, Vega-Bayo Ainhoa, "An Empirical Comparison Between the Synthetic Control Method and HSIAO et al.'s Panel Data Approach to Program Evaluation", *Journal of Applied Econometrics*, No. 5, 2017, pp. 983-1002.

于后窗口期，且数据涉及的时间跨度长达 13 年：即 2007—2014 年为事件前窗口期，2015—2019 年为事件后窗口期。如前文所述，由于西海岸新区在成立之初便和黄岛区"合署办公"且规划范围与行政区划范围完全重合，实验组相关数据的获取依托于黄岛区，控制组的数据来源同样基于相对应行政区。

本部分所涉及相关经济数据，均来自由地方政府发布公示的统计年鉴以及地区年度发展统计公报。同时为确保数据的准确性与严谨性，作者较为注重相关数据的交叉校对，并充分考虑地方行政区划调整所带来的数据变动。作者首先依托近十年来的《山东统计年鉴》展开主体数据的搜集工作，并依据《济南统计年鉴》《青岛统计年鉴》和《烟台统计年鉴》等地方年鉴对其余数据加以补充。在初步获取相关数据的基础上，作者逐条对比各市辖区出版的"区级统计年鉴"和各年度"国民经济和社会发展统计公报"中的相关资料，在验证具体数据准确性的同时，尽可能地实现对覆盖数据的精准化更新。

在数据搜集过程中，本部分同样会根据部分市辖区之间的行政区划调整历程，对 16 个相关市辖区数据进行整合处理。例如，根据《关于同意山东省调整青岛市部分行政区划的批复 国函〔2012〕153 号》相关要求，"撤销青岛市市北区、四方区，设立新的青岛市市北区……撤销青岛市黄岛区、县级胶南市，设立新的青岛市黄岛区"。因此，为确保相关数据的连续性与稳定性，作者在搜集 2007—2012 年原始数据时对上述区域加以整合。在此时间窗口内，市北区的相关数据由原市北区和原四方区合并得出，黄岛区相关数据由原黄岛区与原胶南市合并处理。由上，本文共获取 2704 条基础数据和 2288 条合成数据。借助 Stata16.0 统计软件，作者对数据变量进行描述性分析，具体如表 5-11 所示。

表 5-11　　　　　　　　相关变量的描述性分析

变量 （Variables）	观测值 （Obs）	平均数 （Mean）	标准差 （Std. Dev.）	最小值 （Min）	最大值 （Max）
人均 GDP（Pgdp）＊	208	11.353	0.571	9.931	12.497

变量 （Variables）	观测值 （Obs）	平均数 （Mean）	标准差 （Std. Dev.）	最小值 （Min）	最大值 （Max）
固定资产投资占 GDP 比重（Invest）	208	0.755	0.622	0.097	3.667
工业产值占 GDP 比重（Gy）	208	9.494	1.045	7.092	11.327
出口额在全省出口总额占比（Export）	208	0.026	0.037	0	0.18
财政收入占 GDP 比重（Lgovs）	208	0.109	0.081	0.021	0.477
财政支出占 GDP 的比重（Lgovz）	208	0.095	0.078	0.022	0.423
人口密度（Mpop）	208	7.421	1.187	5.631	9.869
人均社会品消费额（Pcon）	208	10.721	0.619	9.159	12.032
第一产业占比（F）	208	0.029	0.04	0	0.144
第二产业占比（S）	208	0.378	0.166	0.082	0.66
第三产业占比（T）	208	0.593	0.188	0.298	0.918

资料来源：图表自制。其中，带有" * "为政策效应变量，其余为预测变量。

由上表可知，无论是政策效应变量还是预测变量，本部分所有已获数据均无异常值，离散程度和变异性比较小，数据波动较为稳定，从而排除数据极端异常情况，可较好保证后续数据分析的稳健性。

三　实证分析过程

在实证分析环节，本部分主要借助 Stata 16.0 统计软件及其 Synth 程序包进行数据分析。本部分的基本操作流程是在控制组中筛选与拟合形成"合成新区"，通过比较西海岸新区与"合成新区"政策效应变量之间的差值，以验证国家级新区的建设是否能促进地方经济发展。并针对实证过程中所得出相应研究结论，通过排序检验和安慰剂检验等方法对其稳健性进行检验。

（一）构建"合成新区"

构建出适宜的"合成新区"，是运用合成控制法的首要步骤。所谓

"合成新区"，即是通过若干预测变量计算，在控制组中筛选出若干市辖区，并赋予其差异化的权重以构建出与实验组发展特征更为接近的"合成新区"。以 2014 年西海岸新区成立为时间节点，基于控制组中的 15 个市辖区以及 10 项预测变量，拟合时间段限定为 2007—2013 年，初步拟合出"合成新区"中若干市辖区的权重比例，具体如表 5-12 所示。

表 5-12　　　　　　　　　构建"合成新区"的权重分布情况

市辖区名称	城阳区	牟平区	福山区	其他市辖区
拟合权重	0.925	0.069	0.006	0.00

资料来源：图表自制。

由表 5-12 可知，城阳区在控制组中权重比例最高，为 0.925，其次为牟平区和福山区，权重比例分别为 0.069 和 0.006。上述三个市辖区的权重之和为 1，控制组中其余市辖区权重比例为 0。这一拟合结果与青岛市西海岸新区的发展实际较为贴近：上述三个市辖区同为全国首批沿海开放城市的市辖区，基本处于同一发展阶段；城阳区与西海岸新区同属青岛市辖区，资源禀赋等相近；福山区为所在地市的经济强区，产业结构较为发达；牟平区的其地理位置、资源环境等与新区也具有一定类似性。

为进一步验证上述"合成新区"拟合的准确性，作者以事件前窗口期为时间截面（即 2007 年至 2013 年），计算得出西海岸新区与"合成新区"在上述 10 个预测变量中的结果差值。同时为更好拟合生成处理组，作者在预测变量的计算过程中参考了 Alberto Abadie 等学者的处置方法[1]，将因变量处理之前的几期数据同样也放置在模型之中，包括 Pgdp（2008）和 Pgdp（2011）等数据。

---

[1]　Alberto Abadie, Alexis Diamond, Jens Hainmueller, "Synthetic Control Methods for Comparative Case Studies: Estimating the Effect of California's Tobacco Control Program", *Journal of the American Statistical Association*, No. 105, 2010, pp. 493-505.

表 5-13 是西海岸新区与"合成新区"拟合情况的对比。通过对比表中 12 个预测变量，可以发现，除"出口额占比"之外，在其余 11 个预测变量中"合成新区"与西海岸新区之间的差值较小，两者预测变量较为接近。由此可以得出，基于上述权重所构建出的"合成新区"能够较为贴合地呈现出 2014 年之前西海岸新区的发展特征。这表明"合成新区"与西海岸新区发展实际的拟合程度较高，具备进一步测度和比较国家级新区建设所带来经济实效的合理性。

表 5-13　　　　　　　　　预测变量的拟合与对比情况

变量（Variables）	西海岸新区（Treated）	"合成新区"（Synthetic）	差值（Difference）
固定资产投资占 GDP 比重（Invest）	0.4432709	0.5572968	-0.1140259
工业产值占 GDP 比重（Gy）	9.785012	9.978433	-0.1934210
出口额在全省出口总额占比（Export）	0.1084064	0.0611695	0.0472369
人口密度（Mpop）	6.359828	6.712177	-0.3523490
人均社会品消费额（Pcon）	9.917068	9.969165	-0.0520970
财政收入占 GDP 比重（Lgovs）	0.053432	0.059183	-0.0057510
财政支出占 GDP 的比重（Lgovz）	0.0552811	0.0509437	0.0043374
第一产业占比（F）	0.0305694	0.0243685	0.0062009
第二产业占比（S）	0.6295221	0.6121262	0.0173959
第三产业占比（T）	0.3399084	0.3635053	-0.0235969
人均 GDP（Pgdp, 2011）	11.79139	11.94202	-0.1506300
人均 GDP（Pgdp, 2008）	11.50668	11.56183	-0.0551500

资料来源：图表自制。其中，(Pgdp, 2008)(Pgdp, 2011) 为根据 2008 年、2011 年人均 GDP 的拟合结果。

（二）政策效果评估

在合成控制法的操作步骤中，评估新区建设实效主要是通过对比西海岸新区与"合成新区"在政策效应变量上的差值来实现的。由于本研究中政策效应变量设为人均 GDP，为最大程度上避免原始值较大而导致的预测误差，作者对西海岸新区与"合成新区"的人均 GDP 数据进行对数化处理，具体如表 5-14 所示。

表 5-14   西海岸新区与"合成新区"的人均 GDP 对数值

时间	西海岸新区	合成新区
2007	11.349866	11.391346
2008	11.506680	11.561834
2009	11.631043	11.658991
2010	11.811377	11.800846
2011	11.791391	11.942019
2012	11.920411	11.840302
2013	12.215617	11.931800
2014	12.168159	11.957036
2015	12.258770	12.020986
2016	12.334895	12.221264
2017	12.420156	12.109818
2018	12.472258	12.114882
2019	12.496696	12.125030

资料来源：图表自制。

由上表可知，在事件全窗口期（2007—2019），西海岸新区与"合成新区"的人均 GDP 的整体发展态势可大致划分为两个阶段。在事件前窗口期（2007—2013），尽管西海岸新区的人均 GDP 实现了由轻微落后到轻微反超的变化，但整体上与"合成新区"的差异并不显著，两者发展态势基本保持一致。而在事件后窗口期（2014—2019），西海岸新区与"合成新区"之间的差值逐渐拉大，国家级新区设立后西海岸地区在人均 GDP 方面的发展优势逐渐显现。由此表明，2014 年国家级新区的成立的确对地方经济发展具有显著促进效果。

基于上述拟合结果，笔者又对国家级新区成立之后两区人均 GDP 数值的整体走向情况展开进一步分析。由表 5-15 可知，西海岸新区人均 GDP 的提升速度明显高于"合成新区"。尤其是在 2014 年之后，西海岸新区人均 GDP 已显著高于"合成新区"，其差值范围稳定在 24436.14 元至 83021.29 元，增长比率差值高于 10.75%，国家级新区的经济发展优势逐渐显著。由此可见，国家级新区建设对地区人均 GDP 的提升作用是非常显著的。从新区实际发展情况来看，截至 2020 年年底，青岛西海岸新区人均 GDP 约为 22.1 万元（按常住人口计算，统计口径与上表略有差别），高于全省和全市水平，体现出较强的经济发展实力。

表 5-15　　　西海岸新区与"合成新区"人均 GDP 情况对比

时间	西海岸新区	合成新区	差值	增长比率
2014	192559.216	155910.281	36648.94	0.19032553
2015	210822.115	166206.455	44615.66	0.21162704
2016	227497.607	203061.466	24436.14	0.10741274
2017	247745.181	181646.542	66098.64	0.26680091
2018	260995.384	182568.733	78426.65	0.30049057
2019	267452.163	184430.873	83021.29	0.31041547
年度均值	234511.944	178970.725	55541.22	0.23683748

　　资料来源：图表自制。其中，"增长比率"的计算方式为：（西海岸新区人均 GDP-合成新区人均 GDP）/西海岸新区上年度人均 GDP，除此项外其余数值单位均为"人民币/元"。

图 5-2 更为明显地体现出国家级新区的建设对于地方经济发展的推动作用。如下图所示，左图为西海岸新区与"合成新区"人均 GDP 的整体走势对比，右图代表着西海岸新区与"合成新区"人均 GDP 的差值情况。由图 5-2（左）可知，早在国家级新区成立的前一年，西海岸新区的人均 GDP 上扬态势已经显现，这代表着国家级新区这一重大功能平台设立之前，就带有一定程度上的"政策预效应"。在 2014—2015 年期间，西海岸新区已明显呈现出人均 GDP 高于"合成新区"的稳定

发展趋势，且在随后的时间里西海岸新区人均 GDP 呈现出非常显著的提高态势，这与新区之前人均 GDP 曲折发展走向存在明显区别。随着国家级新区建设进程的稳步推进，以 2016 年为节点，相较于"合成新区"，西海岸新区在人均 GDP 方面的优势进一步放大。该结果表明，国家级新区的建设在推动地方经济发展的同时，其显著经济增效的发挥存在一定滞后性。结合图 5-2（右）呈现出的两区人均 GDP 对数值差距走势，可以更明显看出新区创设后地区发展中的增长效应。在 2014 年之前，西海岸新区与"合成新区"的人均 GDP 差值大致处于 -0.2 至 0.2 范围之间，并在存在鲜明的"有正有负"的波动轨迹。这说明在拟合阶段西海岸新区与"合成新区"之间的经济发展并不存在明显差异。而在 2014 年之后，西海岸新区与"合成新区"的人均 GDP 差值都大于"0"，最低差值仍高于 0.1，最高差值趋近 0.4，由此表明西海岸新区的人均 GDP 已明显高于"合成新区"。尤其是在 16 年之后，两者之间的差值进一步呈现出更鲜明的扩大趋势，从而较好印证了国家级新区对于地方经济发展的带动作用。

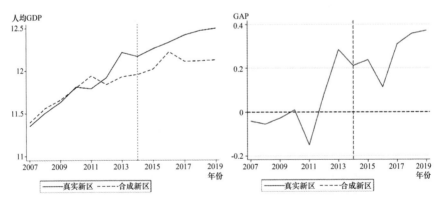

图 5-2　西海岸新区与"合成新区"人均 GDP 对比情况

资料来源：图表自制。

（三）稳健性检验

上述结果表明，在设立国家级新区之后，西海岸地区的确实呈现出显著优于既定经济增长轨迹的发展态势（即高于"合成新区"的经济走势），在人均 GDP 等核心经济指标方面得到明显提高。实施稳健性检验的目的在于，其一是验证上述实证分析所得出政策效应结果在统计学上的显著性；其二是验证西海岸新区与"合成新区"之间经济增长差异确实是来自国家级新区的建设，而非受到其他因素影响。对此，本部分拟分别采取排序检验（Permutation test）和安慰剂检验（Placebo test）两种方法进行稳健性检验。前者选取对象是随机控制分析单元，后者选取的是与实验组最为相似的控制分析单元。[①]

1. 排序检验（Permutation Test）

排序检验法通过比对其他样本与合成样本之间整体趋势的差异情况，可以较好验证政策效果在统计意义上的显著性。[②] 在具体检验步骤上，笔者拟在控制组（共计 15 个区县级单元）中随机选取一个市辖区，同样假设该区在 2014 年同样获批为国家级新区，并基于上述合成控制法的操作步骤，再次拟合形成新的"合成新区"，通过对比新的"合成新区"与西海岸新区的政策效应变量，以印证国家级新区对地区经济发展的实质影响：即如果其余控制组市辖区合成的政策效应变量明显弱于西海岸新区，即可验证上述结论的显著性，便意味着国家级新区的建设的确能带动地区经济发展。在排序检验环节，本部分以人均 GDP 这一主要政策效应变量为例，图 5-3 呈现的是西海岸新区与其余 15 个控制组市辖区的预测分布情况。

由图 5-3 可知，在事件前窗口期（2007—2013），此时无论是青岛西海岸新区（实黑线）与其余控制组（灰线）均未设立国家级新区，两者之间的误差值普遍较小，且基本都在"0"左右上下波动，这说明在新区设立之前西海岸新区与各拟合新区在人均 GDP 方面之间并未呈现出显著差异，其发展轨迹基本相近。而在事件后窗口期（2014—2019），国家级新区设立之后，青岛西海岸新区与其余控制组的整体走

---

① 刘乃全、吴友：《长三角扩容能促进区域经济共同增长吗》，《中国工业经济》2017 年第 6 期。

② 陈太明：《改革开放与中国经济增长奇迹——基于合成控制法的研究》，《经济理论与经济管理》2021 年第 6 期。

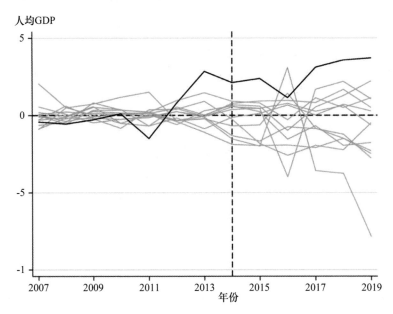

图5-3 西海岸新区与其他市辖区预测误差分布图

资料来源：图表自制。

势存在明显区别，西海岸新区的数值基本位于控制组的外侧，两者之间的差值全部高于"0"，这说明国家级新区设立之后西海岸地方人均GDP提升效果更显著，由此进一步印证了实证环节研究结论具有显著性：即就青岛新区的建设实践而言，国家级新区的建设的确能够促进地区经济发展。

2. 安慰剂检验（Placebo Test）

安慰剂检验可以较好地剔除其他政策以及不可观测的缺失变量对研究结论的影响①，其核心在于遵循同样的合成控制法操作步骤对控制组中若干市辖区进行拟合分析，从而得出该市辖区与"合成市辖区"之间差值的基本走势。由于该对照组并未获批国家级新区，其所呈现出的政策效果理应与西海岸新区存在明显区别，即上述研究结论具有稳健

---

① 余东升、李小平、李慧：《"一带一路"倡议能否降低城市环境污染？——来自准自然实验的证据》，《统计研究》2021年第6期。

性。反之如果该市辖区与西海岸新区的基本走势较为一致，则代表着国家级新区的建设并不能很好解释该地区的经济增长，即该研究结论不具有稳健性。

由于"合成新区"主要由控制组中的三个市辖区拟合而成，因此本部分选取了城阳区、牟平区和福山区这三个市辖区作为进行安慰剂检验对象，并同样以人均 GDP 这一主要政策效应指标作为测度变量。图 5-4 分别呈现了城阳区、牟平区和福山区人均 GDP 对比情况。以在"合

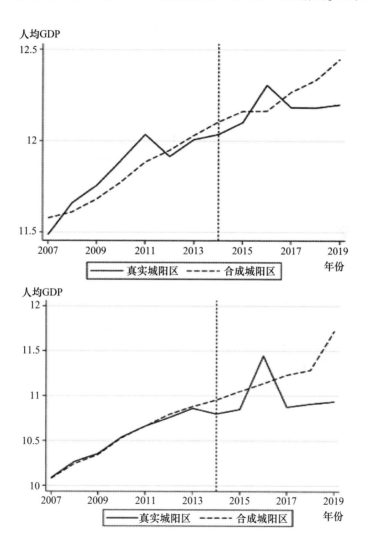

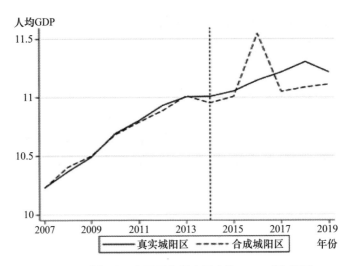

图 5-4   城阳区、牟平区和福山区人均 GDP 对比情况

资料来源：图表自制。

成新区"拟合过程中权重比例最高的城阳区为例，由图 5-4（左）可知，城阳区与"合成城阳"在 2014 年之前的基本走势较为相近，体现出"合成城阳"的拟合度较高；而在 2014 年之后，两者人均 GDP 走势并没有呈现出与西海岸新区相类似的分异态势。两者之间上下波动的趋近态势区别于西海岸新区的发展走势，由此证明国家级新区的成立确实推动了西海岸地区经济发展。如图 5-4（中）和图 5-4（右）所示，上述分析过程同样适用于牟平区和福山区。结合上文中排序检验的相关结果，可以说，国家级新区的建设的确能够促进西海岸地区的经济发展，这一结论具有稳健性。

四   结果呈现及其阐释

除上文提及的人均 GDP 指标之外，为进一步直观反映西海岸新区成立对地方经济发展所带来的影响，本部分还对于若干政策效果预测变量进行对比分析。表 5-16 选取部分行业领域类指标，以期能够更直观地反映地区宏观经济发展水平，包括：规模以上工业产值占 GDP 的比重、出口总额在全省出口总额中占比以及三大产业在 GDP 中的比重等。

由表 5-16 可知，以 2014 年设立国家级新区为界，西海岸新区与"合成新区"在若干经济发展指标上呈现出鲜明的差异化发展趋势。具体而言，相较于"合成新区"，西海岸新区在出口额占比、第三产业占比、第一产业等方面提升较为明显（年均差值为正），但在规模以上工业产值比重、第二产业比重略有下降。这一现象说明，国家级新区的设立使得西海岸地区的出口竞争力、现代农业建设、第三产业等方面综合竞争力得以提升，而在需要更长建设周期的工业生产领域，其在新区成立较短时间内的提升并不显著，暂未呈现出与"合成新区"差异化的发展态势。由此可见，尽管国家级新区的成立意味着各类优势政策资源的叠加集聚，并且能够在宏观层面对经济发展带来显著推动作用。但在新区建设初期（2014—2019），上述经济拉动效能会在不同领域行业之间产生差异化的拉动效果。从这一角度来看，政策资源的集聚，同样需要遵循经济建设周期等市场规律。正因如此，国家级新区成立之后，地方政府仍然倾向于在其辖区范围布局功能各异的新功能区，以有针对性地强化对于经济转型发展的政策支持力度。2018 年 1 月，作为党的十九大后首个获批的区域性国家发展战略综合试验区，山东新旧动能转换综合试验区（青岛片区）继续布局西海岸新区。这既是认识到了西海岸新区在经济结构转型升级等方面存在的客观需求，同样也是以政策集聚撬动地区崛起的思路延续。

表 5-16　　　**西海岸新区与"合成新区"部分指标的差值对比**

类别	年份	工业 GDP（取对数）	出口 GDP（%）	P-Pi（%）	P-si（%）	P-ti（%）
西海岸新区	2014	10.08917	0.055111	0.0265118	0.513018	0.46047
	2015	10.11279	0.055653	0.0246765	0.490819	0.484504
	2016	10.07449	0.059222	0.0228731	0.463273	0.513854
	2017	10.11783	0.082647	0.0218136	0.465818	0.512369
	2018	9.872587	0.072657	0.021755	0.455374	0.522871
	2019	9.746675	0.072331	0.0221076	0.381393	0.596499
	均值	10.00226	0.06627	0.0232896	0.461616	0.515094

续表

类别	年份	工业 GDP（取对数）	出口 GDP（%）	P-Pi（%）	P-si（%）	P-ti（%）
合成新区	2014	10.39518	0.053863	0.0135544	0.548029	0.438416
	2015	10.35986	0.053873	0.0130386	0.535032	0.451929
	2016	10.09604	0.037525	0.0127736	0.518373	0.468853
	2017	10.00718	0.042555	0.0121277	0.509364	0.478509
	2018	9.83795	0.039344	0.0121227	0.496807	0.49107
	2019	10.03346	0.046613	0.0244202	0.482301	0.493278
	均值	10.12161	0.045629	0.0146729	0.514984	0.470343
年份差值	2014	-0.30601	0.001248	0.0129574	-0.03501	0.022054
	2015	-0.24707	0.00178	0.0116379	-0.04421	0.032575
	2016	-0.02155	0.021697	0.0100995	-0.0551	0.045001
	2017	0.110654	0.040092	0.0096859	-0.04355	0.03386
	2018	0.034637	0.033313	0.0096323	-0.04143	0.0318
	2019	-0.28678	0.025718	-0.0023126	-0.10091	0.103221
	平均差值	-0.11935	0.020641	0.0086167	-0.05337	0.044752

资料来源：图表自制。

本小节基于 2007 年至 2019 年山东省内 16 个市辖区的面板数据，借助合成控制法检验了国家级新区建设对地方经济发展的政策效应，同时结合稳健性的分析结果，可得出如下分析结论。

（1）国家级新区建设对西海岸地区经济促进作用具有显著性。相较于"合成新区"，升格为国家级新区的西海岸新区在其人均 GDP 方面的确实现了较大程度的提升。这与事件后窗口期（2014—2019）"合成新区"拟合路径的整体走向呈现出明显差别，且近年来两者之间的差值呈现出更加鲜明的增大趋势。同时结合排序检验和安慰剂检验等稳健性结果，则进一步证明了上述研究结论的显著性：在以青岛西海岸新区作为分析对象时，国家级新区的建设的确能够影响地方经济发展的既定走势，并对地方经济发展具有促进和带动作用。这一结论，可以与 Alder 和晁恒等学者的相关观点进行互为印证。

（2）西海岸新区的建设对不同产业领域存在差异化的经济拉动效果。整体来看，国家级新区建设对西海岸地区的整体经济发展具有积极意义，但在不同产业领域存在差异化的经济的拉动效果。在国家级新区成立较短时间内（2014—2019），青岛西海岸新区的出口竞争力、现代农业建设、第三产业等方面综合竞争力得以提升，但在需要更长建设周期的工业生产领域提升效能并不明显。由此可见，尽管国家级新区的设立意味着更多优势政策资源的集聚与叠加，但并不能影响建设周期等经济规律。

（3）西海岸新区对地方经济带动作用存在一定时间跨度。既体现为国家级新区的建设切实存在政策预效应，同时也表明新区所引发的稳定经济效能需要一定释放时间。通过对西海岸新区人均 GDP 的实证分析可知，早在国家级新区成立的前一年，西海岸新区的人均 GDP 上扬态势已初步显现，这代表着国家级新区这一重大功能平台设立之前，其对于地方经济发展带有一定程度的"政策预效应"。即国家级新区这顶政策"帽子"，可能会更早地影响地区经济发展。自 2014 年成立国家级新区以来，西海岸新区人均 GDP 明显呈现出高于"合成新区"的稳定发展趋势，但其显著增长的时间节点最早出现在新区正式设立后的 2 年（2016）。这一结果意味着，在西海岸新区建设过程中，国家级新区所带来稳定经济增效大致需要 2—3 年的时间才能逐渐显现，其可能对经济的拉动作用存在一定程度的滞后性。

值得注意的是，本小节论证重点主要集中在国家级新区建设能否会对地方经济产生影响，关注经济影响是否存在而非是对其影响程度的探讨。本部分借助合成控制法，初步验证了国家级新区的建设对西海岸地区经济发展所具有的促进作用，经济增效成为国家级新区建设的重要影响之一。正是出于新区对经济发展所具有的显著促进作用，各地方政府对国家级新区的申报依然保持较高的积极性。但由于新区建设具有长期性，其对于不同产业领域存在差异化的经济拉动效果。在各国家级新区具体建设过程中，如何更好利用国家级新区所带来的资源叠加优势，仍需进一步讨论。

第六章　结论与讨论

本书力图整合宏观维度上的现象研究和微观层面上的个案分析，以图对国家级新区制度建构的实践命题展开系统分析。从宏观视角来看，在国家级新区由一个"政策理念"转变为"政策现实"的过程中，历经"空间建构—制度设计—功能塑造"等关键建构环节；在个案分析层面，青岛西海岸新区的建设实践又为本书提供了更为翔实的制度设计内容。基于此，本书提炼出对国家级新区制度建构的理论阐释，并围绕对策建议和理论回应等方面提出若干思考。

第一节　在"唯实"中"图新"：国家级新区制度建构的理论解释

从设立少量试点到发展模式的渐趋成熟，国家级新区成为我国追求国家治理现代化、探索中国式现代化道路的重要载体，尤其需要在"唯实"（即符合地方实际）与"图新"（即深化改革）之间保持微妙平衡。基于青岛西海岸新区建设与转型历程，同时结合我国国家级新区宏观制度内容，本书认为，国家级新区需要兼顾"唯实"和"图新"的任务导向，此类新区发展模式背后隐含的建构机理，可以从建构前提、建构动因、作用维度、建构过程以及结果呈现等方面加以阐释。

一 建构前提：空间选择与战略倾斜

包括青岛西海岸新区在内的所有国家级新区，其设立前提都是得到国家战略的认可与实际支持。从公共政策的角度来看，新区设立是国家层面政策制定的结果表达；从央—地关系的视角来看，新区建设是不同层级政府之间在互动博弈之后所达成行动共识；但从国家空间战略演进的视角出发，空间选择与战略倾斜是国家级新区得以建构的基本前提。前者用以阐释为何特定地区被国家选取作为特殊功能使命的空间载体，是对于国家级新区空间价值的承认。其直接结果是引起空间尺度结构的部分重构，特定地区（即国家级新区）的发展优先性得以明确。后者是国家级新区所获政策支持的内容表达，属于新国家空间理论中"国家空间战略"的概念范畴。其是指在国家进行明确空间选择实践之后，所采取各类支持性的战略措施。在国家级新区建设过程中，主要表现为"政策层"和"权限层"两个维度。前者是新区对体制内各类资源的可获得情况，具体包括优惠的财税政策、空间政策、人事编制政策等内容，可被视为"改革资源"；后者以"先行先试权"为主要表达形式，直接关乎创新体制机制的潜在"改革边界"：能在多大范围和力度上开展制度创新。作为国家级新区体制机制重构的基本前提，空间选择明确了国家级新区发展的优先性，战略倾斜则从创新资源和创新边界等角度大致框定了新区体制机制调试方式。

青岛西海岸地区的体制机制调整历程，充分体现出空间选择与战略倾斜的鲜明影响。该地区先后获批国家级开发区和国家级新区，功能区战略量级的升格为既是国家尺度下空间选择的政策结果，又与城市尺度的战略转移密切相关。在西海岸新区建设历程中，主要涉及两轮国家层面的空间选择行为。第一次是青岛获得首批国家级开发区的开发权限，成为改革开放初期较早承担开发区建设任务的先发区域；第二次是获批第九个国家级新区，从而升格为承担国家重大战略使命的功能平台。这两次国家层面空间选择行为前后位序的变化，既与开发区与国家级新区属性差异密切相关，同时也与区域经济格局的历时变迁密切相关。而在两次国家重大空间选择行为之间，城市尺度的战略转移同样对于该地区的发展至关重要。2001年3月，青岛做出了"不失时机地挺进西海岸，加快西海岸发展……构筑青岛新的经济发展重心"① 的决策部署，进一步明确了西海岸地区在青岛市城市发展格局中的重要作用。而后续西海岸地区的发展实践表明，尽管并不具备国家层面空间选择实践的宏观属性和高规格特性，城市尺度的空间选择将直接影响地方资源的调动效果。作为城市空间格局调整的直接结果，前期"青岛西海岸经济新区"的地方探索实践，为日后承接更大国家级战略奠定了良好发展基础。这一点在很大程度上拓宽了西方社会语境下的国家空间选择行为的实践逻辑，即便是较低尺度上（例如：城市尺度）的空间选择行为同样可能对国家空间的建构过程产生重要影响。而上述国家尺度、城市尺度的变迁互动过程，也在侧面印证了纵向治理结构将是影响国家级新区建设的重要制度变量。

进一步凸显特定地区的空间价值，需要依托于倾斜性政策的战略支持。无论是开发区时代还是国家级新区时代，西海岸地区都获得了包括财税政策、土地政策等大量政策支持，这一点已在相关研究中得到具体论证。相较于更为具体的扶持型政策，权限维度上的政策支持同样显著影响着该地区体制机制建构。受限于改革开放的整体进程，在不同发展阶段下该地区体制机制调整的制度冗余与创新边界存在显著差异：在开发区阶段，该地区创新体制机制的改革重点，在于不断调整和完善开发区管委会等治理主体的自身制度设计，可以接受"行政代管""合署办公"等具体制度形式的探索，但并未深度触及行政区与功能区等不同治理单元之间的体制机制衔接问题；在国家级新区成立之后，受益于国家明确赋予的在创新体制机制方面的"先行先试权"，西海岸地区开始从地方治理整体架构的角度，着手整合全区范围内不同治理主体和治理体系。立足于国家治理的宏观叙事逻辑，上述对于地方治理模式变革过程中改革资源与改革边界的总体掌控，既是国家级新区推进体制机制变革

---

① 青岛西海岸新区工委组织部、工委党史研究室：《青岛西海岸新区改革开放实录》第1卷，青岛出版社2018年版，第27页。

的基本前提，更可以被视为在特定空间范围内我国改革开放历史进程的局部投影。

二 建构动因：尺度重构、经济增长与权力调试

国家级新区及其制度创设是治理尺度重构、经济发展需要和权力渐进调试等共同作用的结果。具体而言，尺度重构过程赋予新区以创新体制机制的制度空间；经济增长是新区完善新区体制机制的首要任务导向；治理现代化的宏观诉求和新区转型内生压力，则反映着新区发展所肩负的改革期许。

（一）尺度重构：体制机制变革的深层诱因

尺度重构之所以被视为体制机制变革的深层诱因，其内在机理是存在"尺度结构重组—空间功能分化—机构设置调整"的传导逻辑。国家层面空间选择实践所带来的直接结果，便是实现了"国家—区域—城市"传统尺度结构的部分重构，并进一步增强了地区空间异质性。既表现为同一尺度下不同地区被赋予了量级不同且非均衡的空间功能定位，同时又在变革空间管治机构等维度有所体现。国家级新区设立，意味着特定地区的空间价值得到区域尺度乃至国家尺度的认可与支持，由此确立了在国家战略和区域格局中的发展优先性，并在"国家—区域—城市"尺度架构中被赋予更加鲜明的战略价值。同一尺度下其他地区的空间作用则相较弱化，不同地区间的空间价值逐渐呈现出显著的非均衡态势。

在中国治理情境与治理实践中，空间功能的实现有赖于公共治理机构的参与。尤其是在基础设施、产业政策等特定领域，更需要公共部门提供公共物品和公共服务。为尽可能释放特定地区的空间潜力、尽可能地减少既有体制的束缚，需要以更加灵活的工作机构突破"整齐划一、条块对称"的机构设置规律。这一点在改革开放以来近乎所有政策试验区中都有所体现。包括出口加工区、开发区、高新区等类型政策试验区的种种建设经验，都在积累和延伸至国家级新区的建设之中。国家级新区的机构设置常常采取更为灵活的组织架构原则，不必如同行政区那般

完全贯彻"条块对应"的机构设置规律，从而使得重塑自身机构设置成为可能。在当前国家治理实践中，国家级新区的组织架构显著区别于一般行政区，且不同国家级新区之间的管理架构也同样存在显著分异，形成了包括"行政区域型""体制合一型""功能区域型"和"类行政区型"等在内的多重体制类型。上述传导逻辑链表明，尺度架构的重组，将成为国家级新区后续重塑其机构设置、功能定位的内在制度诱因和重要改革契机。

青岛西海岸新区的个案研究同样验证了尺度重构下所带来的发展机遇。首批国家级开发区落地黄岛，该地区成为探索开发公司、开发区管委会等新型治理架构比较早的区域之一。自获批全国第九、全省唯一的国家级新区以来，该地区在山东省乃至全国范围内的空间价值和战略地位更加凸显。青岛西海岸新区（黄岛区）不再仅被视为一般行政区与经济强区，更需要在区域发展和国家重大战略中发挥先导作用。在更高政治期待与功能预期的共同作用下，青岛西海岸新区的管理体制和运行机制的改革进程逐渐起步，从而不断摸索和完善"体制合一型"国家级新区的地方治理模式。

（二）经济增长：空间功能的核心任务指向

城市建构环境的生产和创建过程是资本控制和作用下的结果[1]，从大卫·哈维的资本三重循环理论[2]，到布伦纳等学者主张的资本"去领域化"和"再领域化"全球流动趋势[3]，经济发展需要都是影响空间生产实践及其治理结构的重要宏观环境变量。改革开放以来，我国大部分政策试验区也都服务于特定经济发展任务。从早期的加工出口到高新技术产业再到自贸区建设，经济发展都是承担空间功能的核心任务导向。因此，除主体功能区等少量生态属性功能区之外，经济增长都是在市场

---

[1] Soldatenko M, David Harvey, *The Urbanization of Capital*, Johns Hopkins University Press, 1985, pp. 15-16.

[2] ［美］大卫·哈维：《叛逆的城市：从城市权利到城市革命》，叶齐茂、倪晓晖译，商务印书馆 2014 年版，第 43 页。

[3] Neil Brenner, *New State Spaces*: *Urban Governance and the Rescaling of Statehood*, Oxford University Press, 2004, pp. 69-113.

经济体制下各类空间单元功能的主要体现。以经济导向为主的功能设定和服务于经济社会活动的现实需求，将是各类治理主体优化调整其管理架构和运作机制的重要标准。作为我国区域空间战略的最新空间载体形式，相较于开发区等小体量的政策试验区，国家级新区空间规模更大、所担负的经济发展任务更为复杂：不仅需要从整体上确保本地区在区域经济格局中保持较强的综合竞争力，还需要有效平衡内部的经济结构与空间布局。由于国家级新区常包含经开区、保税区等多种类型的经济功能区，不同功能单元之间的发展阶段、综合实力存在显著区别，有效实现不同功能区之间的产业协调、避免恶性竞争，无疑都对于国家级新区的体制机制提出了更高要求。从这个角度来看，尽管创新体制机制和实现经济增长都是国家级新区的核心功能定位，但后者的实际需求对于新区创新体制机制、追求更高效率提出更加具体的任务指向。尤其是在"加快构建以国内大循环为主体、国内国际双循环相互促进"的新发展格局下①，新经济增长态势下无疑对体制机制创新的改革力度提出了更高要求。

青岛西海岸地区的发展历程表明，经济发展需求对体制机制变革具有显性且长期的显著影响。青岛经济技术开发区的设立目的之一，便是服务于改革开放早期经济发展需要，由此先后催生了开发公司、开发区管委会等治理机构。在开发区时代，西海岸地区首次探索"合署办公"的架构形式，其直接目的便是实现虚体治理主体（即青岛经开区）与实体治理主体（即黄岛区）的功能拟合，试图通过"将青岛经济技术开发区拓展到全黄岛"的方式增强该地区整体经济实力。在获批成为国家级新区之后，该地区创新体制机制的改革方向凸显出更加鲜明的经济发展导向。一方面，由于新区的整体架构要契合于"建设海洋经济国际合作先导区"等新区总体定位，由此形成了区海洋发展局等特设机构；另一方面，立足于经济功能区密集分布的空间结构，该地区进一步厘清了"新区—功能区""功能区—街镇"以及各功能区之间等不同治理单

---

① 《中共中央关于制定国民经济和社会发展第十四个五年规划和二〇三五年远景目标的建议》，2020 年 11 月。

元的运作机制，从而夯实更好释放经济发展潜能的制度基础。

（三）权力调试：治理现代化的宏观诉求与新区运行的内生压力

中国改革开放历程的重要特点，在于需要保持经济发展增速与改革力度深度之间的微妙平衡，而各类政策试验区无疑需要走在前列。体制机制创新本身就是国家级新区的重要使命任务之一，这也是该新区与其他政策试验区有所区别的核心特征。在推动国家治理现代化的整体制度安排下，国家级新区的建设和运行需要面临治理现代化的宏观诉求和新区转型内生压力等两重挑战。前者是指在整体转型国家治理现代化的发展导向下，作为推进体制机制创新的"尖兵"，国家级新区需要在体制机制创新方面发挥更加积极的作用。这种来自宏观层面的政治期许，显然是直接催生了国家级新区推进体制机制创新的变革诉求。另一方面，既有行政体制改革的有益经验，同样在倒逼国家级新区进行更深一步探索。如何持续保持新区"常建常新"，将是国家级新区体制机制改革的内在压力所在。

反馈到体制机制创新领域，来自内外部的权力调试诉求将会显著影响国家级新区体制机制的变革方向。国家级新区既要稳定维持与既有体制之间的制度勾连，同时还要保持制度灵活。国家级新区创设与运行，离不开包括优惠政策、高层级权限等体制资源的倾斜性支持。出于资源获取便利、机制对接顺畅等因素的考虑，国家级新区的体制机制设计通常会大致遵循一般意义上的体制机制运作规律，这在一定程度上限制了国家级新区体制机制创新空间。但作为政策试验区的最新内容构成，国家级新区还需要在体制机制方面呈现出更强的创新潜力。目前在国家级新区普遍存在的管委会的管理架构，在某种程度上是出口加工区、开发区等早期虚体治理单元建设开发经验的延伸。如何在体制机制创新方面探索出更符合国家级新区发展的可行路径，更是国家级新区在进行权力调试的内生压力所在。

权力调试压力同样存在于青岛西海岸新区的建设历程之中。作为国家级新区的青岛西海岸新区，其体制机构的调整与完善是内外权力调试压力共同作用的结果。在国家战略的较高的政策预期下，西海岸新区需要达成一定深度的体制机制创新成果，这是作为国家级综合平台功能定位的基本要求。面对具有较强异质性的空间格局，实现功能区、行政区等不同治理体系之间的深度整合，则是推动体制机制创新的重要命题和内容指向。

三　作用维度：组织架构、职能配置、行政权限与空间布局

无论采取何种治理模式，国家级新区在对其管理架构和运行机制的调试过程中，几乎都涉及组织、职能、权力、空间等维度的系统调整。以西海岸地区为例，国家级新区体制机制的深度重塑，不仅体现在组织架构、空间结构等体制构成维度，同样在职能配置、行政权限等机制运行要素方面有所体现。

（一）组织架构

作为体制机制变革的首要维度，组织架构调整是关乎管理体制与运行机制的制度基础。从早期青岛经济技术开发区再到后期国家级新区，西海岸地区的组织架构先后出现过两次大规模的组织架构的变动，其直接结果便是显著重构了辖区内行政区与功能区之间的关系。第一次是基于"将开发区扩展到黄岛全区"的改革理念，该地区在全国范围内开创了开发区与行政区体制合一的先例。[①]在这一时期，开发区这类体量较小的功能区单元初次实现与行政区单元（即黄岛区）之间的制度衔接，探索了在地方治理模式变迁中重构不同治理单元间关系的具体形式，但这一初步探索进程随着黄岛区行政区划的调整逐渐停止。第二次是在获批国家级新区之初，该地区便明确在西海岸新区与黄岛区之间采取"一套机构、两块牌子"的体制架构模式，并一直延续至今。在此阶段中，黄岛区"合署办公"的对象由开发区调整为体量更大、层级更高的国家级新区，该地区的组织架构在前期有益探索的基础上得到进一步深化。上述两次组织架构调整经历，反映的是不同治理主体在地方治理模式重构过程中的关系调整。从组织架构的变革结果来看，尽管在

---

① 青岛西海岸新区工委组织部、工委党史研究室：《青岛西海岸新区改革开放实录》第1卷，青岛出版社2018年版，第93页。

具体制度上主要依托"合署办公"的形式，且在体制类型上仍属于"体制合一型"的管理架构，但西海岸地区的组织架构仍带有鲜明的地区特色，显著区别于其他国家级新区和一般行政区：就西海岸新区而言，该管理架构属于"体制合一型"的国家级新区体制类型，明显不同于行政区主导或管委会主导的国家级新区体制；就黄岛区政府而言，由于涉及不同治理体制之间的协调，该区呈现出区别于一般行政区的体制属性，并在机构设置上呈现出部分特殊制度安排。

（二）职能配置

相较于一般地区，西海岸新区无疑面临着更为复杂的治理情境：既需要处理好科层体制下"区政府—街镇"之间的行政关系，更要统筹好辖区内"新区—功能区"的治理关系。由此，不同治理体系之间的职能配置命题一直都是该地区体制机制改革中的关键命题。在青岛经开区建设阶段，受限于开发区较小的空间规模，该地区主要通过"行政代管"等具体制度设计，以满足少量功能区治理单元和行政体系之间的职能配置需要。在获批国家级新区之后，随着新区对于辖域内开发区等各类功能区序列的有效整合，迫切需要形成更加正式、规范的职能配置格局。立足于地区发展实际，青岛西海岸新区逐渐摸索出"新区管统筹、功能区重发展、街镇强治理"的职能配置关系，被发改委誉为"最顺管理体制"①。就功能区治理而言，该新区对辖区内各功能区进行统筹管理，既包括新区对单个功能区的具体领导，也涵盖在功能区之间发挥横向协调与统筹调度作用；就街镇治理而言，该新区依托黄岛区既有行政架构统一领导各街镇工作，社会管理保持现有运行体系不变；同时在功能区与街镇之间建立起"统筹兼顾、区镇（街）联动"的治理关系，功能区主要负责统筹产业发展、投资促进、开发建设等经济发展事务，功能区范围内的社会事务由相应街镇承担。区别于早期仅仅依靠"行政代管"等单一制度设计，该地区在治理模式的重构过程中，逐渐建构起更为复杂、更加全面的空间—权力配置格局，基本厘清了"新区与功能

---

① 青岛西海岸新区工委组织部、工委党史研究室：《青岛西海岸新区改革开放实录》第1卷，青岛出版社2018年版，第45页。

区""新区与街镇""功能区与街镇"等三重治理关系，新区内部的职能配置格局实现了深度转型。

（三）行政权限

从新区发展要素的角度出发，行政权限是新区创设以及塑造制度优势的重要表现；从地方治理创新的角度来看，行政权限的调整是关乎政府间纵向协调推进的正式组织流程。在我国"职责同构"的纵向机构设置原则下[①]，理论上我国同级行政主体之间的权责事项应保持大体一致。但作为国家层面空间选择的政策结果，设立国家级新区的直接结果便是既有行政权限配置的尺度结构有所瓦解，使得国家级新区获得远超其他地区的数量更多、层级更高的行政权限成为可能。自青岛西海岸新区成立以来，该新区主要经历了"支持性赋权"和"引导性赋权"两大赋权节点：其一是新区成立之初的创设赋权，常与新区体制机制的建立密不可分；其二是新区运行一段时间之后的再赋权过程。前者是行政权力引导下创设国家级新区的基本前提和常见手段，后者则是新区发展到较为成熟阶段后，继续深化体制机制创新的必要变量。而在该新区体制机制重构过程中，其行政权限的调整维度上呈现出由"数量维度"深化至"层级维度"的演进逻辑：即早期行政权限的调整更多关注赋权数量，主要依靠赋予其更多数量的权责事项来达成赋权新区的治理目的；但随着新区建设进程的深入，通过拔高已有权限层级的方式来对新区体制机制创新进行深度赋能，成为部分国家级新区调整行政权限的路径选择。在历经2015年、2019年两轮集中赋权之后，青岛西海岸新区获得了远超一般行政区的更高层级、更大范围的管理权限。本书前文通过与同为市辖区的市南区详细比对，可以发现，作为上级赋权的主要承接主体，青岛西海岸新区依托国家级新区这一高级别的功能平台，的确拥有了相较于一般市辖区更多的权责事项，无论是在事项总量、部门事项还是在实施层级等方面都拥有明显优势。上述结果进一步说明，行政权限同样是国家级新区不断调整其制度设计的重要体现。

---

① 朱光磊、张志红：《"职责同构"批判》，《北京大学学报》（哲学社会科学版）2005年第1期。

（四）空间结构

国家级新区制度建构属于社会维度上的调整，空间结构情况将直接影响国家空间的变革实效。作为区域空间功能的重要载体，国家级新区的转型发展有赖于实现科学合理的空间布局。在国家级新区体制机制的重构过程中，新区空间结构不仅显著影响产业簇群、经济圈层等空间功能，更是直接关乎不同治理主体之间的空间—权力配置。从这个角度看来，国家级新区空间布局的调整不单是对辖区内的空间进行结构性划分，还需充分考虑不同治理单元之间的差异化的治理需求和协作关系。就青岛西海岸新区体制机制重构实践而言，该新区在对其空间布局进行调整的过程中，始终遵循和贯彻以"边界重合"推动治理格局重塑的基本思路：即无论是区县层面抑或下沉至"功能区—街镇"层面，实现边界重合都被视为整合与优化不同治理单元关系的基本前提。在青岛西海岸成立之初，便已实现了新区规划范围与行政区划的完全重合，这对于实现新区维度上治理架构的整合具有重要意义。而在"功能区—街镇"维度，同样尽量遵循功能区单元和街镇单元空间边界大致重合的布局思路。由于街镇之间关系本身处于科层体制的有效管理之下，所以该新区对于其内部空间布局的调整主要体现在"功能区整合"与"功能区与街镇空间关系重塑"等两个方面。前者是从新区整体布局出发，对于该地区数量众多、层级各异的功能区进行整合调整，由原有的 15 个功能区合并为十大功能区，以期更好地发挥 7 个国家级园区和 3 个省级园区的辐射带动作用；后者则主要遵循空间对应原则，通过将部分管区已并入街道或转制为管委会等空间微调的方式，实现功能区与街镇之间形成"一对一"或"多对一"的明确空间关系，从而为"功能区重发展、街镇强治理"的治理格局奠定空间基础。

四 建构过程：由空间布局需要转向制度内化

国家级新区体制机制的建构过程，是空间功能趋向与既有制度环境共同作用的结果。青岛西海岸新区源自国家空间战略的布局需要，但其后续体制机制的转型，更多受到地方治理结构的内生性影响。因而在各项制度设计不断运转的过程中，国家级新区体制机制建构由初期服务于空间功能需求逐渐趋向于制度内化的需要，其过程大致涉及"空间战略需求形成—国家空间选择行为—新区空间制度调试—新区功能成效发挥"等若干步骤。

（一）空间战略需求与国家级新区模式的探索

国家空间战略的调整，更多是基于社会发展需求而非自然演进的结果。青岛西海岸新区的批复节点正处于国家级新区建设模式逐渐成熟的发展时期，是国家级新区模式进入经验推广阶段的设立结果。作为政策结果，国家级新区模式的缘起动因同样来自特定政策需要。回归到国家治理宏观情景，作为既有政策试验区建设的经验的延伸，国家级新区模式的初期探索，其直接目的便是回应我国国家空间战略转型的现实需要，同时也是国家空间战略转型的必然结果。从阶段转型历程来看，我国国家空间战略在地域构成、建构模式、任务导向和作用维度上进行持续转型：在空间战略的地域划分上实现了从单一地理维度转向综合社会标准，在空间战略的建构模式上经历了"均衡—非均衡—相对均衡"的变迁历程，在空间战略的任务导向上正由效率导向转变为统筹导向，而在作用维度上尺度转型现象也正逐渐显现。国家级新区模式长达近30年的发展历程，正是对来自"国家—区域—城市—功能区"等多维尺度层级的发展压力与空间需求的有效回应。国家级新区模式的发展，离不开对改革开放前期经济特区、开发区、高新区等前期政策新区建设经验的深度总结，但更多是为了满足新发展态势下的空间需求。换言之，国家级新区的制度建构本质，是力图通过新模式的探索达成既有政策新区尚未达成或无法达成的战略目标。立足于这一基本政策定位下，国家级新区肩负起相较于其他政策新区更为多元的空间功能，需要承担拉动区域经济增长、实现产业战略升级、扩大对外开放、示范特色经济等复杂功能使命。[①] 在多重任务发展导向下，国家级新区需要根据各区域空间特性、发展基础来建构起更加灵活的体制机制，并通过持续的体

---

① 冯奎主、闫学东、郑明媚：《中国新城新区发展报告：2016》，企业管理出版社2016年版，第98页。

制机制创新释放发展潜力。

（二）空间选择行为与国家级新区的制度创设

国家层面的空间战略需求具有鲜明的宏观属性，但空间功能预设的达成有赖于任务层层分解和确切的政策落实。特定国家级新区的制度建设，即是国家空间选择的具体表达。国家空间选择实质就是打破中心化、统一性的国家空间治理原则，针对不同领域、尺度采取差异化的空间重构策略，从而在特定地区塑造出显著区别于一般地方治理架构的体制机制。体制机制建设贯穿于国家级新区的创设和运行过程，但在具体的运作实践中，国家层面为尽量减少既有体制对国家级新区的束缚作用、确保新区体制机制的创新深度与改革力度，往往在国家级新区创设之初大多采用管委会等灵活的管理体制。就地方治理架构而言，国家级新区及其治理体系属于增量属性的制度设计，具有不同于一般行政区的管理架构和运行机制。因此，以新区管委会为主要形式的功能区治理体系，其设立实质是对既有科层管理体制的突破，更是通过差异化的制度供给手段和倾斜性政策支持①，从而达成赋予特定地区以发展优先性的空间选择目标。

就青岛西海岸新区而言，该地区在行政区划上位于山东省青岛市黄岛区，属于副省级城市的市辖区。作为副厅级的地方行政主体，黄岛区本身具有"区政府—街镇"完整意义上的行政架构。尽管其辖区内存在青岛经开区、保税区等部分经济功能区，但在新区成立之前，尚未在整体架构上形成不同治理单元之间的制度衔接机制。国家级新区的创设使得该地区的地方治理模式得以重塑，尤其直接体现为在既有行政体制之外形成了以"国家级新区—功能区"为主要构成形式的治理体系，进一步整合了该地区数量众多、层级各异的经济功能区。同时，由于青岛西海岸新区与青岛市黄岛区实行"一套班子、两块牌子"的管理架构，行政区等实体治理单元体系和功能区等虚体治理单元体系之间的制度互动机制也逐步建立，该地区地方治理模式实现了由以行政体制为主

① 王佃利、于棋、王庆歌：《尺度重构视角下国家级新区发展的行政逻辑探析》，《中国行政管理》2016 年第 8 期。

向功能区与行政体制治理体系并存的深刻转型。从这个角度来看，作为空间选择结果的国家级新区创设实践，已对该地区治理模式的具体内容产生显著影响。

（三）空间—制度调试与国家级新区的制度变革

在完成国家空间选择实践并赋予特定地区以发展优先性的基础之上，其后需要将新区体制机制嵌入到既有地方治理体系之中，并克服由此引发的种种制度不适。在制度嵌入的过程中，国家通常需要协调横向与纵向等不同维度上的制度关系，以分层互动等方式确保国家级新区在地方治理架构中的嵌入效果。就国家级新区建设进程而言，创设国家级新区并不意味着新区建构这一政策目标的实现。反而在新区运作阶段，更需要借助纵向干预和横向整合等管治实践对国家级新区的体制机制运行进行调试，并在制度创新和制度衔接之间保持微妙平衡：既需要保障国家级新区推进体制机制创新、发挥应有空间功能的制度基础，同时还要在确保新区治理体系与地方治理架构之间的有序、有效链接。空间功能是关乎国家级新区建设的关键任务之一，能在多大程度上发挥其作为国家级综合平台的功能预设，不仅涉及产业布局、经济结构调整等维度的发展，同样也应作为国家级新区调试进程的重要标准。故而在国家级新区的体制机制的创新过程中，新区治理主体需要不断根据地方发展实践尤其是空间功能承载情况动态调整其管理架构与运行机制，以实现各类新制度设计切实嵌入到地方治理实践之中。

尽管早在获批国家级新区初期，青岛西海岸新区就确立了"体制合一型"的地方治理模式。但随着新区建设进程的逐渐深入，西海岸新区的体制机制设计也长期处于动态调试的过程中，并不断根据新区发展的功能需要和实践要求不断调整其内部的制度设计。包括组织架构、职能配置、行政权限、空间布局等内在的体制机制主要构成要素，都实现了一系列深度重构：针对不同治理单元的差异化属性，采取灵活多样的组织架构安排；逐渐突破早期"行政代管"等单一制度设计，在"新区与功能区""新区与街镇""功能区与街镇"之间建构起更为复杂、精细的职能配置体系；根据新区不同阶段的发展需求，通过采取多轮赋权的方式适时调整行政权限，赋予其超出一般行政区的权责事项；并基于"边界重合"的空间重构思路，不断优化新区范围内不同治理单元之间的空间格局。而通过上述种种制度设计，该新区在渐进的制度调试实践中极大强化了新区治理体系与地方行政体制之间的融合，各种更具地域发展特色和国家级新区属性的制度设计逐渐成形，制度构建维度上的国家级新区逐渐形成。

（四）新区功能成效发挥与国家级新区的制度成熟

"有为才有位"。国家级新区完成体制机制创设并不断进行调整，并不意味着开展的创新成效得到既有治理体系的认可。但作为动态调试的演进过程，新架构、新机制的形成或消解，最终取决于与制度重构环境（即经济、政治等社会子系统）之间的互动检验结果：如能较好满足经济等社会子系统的现实需求，新形成的国家空间得以留存，并持续发挥相关的空间功能；若不能适应于各社会子系统的发展需要，或无法有效满足建构动因（即新区创设的空间—制度要求）的发展诉求，则意味着该新区现有制度设计并不能够支撑和满足相应的空间功能和改革诉求，其后将趋向消解。这一点其实是可以成为剖析当前部分国家级新区在建设后期，却愈发难以承担国家重大战略和改革任务的困境解释。因此，在国家级新区的实际运作过程中，各新区若能够通过一系列体制机制创新实践，从而较好地肩负起经济发展、体制机制创新等预设功能和政策期待，则意味着该新区相关制度设计渐趋成熟，并能在国家战略和区域发展中发挥应有的功能使命。

能否在空间功能释放、体制机制创新等方面达成既定功能预设，将是判断国家级新区发展实效的主要标准。就青岛西海岸新区而言，国家级新区成立之后能否实现显著意义上的经济增长并摸索出更具地域特点和新区特色的体制机制，将是衡量该新区是否走向成熟的关键指标。合成控制法的结果表明，西海岸新区在获批国家级新区之后，其经济增长态势显著优于根据既有数据拟合而来的"合成新区"。由此说明，西海岸新区在发挥经济增长等核心空间功能方面取得了一定积极成效。在创新体制机制方面，西海岸新区摸索建立出"新区管统筹、功能区重发展、街镇强治理"的治理格局，被国家发改委誉为"最顺管理体制"①，在体制机制创新方面得到了来自纵向维度认可。同时出台了党的十九大以来首部国家级新区条例——《山东省青岛西海岸新区条例》，体制机制建设成果的制度化取得重要进展，表明该新区在制度建设层面逐渐走向成熟。

五　结果呈现：由主体分立到体系嵌合的制度转型趋向

通过对西海岸新区的个案分析，可以发现，在长达 30 余年的历史跨度中，功能区与行政区之间的治理关系调整是贯穿该地区体制机制变迁的显性特征。从早期的经济技术开发区到后来的国家级新区，再到近年来刚获批的山东自贸试验区青岛片区，该地区逐渐成为全国国家级园区数量最多、功能最全、政策最集中的区域之一。区别于相对固化的地方行政体制，该地区内各类功能区呈现出鲜明的数量增长态势，这一点实际上是与我国政策试验区不断推广的整体走势存在高度契合。这种功能区单元密集汇聚的空间构成形态，在很大程度上体现着地方政府具有通过政策试验区集中布局以激发政策叠加效应的空间选择倾向。由此看来，性质各异且高度复杂的治理主体间关系，将是未来国家级新区在持续完善其体制机制时所必须面对的制度环境变量。笔者认为，国家级新区体制机制转型趋向，必须逐渐突破不同治理主体之间的分立状态，在实现功能区序列、地方行政体制等不同治理体系之间深度嵌合的高度进行整合。

（一）"主体分立"：新区体制机制的初始设计

所谓"主体分立"，主要是指以开发区等为代表的功能区主体和以区/街镇为代表的行政主体之间，存在一定程度上的制度割裂状态，两者在机构设置、职能配置、空间布局等方面并非规范意义上的正式制度衔接关系。由于功能区主体和行政主体之间存在显著的属性差异，在我国各类政策试验区建构初期，往往采取不同治理主体之间彼此分立的初

---

① 青岛西海岸新区工委组织部、工委党史研究室：《青岛西海岸新区改革开放实录》第 1 卷，青岛出版社 2018 年版，第 45 页。

创原则，以达成丰富治理单元数量、充分释放治理单元空间功能和尽可能减少体制干扰等地方治理目标。通常而言，"主体分立"原则主要表现在"数量维度"和"制度维度"上。前者是指该地区在开发建设初期，仅仅涉及开发区等少量功能区单元，并未形成以数量众多功能区为基础的功能区治理体系；后者则是指针对不同治理主体及其治理体系，并没有在地区治理模式层面进行统一规范的制度设计。

就青岛西海岸新区早期探索实践而言，青岛经济技术开发区（以下简称"青岛经开区"）是该地区最重要的功能区治理单元。在设立初期，青岛经开区开发面积仅为全区总面积的1%，空间范围极小，有限的空间布局使得此阶段的功能区治理单元并未与行政区治理单元产生过多的空间接触。在机构设置上，青岛经开区先后经历了由开发公司到开发区管委会的演变进程。尽管其机构数量呈现出不断扩充的发展趋势，但由于此类治理单元更多肩负吸引外资、出口加工等特定的空间功能，需要依托更灵活的体制机制设定，以尽可能地避免既有体制的束缚作用。因此，此时该地区体制机制创设原则在于主要侧重于功能区治理单元的创设事项，并未较多关注不同治理单元之间的制度衔接。尽管青岛经开区与黄岛区政府曾有一段"合署办公"的经历，但其本质更多偏向于以黄岛区代管经开区，行政区主体与功能区治理主体之间并未建构起体系均衡的治理格局。且随着区级层面的行政区划的调整，上述短暂的合署经历逐渐瓦解，这表明相关制度安排在当时并不具有稳定性和规范性。由此可见，尽管存在部分功能区治理单元与特定行政区主体之间存在某些制度设计（例如："合署办公""行政托管"），但并未从地区整体架构上实现不同治理体系之间的制度嵌合。

之所以在开发早期塑造形成治理单元彼此分立的治理态势，究其原因要服务于该地区在特定阶段的治理目标。在西海岸地区开发早期，如何发挥开发区等功能区治理单元的空间功能，是该地区的主要阶段治理目标。受限于当时改革开放的总体进程，尽可能地减少既有地方行政的束缚，成为发挥功能区空间功能的重要制度前提。而基于上述治理态势下的政策选择，使得确保功能区治理单元的制度灵活性和独立性，成为该地区体制机制早期改革的核心原则。也正因如此，此阶段西海岸地区更多侧重于设立更多数量的功能区单元，仅在青岛经开区等少量功能区治理主体之间设置了"合署办公"等制度衔接机制，尚未上升到追求功能区与行政区之间实现治理体系深度嵌合的改革高度。尽管如此，仍需高度认可"单元分立"这一初创原则的历史价值，其对于初步探索不同治理主体之间协作机制、充分挖掘开发区空间功能等方面具有重大意义。

（二）"体系嵌合"：新区体制机制的转型特征

随着改革开放不断向纵深推进，地方治理的目标任务也逐渐发生了显著变化。对治理现代化尤其是治理体系现代化的战略追求，成为地方行政主体优化其体制机制的关键政策导向。同时伴随着各类城市政策特区不断推陈出新，功能区等空间单元在规模数量和空间形式上得到显著扩充，功能区治理体系渐趋成型。在此背景下，国家级新区创新体制机制实践取向也呈现出鲜明的转型特征。不再仅仅局限于单个功能区与行政区之间的制度整合，而是立足于功能区数量不断增加、功能区治理体系逐渐形成等阶段发展情境，开始从治理体系的角度重新建构功能区治理主体和行政区主体之间的制度关系。所谓"体系嵌合"，即是指在同一治理体系内部、功能区治理体系和地方行政体系之间形成更为稳固的制度衔接机制，并在机构设置、职能配置、空间布局等方面呈现出更为明确规范的协同关系。这不仅要厘清功能区治理体系内部的治理关系，追求更为明确的国家级新区与功能区、不同功能区之间的治理关系；同时还要求在功能区与行政区治理体系之间建立起更加规范细致的制度衔接机制，实现不同治理体系之间的深度整合。因而从整合内容上看，以体系架构上的整体嵌合取代少量功能区与行政区之间的简单制度勾连，正成为国家级新区体制机制转型的主要特征。

青岛西海岸新区的治理模式之所以被称为"最顺管理体制"[①]，其关键在于实现了辖区内不同治理体系之间的深度嵌合，即是指：在以新

---

① 青岛西海岸新区工委组织部、工委党史研究室：《青岛西海岸新区改革开放实录》第1卷，青岛出版社2018年版，第45页。

区—功能区为主的功能区序列和以"黄岛区—街镇"为主的地方行政
体系之间，实现了在机构职能、空间功能等方面深度嵌入与整合。在区
级管理架构维度，该新区继续延伸了青岛经开区与黄岛区政府的早期
"合署办公"的建构经验，继续推进新区管委会和黄岛区政府实施"一
套机构、两块牌子"的体制合一型的管理架构，从而奠定了功能区治理
体系和地方行政体系之间实现相互嵌入的中观制度基础；在街镇/功能
区维度，该地区在逐步厘清"新区—功能区"体系内部关系的同时，
进一步明确了街镇与功能区两类不同治理主体之间在职能配置、空间功
能等方面互动格局。自此，西海岸新区在其内部形成了包含功能区与行
政区两类治理体系、由区级管理维度贯穿至街镇/功能区的纵向嵌入与
整合格局。

回溯浦东新区和滨海新区的体制转型经历。作为最早的两个早期国
家级新区，上述两个新区在经历一定时间发展建设之后，最终整体转制
为正式行政区，并由此引发了对于国家级新区体制行政回归的探讨。基
于对新区治理体系嵌合趋势的研判分析，可以在一定程度上解释上述新
区最终转制为行政区的部分原因：在当时的制度演进条件下，只有正式
转制为行政区才能在最大程度上实现辖区内不同治理体系之间的深度整
合，从而为满足国家层面的空间功能设定和制度创新诉求。伴随着国家
在新区建设方面的持续发力，国家级新区数量得以快速扩展，从而赋予
了探索不同治理体系间深度嵌合以更多制度场域和试错空间。可以预见
的是，更为丰富的新区建构经验，将会为实现不同治理主体、治理体系
之间的深度嵌合提供更加灵活多样的解决方案。

正因需要在"唯实"和"图新"中保持微妙平衡，国家级新区体
制机制的创设及其转型，已成为重塑地方治理架构的重要政策窗口。结
合我国家空间战略的变迁与地方治理架构变革的内容指向，本书提炼出
剖析国家级新区发展模式的理论框架（如图 6-1 所示）。具体而言，空
间选择和政策倾斜是该国家级新区体制机制建构的基本前提，尺度重
构、经济导向和权力调试是其建构实践的动因所在，并直接作用于组织
架构、职能配置、空间结构以及行政权限等体制机制的具体维度。在历

经"空间战略需求形成—国家空间选择形成—新区空间制度调试—新区功能成效发挥"等建构过程之后，国家级新区体制机制建设逐渐突破不同治理主体之间的分立状态，并呈现出不同治理体系之间深度嵌合的转型趋向。

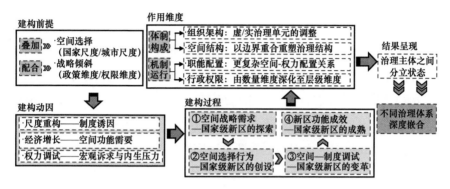

图 6-1　国家级新区制度建构的理论解释

资料来源：图表自制。

第二节　展望与讨论

作为改革开放进程中复杂的空间—制度现象，国家级新区是观察我国国家空间战略调试、体制机制改革的重要窗口。从具体的政策实践到中观维度的制度建构再到宏观层面上的发展模式，国家级新区及其建设过程具备多重探索意义。作为政策实践的新区如何发展、作为制度建构的新区体现出何种理论价值、作为发展模式的新区又该如何转型等诸多现实问题都有赖于在未来国家级新区建设过程中进行持续摸索。

一　作为政策实践的新区：对策建议与实现路径

作为对开发区等早期政策试验区建设经验的延伸，近年来国家级新区制度建构路径渐趋成熟。不仅表现在国家层面出台了《国家级新区设立审核办法》等关键性指导文件，同时新区建设模式也在呈现出向省级层面下沉的发展趋势。包括浙江省、山东省等地都明确设立了不同于省级开发区的"省级新区"。但随着国家空间战略的转型和我国改革开放进程不断向纵深演进，国家级新区的建设仍需要在"空间建构—制度设计—功能塑造"等方面加以完善，以期更好地满足国家对其的政策期许与功能预设。

第一，在空间建构环节，需要建立起"进退有序"的动态调整机制。一方面，国家级新区的空间布局需要走向规范化，应进一步明晰新区的必备条件、发展特色等关键指标要素，系统建设国家级新区的准入"门槛"；但另一方面，国家级新区的退出机制同样也是应新区布局的重要一环。可以预见的是，作为功能区序列中的"国家招牌"，地方政府将在相当长的时间内对新区等各类国家级政策试验区保持较高的申报热情。这种"自下而上"的反推力，在相当长的时间内对国家级新区模式扩散起到重要推动作用的同时，又对于动态调整国家级新区总体格局提出了更高诉求。国家级新区建设具有长期性，新区"名头"的赋予与收回同样应契合于新区发展规律。这不仅需要考虑特定新区的建设成效，更应该基于国家空间战略的整体布局动态调整国家级新区名录，使其真正成为国家层面协调区域发展的重要政策抓手。只有这样，这类长久留有"申报之窗"的试点招牌，才能真正使地方政府的申报热情转变为追求长期治理效果的现实压力。

第二，在制度设计环节，应系统建构新区管理体制与地方行政体制之间协作机制。国家级新区的建设与运行，对地方所带来的直接制度影响便是极大强化了包括开发区、高新区等在内的功能区序列的整合效果，以"新区—功能区"为主要构成的功能区治理体系迎来了规范建设的重要契机。审慎考虑上述两类治理体系之间的互动关系，必须在进一步完善横向制度链接的同时，围绕国家级新区建构起更为明确的纵向协调机制。前者是指需要根据不同类型治理主体的制度属性，进一步划分其职能结构，并通过出台新区条例等方式实现制度化；后者则是可以通过设立联席会议、现场办公会等灵活方式，强化纵向层面的协调机制，进一步增强新区对于体制资源的调动效能。而从现有新区制度设计的变革趋势来看，后者无疑具有更大的优化空间。

第三，在功能塑造方面，进一步均衡新区的空间支点功能和制度创新功能。显著区别于以经济为导向的早期功能区，国家级新区不仅作为发展的引领区，更是深化改革的高地，空间功能单元和深化改革试点同样都是国家级新区功能定位的应有之义。在空间功能维度上，需要有序放宽新区在经济结构调整上的自主权，以更长绩效考核周期取代短期内固定投资额等指标的比拼，充分释放新区在经济功能方面的引领作用。但更重要的是，要充分挖掘国家级新区所总结出的一系列可复制、可借鉴、可推广的经验，尤其是在纵向维度上形成可操作的经验反哺机制：新区体制机制创新成果和建设经验，不应仅仅局限于新区范围内部，更有必要在"省—市—区"等纵向维度上进行推广。这不仅关乎国家治理现代化的整体进程，更对于规避"体制复归"困局、更好发挥新区一体制机制创新平台的先发优势具有重要意义。

二 作为制度建构的新区：理论回望及讨论

从宏观意义上的国家治理结构来看，国家级新区建构实践突破了科层体制的体制惯性与运作逻辑，是政策试点在制度设计维度的结果映射。聚焦到微观层面上新区运行过程，各类功能区的确深度嵌入地方治理结构之中，却与"模糊行政"的组织现实之间存在巨大的制度张力。

第一，审慎看待中国政策试验的建构路径与内在机理。本书无意对特定政策试验区的成功与否进行评判，更多的是对中国政策试验过程的个案呈现。就理论场景而言，"行政"应是政府决策的落实环节；但在具体实践中，"政治"与"行政"绝不是简单的二分关系，更应被视为复杂的交互博弈过程。因此，德国学者韩博天（Sebastian Heilmann）将中国适应性治理实践形象比作"红天鹅"，并明确指出："政策试验是中国一种独特的治理模式。"① 身处于体制机制系统变革、区域—城市关系调整等复杂时代场景，国家级新区无疑是当代中国政策试验的重要

---

① ［德］韩博天：《红天鹅：中国独特的治理和制度创新》，石磊译，中信出版社2018年版，第65页。

表现形式。国家级新区的制度建构实践，会持续受到来自央—地关系、功能区与行政区空间格局、管委会与地方政府职能划分以及平衡经济增长与改革诉求等复杂空间—制度要素的显著影响。此类政策试验所呈现出的推进路径和内在机理，既不同于传统政策试验的理论设定，同时也与西方社会的政策执行过程存在显著区别。进一步剖析新区建设实践背后隐含的内在机理，将有可能超越对治理模式内容的具体探讨，更在本土化政策理论的建构维度具有重要意义。

第二，正视功能区事实嵌入与"模糊行政"组织现状之间的制度张力。从机构运行的角度来看，包括国家级新区在内的各类功能区已经深刻嵌入到地方治理结构之中。不仅实现了与地方行政主体的深度绑定，并且逐渐担负起产业升级、社会服务等多项职能。地方行政主体与功能区治理主体并存、功能区事实嵌入的基本格局，已经在大部分新区得以显现。但目前围绕国家级新区的制度设计，体现出极强的"模糊行政色彩"。[①] 法律地位模糊、任务性的机构定位等组织现实条件，极大限制了新区治理主体创新效能的发挥。如何弥合功能区事实嵌入与组织模糊现状之间存在巨大张力，这不仅是国家级新区体制机制建设的重点，更应是优化地方治理结构所必须考虑的要点所在。

第三，重思现代国家治理结构中的科层体制。在传统国家治理结构中，科层体制是其主要的制度表征，其主要特点是遵循"自上而下""层层对应"的基本范式。但从经济特区、到开发区再到近年来的国家级新区、自贸区，我国各类政策试点的建设布局，不仅代表着国家空间战略的调整，其在制度层面上的巨大意义在于不断探索国家治理结构的改革边界。近年来我国体制机制改革的多项举措，在很大程度上源自上述政策特区建设过程中的经验反哺。其中，以"管委会"为代表的精简治理模式，在并未突破正式行政区划和正式政府层级的前提下，释放出巨大的改革效能，已经成为国家级新区等政策试点的常见组织形态。由此，不得不思考，科层制以其"上下级之间一一对应的机构设置原

---

① 吴晓林：《模糊行政：国家级新区管理体制的一种解释》，《公共管理学报》2017 年第 4 期。

则、基于'条块关系'的运转机制、单一目标的治理目标趋向",需要以何种方式进行变革,才能更好地满足日益复杂的社会治理任务以及不断深化改革的时代诉求。这种正式组织与非正式组织、灵活性与规范性之间的辩证关系,无疑需要立足于新时代中国改革的宏大图景下进行审慎思考。

可见,作为中国政策试验区的一种形式,国家级新区天然具有"试错求新"的制度属性和政治期待。但随着我国国家治理现代化进程的加快,国家层面的改革趋向将会受到治理能力提升、治理体系建设等多重制度变量的深刻影响。既需要国家级新区能够源源不断地提供可复制、可借鉴、可推广的有益改革经验,但同时可能会基于规范化等多重评判标准对新区高质量发展提出更严格的要求。国家级新区等各类政策试验区已成为我国空间布局和治理结构中的重要组成部分,其规范化转型的问题仍需在不断深入的建构实践中不断探索。

三　作为发展模式的新区:反思和展望

肇始于浦东新区,我国国家级新区的建设已历经近 30 年的探索,是我国政策试验区建设进程的重要见证。得益于我国持续推进且逐步深化的改革开放大潮,包括国家级新区在内的各类政策新区在体制变革、机制优化以及空间功能等方面发挥出显著的空间—制度作用,已成为国家空间结构和地方治理体系中不可忽视的组成部分。从这个意义上来说,立足于特定的历史阶段,国家级新区已在相当大程度上达成了应然的政策预设。但不可否认的是,任何试验性质的变革探索都有其阶段性。在国家治理体系和治理能力进行深刻转型的宏观态势下,国家级新区的"新"也同样存在一定历史限度。

自 2017 年中央决定设立雄安新区以来,国家层面在随后的几年时间里没有再批设新的国家级新区。显著区别于前期新区密集批复的建设热潮,近年来新区设立趋势变化代表着国家意志的悄然转移。与之相对的是,近年来我国诸多重要城市时常释放出拟申请国家中心城市、国家综合配套改革试验区以及自贸区等其他政策试验区的积极信号,地方政府对于国家级新区的申报热潮仿佛也在逐渐退去。从改革开放以来我国各类政策新区的设立经验来看，国家级新区背后常常隐藏着复杂的央—地博弈逻辑和互动机制。但近年来国家与地方层面之间少有的同时“沉寂”，就意味着两者对于国家级新区模式的内在局限存在一定共识。回到政策试验区的空间支点和改革试点双重属性上，可在一定程度上管窥处于新发展阶段下国家级新区模式的若干局限。

从空间功能来看，国家级新区模式的撬动机理在于通过各类资源在特定阶段和有限空间内实现高度聚集，从而在行政手段和市场机制的共同作用下实现迅速崛起。正如前文所述，国家级新区的发展路径与我国早期开发区模式具有高度承续性，且此类路径在搭建早期对外开放平台和开启城市化进程等方面具有极强的资源调动效果。国家级新区的建设，在某种意义上成为原有开发区模式的放大与深化，其内在空间作用机制并无本质突破。但由于国家级新区的空间规模显著高于一般开发区，其对区域尤其是所在城市内部治理资源与社会资源的吸附强度远非一般开发区可比。部分新区发展困局表明，这种追求更大面积、更高开发强度的模式延续，在实际操作层面可能并不一定会带来新区建设效率的提升，却对于城市原有开发格局带来长期影响。如此大空间体量、高治理尺度的极化趋向，不仅在短期内不利于地区的均衡发展，反而有可能成为“区域—城市”尺度上的一场“豪赌”。而这一点显然与新时代强调均衡发展、共同富裕的宏观政策导向有所区别。

从政策试点的变革效能来看，国家级新区模式在创新体制机制等制度维度上的反哺效能也并未达到应有预期。尽管近年来国家层面不断强调新区体制机制创新的重大价值，并通过各种方式推广国家级新区的诸多经验做法。例如，国家发改委于 2021 年 4 月出台了《关于推广借鉴上海浦东新区有关创新举措和经验做法的通知》（发改地区〔2021〕345 号）。但事实上，除了浦东、滨海等少量新区的创新经验具有一定推广价值之外，绝大部分新区的创新举措并未在国家改革开放进程中产生全局影响。其内在原因可能在于，表面来看当前国家级新区的体制机制灵活性远超一般开发区，但其在行政领域层面的改革进度并未显著突破既有体制束缚，体制复归现象并未得到本质解决。部分新区在经历一定时期的运作之后，其前期制度创新成果容易被既有制度惯性复吸至原有体制运转轨道，前期体制机制探索成效在与既有体制互动的过程中被逐渐消解。这一问题既与国家级新区创新体制机制的深度、力度密切相关，但更离不开国家治理整体转型进程的有序跟进和有效配合。

在既有政策设定中，国家级新区的发展目标之一在于实现对各类政策试验区的有效整合。在这一过程中，新区既需要承担起经济发展等空间支点功能，又需要在体制机制创新等制度建构维度持续探索国家治理的改革边界。在这种大而全的功能预设下，国家级新区针对重点领域的突破效果并未完全显现。也正因如此，近年来我国在部分国家级新区范围内大力推行新旧功能转换区、自贸区等专项型的政策试点，试图以政策叠加的整体优势服务于国家治理现代化转型的新需求。从这个意义上来看，国家层面对于治理现代化的追求，并未止步于特定形式和部分载体的建设，在体系架构和治理能力等维度的革新仍在继续。因而在持续变迁的制度环境下，对于国家级新区未来走向的研判，更需要审慎考虑其在国家深刻变革中的应然角色和实际功能。

在深化改革的发展面向下，新区不"新"，并非意味着政策试点色彩的淡化，其更应成为我国国家治理现代化进程中的时代标尺。

参考文献

（一）著作

[德] 韩博天：《红天鹅：中国独特的治理和制度创新》，石磊译，中信出版社 2018 年版。

[法] 亨利·列斐伏尔：《空间与政治》，李春译，上海人民出版社 2015 年版。

[美] 爱德华·W. 苏贾：《寻求空间正义》，高春花、强乃社译，社会科学文献出版社 2016 年版。

[美] 大卫·哈维：《资本社会的 17 个矛盾》，许瑞宋译，中信出版社 2016 年版。

[美] 尼尔·博任纳：《城市，地域，星球：批判城市理论》，李志刚等译，商务印书馆 2019 年版。

[美] 尼尔·布伦纳：《新国家空间：城市治理与国家形态的尺度重构》，王晓阳、徐江、曹康译，江苏凤凰教育出版社 2020 年版。

[英] 乔纳森·S. 戴维斯、[美] 戴维·L. 英布罗肖：《城市政治学理论前沿》，何艳玲译，格致出版社 2013 年版。

[英] 约翰·伦尼·肖特：《城市秩序：城市、文化与权力导论》，郑娟、梁捷译，上海人民出版社 2015 年版。

包亚明主编：《现代性与空间的生产》，上海教育出版社 2003 年版。

曹云：《国家级新区比较研究》，社会科学文献出版社 2014 年版

陈易：《转型时代的空间治理变革》，东南大学出版社 2019 年版。

陈映芳等：《都市大开发——空间生产的政治社会学》，上海古籍出版社 2009 年版。

杜金岷：《开放蓝本——自由贸易试验区》，重庆大学出版社 2018 年版。

范巧：《国家级新区辐射带动力及其实现机制研究》，经济科学出版社 2019 年版。

冯奎主、闫学东、郑明媚：《中国新城新区发展报告：2016》，企业管理出版社 2016 年版。

国家发展和改革委：《国家级新区发展报告 2015》，中国计划出版社 2015 年版。

国家发展和改革委：《国家级新区发展报告 2016》，中国计划出版社 2016 年版。

国家发展和改革委：《国家级新区发展报告 2017》，中国计划出版社 2017 年版。

国家发展和改革委：《国家级新区发展报告 2018》，中国计划出版社 2018 年版。

国家发展和改革委：《国家级新区发展报告 2019》，中国计划出版社 2019 年版。

国家发展和改革委：《国家级新区发展报告 2020》，中国计划出版社 2020 年版。

国务院参事室国家治理研究中心、山东大学国家治理研究院：《国家治理研究论纲》，人民出版社 2021 年版。

何子张：《城市规划中空间利益调控的政策分析》，东南大学出版社 2009 年版。

胡德：《权力空间过程与区域经济发展》，东南大学出版社 2014 年版。

黄建洪：《中国经济特区治理改革与地方政府管理体制创新研究》，人民出版社 2018 年版。

黄建洪：《中国开发区治理与地方政府体制改革研究》，广东省出版集团、广东人民出版社 2014 年版。

李建伟：《空间扩张视角的大中城市新区生长机理研究》，科学出版社

2013 年版。

李湛、黄建钢等：《国家级新区：拓展发展新空间》，上海交通大学出版社 2017 年版。

刘小康：《行政区经济、空间权力配置与复合行政》，国家行政学院出版社 2015 年版。

刘媛、邓辉、张飘：《国家级新区容错纠错机制建设研究论文集》，中南大学出版社 2021 年版。

刘增荣：《城市与区域发展机理》，人民出版社 2017 年版。

卢纳熙、苏琳琪等：《国家级新区研究报告 2021》，社会科学文献出版社 2021 年版。

卢山冰、黄孟芳等：《国家级新区研究报告 2019》，社会科学文献出版社 2019 年版。

卢山冰、黄孟芳等：《国家级新区研究报告 2020》，社会科学文献出版社 2020 年版。

陆铭：《空间的力量：地理、政治与城市发展》，格致出版社、上海人民出版社 2017 年版。

罗小龙、沈建法、顾朝林：《中国城市区域管治重构：国家·市场·社会》，东南大学出版社 2015 年版。

马学广：《全球城市区域的空间生产与跨界治理研究》，科学出版社 2016 年版。

青岛西海岸新区工委组织部、工委党史研究室：《青岛西海岸新区改革开放实录》第 1 卷，青岛出版社 2018 年版。

盛毅、方茜、魏良益：《国家级新区建设与产业发展》，人民出版社 2016 年版。

师荣耀、张召堂：《中国开发区新时代发展战略》，中共中央党校出版社 2021 年版。

宋宏：《十字路口的选择：开发区治理体制研究》，安徽人民出版社 2016 年版。

唐贤兴：《大国治理与公共政策变迁：中国的问题与经验》，复旦大学出版社 2019 年版。

唐亚林、刘伟：《政府治理的逻辑：自贸区改革与政府再造》，复旦大学出版社 2020 年版。

陶希东：《全球城市区域跨界治理模式与经验》，东南大学出版社 2014年版。

王佃利：《跨域治理：城市群协同发展研究》，山东大学出版社 2018年版。

王义祥：《发展社会学》，华东师范大学出版社 1995 年版。

吴金群、廖超超：《尺度重组与地域重构——中国城市行政区划调整 40年》，上海交通大学出版社 2018 年版。

西咸新区研究院：《国家级新区体制与政策比较研究》，中国社会科学出版社 2017 年版。

杨宏山：《转型中的城市治理》，中国人民大学出版社 2017 年版。

杨龙：《中国区域治理研究报告 2016——区域政策与区域合作》，中国社会科学出版社 2017 年版。

殷洁：《大都市区行政区划调整：地域重组与尺度重构》，中国建筑工业出版社 2018 年版。

殷为华：《新区域主义理论：中国区域规划新视角》，东南大学出版社 2013 年版。

袁奇峰等：《改革开放的空间响应——广东城市发展 30 年》，广东省出版集团、广东人民出版社 2008 年版。

张鸿雁等：《城市化理论重构与城市化战略研究》，经济科学出版社 2012 年版。

张稷锋：《法治与改革：国家级新区的成熟范本与两江实践》，中国政法大学出版社 2015 年版。

张军扩、侯永志等：《中国区域政策与区域发展》，中国发展出版社 2010 年版。

张可云：《区域经济政策》，商务印书馆 2005 年版。

中共青岛西海岸新区工委 黄岛区区委组织部、中共青岛西海岸新区工

委 黄岛区委党史研究室、青岛西海岸（黄岛区）档案馆：《开发区、黄岛历史大事记（1976—2012）》，青岛市文广新局内部准印证号（青）2016027。

（二）期刊论文

薄文广、殷广卫：《国家级新区发展困境分析与可持续发展思考》，《南京社会科学》2017 年第 11 期。

蔡伟丽、申立：《新区实践与城市发展理念新动向》，《地域研究与开发》2008 年第 6 期。

蔡星火、陈家海、周振华：《体制创新：浦东新区新一轮发展的主题》，《上海经济》1995 年第 4 期。

曹云：《国家级新区与其它城市功能区的比较及发展趋势展望》，《商业经济研究》2016 年第 23 期。

曹云：《新时期国家级新区的战略定位与极化机制》，《商业经济研究》2017 年第 8 期。

晁恒、李贵才：《国家级新区的治理尺度建构及其经济效应评价》，《地理研究》2020 年第 3 期。

晁恒、马学广、李贵才：《尺度重构视角下国家战略区域的空间生产策略——基于国家级新区的探讨》，《经济地理》2015 年第 5 期。

陈芳：《对当代社会治理转型的三维考察》，《行政论坛》2020 年第 5 期。

陈浩、张京祥、李响宇：《国家空间分异与国家空间视角的中国城市研究思路初探》，《人文地理》2017 年第 5 期。

陈浩耀、吴国维：《非参数模型合成控制法的应用》，《统计与决策》2021 年第 13 期。

陈家喜、刘王裔：《综合配套改革试验区的大部制改革：模式与趋势——深圳、浦东、滨海的比较研究》，《深圳大学学报》（人文社会科学版）2013 年第 3 期。

陈科霖、尹璐：《"双合"改革与国家治理现代化：权力逻辑、历史经验及保障机制》，《行政科学论坛》2018 年第 3 期。

陈瑞莲、谢宝剑：《回顾与前瞻：改革开放 30 年中国主要区域政策》，《政治学研究》2009 年第 1 期。

陈太明：《改革开放与中国经济增长奇迹——基于合成控制法的研究》，《经济理论与经济管理》2021 年第 6 期。

陈晓东：《构建区域经济发展新格局的若干重大问题》，《区域经济评论》2021 年第 4 期。

陈昱睿、唐辉、陈俞萍：《横向平衡与纵向控制——我国权力资源科学配置的机制问题与创新路径研究》，《陕西社会主义学院学报》2016 年第 3 期。

程郁、吕佳龄：《高新区与行政区合并：是体制复归，还是创新选择?》，《科学学与科学技术管理》2013 年第 6 期。

戴桂林、张艳蕾：《国家级经济技术开发区战略转型升级模式探讨》，《东岳论丛》2011 年第 9 期。

邓春玉：《我国开发区管理体制创新趋势分析——兼论广东湛江国家级经济技术开发区东海岛新区管理体制》，《城市发展研究》2007 年第 1 期。

邓杨素：《新常态下国家级园区管理体制改革创新研究——以广西为例》，《学术论坛》2015 年第 6 期。

丁焕峰、孙小哲、刘小勇：《区域扩容能促进新进地区的经济增长吗?——以珠三角城市群为例的合成控制法分析》，《南方经济》2020 年第 6 期。

丁友良：《舟山群岛新区行政管理体制创新——基于国家级新区行政管理体制的比较研究》，《中共浙江省委党校学报》2013 年第 5 期。

樊杰：《优化中国经济地理格局的科学基础》，《经济地理》2011 年第 1 期。

樊杰、洪辉：《现今中国区域发展值得关注的问题及其经济地理阐释》，《经济地理》2012 年版第 1 期。

樊杰、王亚飞、梁博：《中国区域发展格局演变过程与调控》，《地理学报》2019 年第 12 期。

方付建、申应城：《治理单元视域下社区网格化推进路径研究》，《社会科学动态》2021 年第 4 期。

冯烽：《产城融合与国家级新区高质量发展：机理诠释与推进策略》，《经济学家》2021 年第 9 期。

高雪莲：《外源推动与内源融合：经济新区管理体制的创新机理——以天津滨海新区管理体制改革为例》，《天津大学学报》（社会科学版）2011 年第 4 期。

顾朝林：《基于地方分权的城市治理模式研究——以新城新区为例》，《城市发展研究》2017 年第 2 期。

郭爱君、陶银海、毛锦凰：《协同发展：我国区域经济发展战略的新趋向——兼论"一带一路"建设与我国区域经济协同发展》，《兰州大学学报》（社会科学版）2017 年第 4 期。

郭会文：《国家级开发区管理机构的行政主体资格》，《法学》2004 年第 11 期。

郭御龙、张梦时：《构建新型伙伴关系：国家级新区的协同发展路径研究》，《经济体制改革》2021 年第 2 期。

郭御龙、张梦时：《中国国家级新区的研究述评与趋势展望》，《未来与发展》2021 年第 7 期。

韩玉亭：《国家级新区法治实践中的纵向博弈与横向制衡》，《哈尔滨工业大学学报》（社会科学版）2019 年第 4 期。

郝寿义、曹清峰：《国家级新区在区域协同发展中的作用——再论国家级新区》，《南开学报》（哲学社会科学版）2018 年第 2 期。

郝寿义、曹清峰：《论国家级新区》，《贵州社会科学》2016 年第 2 期。

贺曲夫、靳润成、吴春华、刘焱：《滨海新区区域整合与行政管理体制创新研究》，《天津师范大学学报》（社会科学版）2009 年第 2 期。

胡彬：《开发区管理体制的过渡性与变革问题研究——以管委会模式为例》，《外国经济与管理》2014 年第 4 期。

胡燕、孙羿：《新自由主义与国家空间：反思与启示》，《经济地理》2012 年第 10 期。

黄建钢：《论"第三级港口城市"——对"浙江舟山群岛新区"发展前景的一种思考》，《浙江社会科学》2012 年第 3 期。

计小青、赵景艳、乔越：《慕"名"而来的经济效应存在吗？——基于合成控制法对县市更名经济效果的分析》，《旅游科学》2020 年第 5 期。

贾滨洋、杨钉、张平淡、王玉梅：《国家级新区的环境挑战与出路——以天府新区为例》，《环境保护》2016 年第 24 期。

康继军、郑维伟：《中国内陆型自贸区的贸易创造效应：扩大进口还是刺激出口》，《国际贸易问题》2021 年第 2 期。

康江峰：《我国高新区行政管理体制创新研究》，《科技管理研究》2005 年第 8 期。

雷霞：《关于我国开发区管理体制的类型及其改革的思考》，《齐鲁学刊》2007 年第 6 期。

李峰：《雄安新区与京津冀协同创新的路径选择》，《河北大学学报》（哲学社会科学版）2017 年第 6 期。

李华胤：《走向治理有效：农村基层建制单元的重组逻辑及取向——基于当前农村"重组浪潮"的比较分析》，《东南学术》2019 年第 4 期。

李怀建：《中国对外开放格局的演进——从经济特区到自由贸易试验区的嬗变》，《中共南京市委党校学报》2021 年第 3 期。

李家祥、张同龙、韦福祥：《天津滨海新区功能定位的意义》，《开放导报》2007 年第 4 期。

李金龙、何滔：《我国高新区行政管理体制的现状与创新路径选择》，《中国行政管理》2006 年第 5 期。

李军鹏：《新时代现代政府权责清单制度建设研究》，《行政论坛》2020 年第 3 期。

李晓江：《"钻石结构"——试论国家空间的战略演进》，《城市规划学刊》2012 年第 2 期。

李禕、吴缚龙、黄贤金：《解析我国区域政策的演变：基于国家空间选择变化的视角》，《现代城市研究》2015 年第 2 期。

李云新、贾东霖：《国家级新区的时空分布、战略定位与政策特征——

基于新区总体方案的政策文本分析》,《北京行政学院学报》2016 年第 3 期。

李湛、桂海滨：《国家级新区的发展与再认识》,《上海经济》2017 年第 1 期。

林拓、刘君德：《开发区与乡镇行政体制关系问题研究》,《经济地理》2002 年第 2 期。

林英陆、陶一桃、袁易明：《深圳特区与上海浦东新区的比较分析》,《特区经济》1995 年第 1 期。

刘乃全、吴友：《长三角扩容能促进区域经济共同增长吗》,《中国工业经济》2017 年第 6 期。

刘强：《环渤海经济圈的新增长极：天津滨海新区建设》,《宏观经济管理》2006 年第 2 期。

刘秀国、何桢：《天津滨海新区经济协调发展机制的构建》,《天津大学学报》(社会科学版) 2008 年第 6 期。

罗锦、邱建：《国家级新区规划管理的机构设置、问题及建议》,《规划师》2020 年第 12 期。

罗兆慈：《国家级开发区管理体制的发展沿革与创新路径》,《科技进步与对策》2008 年第 1 期。

马海韵：《共建共治共享：国家级新区社会治理格局》,《学海》2018 年第 5 期。

马海韵：《国家级新区社会治理创新：域外经验和本土实践》,《贵州社会科学》2018 年第 3 期。

马学广、李鲁奇：《新国家空间理论的内涵与评价》,《人文地理》2017 年第 3 期。

马学广、唐承辉：《新国家空间理论视角下城市群的国家空间选择性研究》。《人文地理》2019 年第 2 期。

马祖琦、刘君德：《浦东新区"功能区域"的管理体制与运行机制》,《城市问题》2009 年第 6 期。

苗长虹：《变革中的西方经济地理学：制度、文化、关系与尺度转向》,

《人文地理》2004 年第 4 期。

[美] 尼尔·布伦纳、徐江：《全球化与再地域化：欧盟城市管治的尺
度重组》，《国际城市规划》2008 年第 1 期。

倪正铭、王浣尘：《上海经济与浦东新区发展战略研究》，《上海交通大
学学报》1992 年第 5 期。

牛桂敏：《天津滨海新区：利用外资战略调整取向》，《国际经济合作》
2006 年第 3 期。

彭建、魏海、陈昕、袁媛：《基于城市群的国家级新区区位选择》，《地
理研究》2015 年第 1 期。

彭珊：《国家级新区发展的当下问题及其经济政策建构研究》，《理论探
讨》2016 年第 5 期。

彭小雷、刘剑锋：《大战略、大平台、大作为——论西部国家级新区发
展对新型城镇化的作用》，《城市规划》2014 年第 S2 期。

皮黔生：《关于天津滨海新区实施综合配套改革的战略思考》，《开放导
报》2006 年第 2 期。

朴银哲、安虎森：《我国综合功能开发区创新型发展模式探索——浦东
新区与滨海新区开发模式比较分析》，《求索》2012 年第 8 期。

曲白、孙贵博：《广州南沙国家级新区公共服务设施规划初探》，《现代
城市研究》2016 年第 4 期。

茹伊丽、李莉、郭源园：《内陆国家级新区发展政策建议——基于内陆
与沿海新区的对比》，《华东经济管理》2015 年第 6 期。

申桂萍、胡伟、于畅：《中国沿边开发开放的历史演进与发展新特征》，
《区域经济评论》2021 年第 1 期。

沈洁、李志刚：《全球郊区主义：理论重构与经验研究》，《国际城市规
划》2015 年第 6 期。

孙久文、原倩：《我国区域政策的"泛化"、困境摆脱及其新方位找
寻》，《改革》2014 年第 4 期。

孙全胜：《城市空间生产：性质、逻辑和意义》，《城市发展研究》2014
年第 5 期。

孙姗姗、朱传耿：《论主体功能区对我国区域发展理论的创新》，《现代经济探讨》2006 年第 9 期。

孙涛、刘慕鑫：《滨海新区管理体制创新研究：基于经济功能区的视角》，《上海经济研究》2009 年第 2 期。

谭海波、蔡立辉：《论"碎片化"政府管理模式及其改革路径——"整体型政府"的分析视角》，《社会科学》2010 年第 8 期。

谭静：《"利益分析"视角下的国家级新区空间形成机制——以赣江新区为例》，《城市发展研究》2019 年第 8 期。

谭文君、崔凡、杨志远：《负面清单管理模式对上海自贸区服务业资本流动的影响——基于合成控制法的分析》，《宏观经济研究》2019 年第 5 期。

汪东、王陈伟、侯敏：《国家级新区主要指标比较及其发展对策》，《开发研究》2017 年第 1 期。

汪宇明、王玉芹、张凯：《近十年来中国城市行政区划格局的变动与影响》，《经济地理》2008 年第 2 期。

王昂扬、汤爽爽、徐静：《我国国家级城市新区设立的战略背景研究》，《现代城市研究》2015 年第 2 期。

王佃利、于棋：《国家空间的结构调试：中国行政区划 70 年的变迁与功能转型》，《行政论坛》2019 年第 4 期。

王佃利、于棋：《空间生产与新型城镇化差异空间的塑造》，《福建论坛》（人文社会科学版）2017 年第 9 期。

王佃利、于棋：《青岛西海岸新区管理体制改革探析——一种"嵌入式"模式的尝试》，《青岛行政学院学报》2016 年第 4 期。

王佃利、于棋、王庆歌：《尺度重构视角下国家级新区发展的行政逻辑探析》，《中国行政管理》2016 年第 8 期。

王佳宁、胡新华：《综合配套改革试验区的功能区设置与管理体制考察：上海浦东与天津滨海》，《重庆社会科学》2010 年第 12 期。

王佳宁、胡新华：《综合配套改革试验区管理体制考察：上海浦东与天津滨海》，《改革》2009 年第 8 期。

王佳宁、罗重谱：《国家级新区管理体制与功能区实态及其战略取向》，《改革》2012 年第 3 期。

王佳宁、罗重谱：《新时代中国区域协调发展战略论纲》，《改革》2017 年第 12 期。

王家庭：《国家综合配套改革试验区设立的理论基础与准入条件》，《中国国情国力》2007 年第 9 期。

王军：《西咸新区创新城市发展方式的思考》，《城市规划》2014 年第 6 期。

王晓强：《论国家级新区行政机构设置的法定化》，《江西社会科学》2020 年第 2 期。

王璇、邹艳丽：《国家级新区尺度政治建构的内在逻辑解析》，《国际城市规划》2021 年第 2 期。

魏成、沈静、范建红：《尺度重组——全球化时代的国家角色转化与区域空间生产策略》，《城市规划》2011 年第 6 期。

吴昊天、杨郑鑫：《城市新区的人居环境营造总体思路探析——以五大国家级新区为例》，《城市》2015 年第 4 期。

吴金群：《网络抑或统合：开发区管委会体制下的府际关系研究》，《政治学研究》2019 年第 5 期。

吴良镛：《关于浦东新区总体规划》，《城市规划》1992 年第 6 期。

吴晓林：《模糊行政：国家级新区管理体制的一种解释》，《公共管理学报》2017 年第 4 期。

肖菲、殷洁、罗小龙、傅俊尧：《国家级新区空间生产研究——以南京江北新区为例》，《现代城市研究》2019 年第 1 期。

谢广靖、石郁萌：《国家级新区发展的再认识》，《城市规划》2016 年第 5 期。

邢海峰、柴彦威：《大城市边缘新兴城区地域空间结构的形成与演化趋势——以天津滨海新区为例》，《地域研究与开发》2003 年第 2 期。

徐斌：《重心东移：上海城市新区开发空间模式》，《社会科学》1993 年第 9 期。

徐莹：《城市群成为国家治理新单元的进路探析》，《人民论坛》2020 年第 23 期。

薛立强、杨书文、张蕾：《府际合作：滨海新区管理体制改革的重要方面》，《天津商业大学学报》2010 年第 2 期。

杨龙：《两种国家治理单元的综合使用》，《学术界》2020 年第 12 期。

杨龙：《区域的"实体性"及其政策含义》，《理论探讨》2017 年第 4 期。

杨龙：《中国区域政策研究的切入点》，《南开学报》（哲学社会科学版）2014 年第 2 期。

杨龙：《作为国家治理工具的实体性治理单元》，《理论探讨》2021 年第 3 期。

杨龙：《作为国家治理基本手段的虚体性治理单元》，《学术研究》2021 年第 8 期。

杨伟民、袁喜禄、张耕田、董煜、孙玥：《实施主体功能区战略，构建高效、协调、可持续的美好家园——主体功能区战略研究总报告》，《管理世界》2012 年第 10 期。

叶姮、李贵才、李莉、王乾、张华：《国家级新区功能定位及发展建议——基于 GRNN 潜力评价方法》，《经济地理》2015 年第 2 期。

殷洁、罗小龙：《尺度重组与地域重构：城市与区域重构的政治经济学分析》，《人文地理》2013 年第 2 期。

殷洁、罗小龙、肖菲：《国家级新区的空间生产与治理尺度建构》，《人文地理》2018 年第 3 期。

于棋、毛启元：《我国城市战略功能区的建构策略与尺度逻辑》，《东岳论丛》2021 年第 5 期。

于智涵、方丹、杨谨：《资源型经济转型试验区政策对碳排放的影响评估：以山西省为例》，《资源科学》2021 年第 6 期。

余典范：《上海浦东新区与天津滨海新区、深圳特区的比较研究》，《上海经济研究》2007 年第 3 期。

余东升、李小平、李慧：《"一带一路"倡议能否降低城市环境污染？——来自准自然实验的证据》，《统计研究》2021 年第 6 期。

袁海琴、方伟、刘昆轶：《国家级新区的背景、问题与规划应对——以
　　南京江北新区为例》，《城市规划学刊》2017 年第 6 期。

袁明圣：《派出机构的若干问题》，《行政法学研究》2001 年第 3 期。

曾铁城、胡品平：《几种典型高新区管理模式的比较分析——以广东省
　　高新区为例》，《科技管理研究》2011 年第 5 期。

张彩江、李章雯、周雨：《碳排放权交易试点政策能否实现区域减排》，
　　《软科学》2021 年第 10 期。

张成：《新常态语境中国家级新区发展路径转型和制度安排探讨——以
　　南京江北新区为例》，《城市发展研究》2017 年第 8 期。

张践祚、李贵才、王超：《尺度重构视角下行政区划演变的动力机
　　制——以广东省为例》，《人文地理》2016 年第 2 期。

张军扩：《中国的区域政策和区域发展回顾与前瞻》，《理论前沿》2008
　　年第 14 期。

张衔春、胡国华、单卓然、李禕：《中国城市区域治理的尺度重构与尺
　　度政治》，《地理科学》2021 年第 1 期。

张晏、龚六堂：《分税制改革、财政分权与中国经济增长》，《经济学》
　　（季刊）2005 年第 4 期。

张志胜：《国内开发区管理体制：困顿及创新》，《经济问题探索》2009
　　年第 4 期。

张志胜：《行政化：开发区与行政区体制融合的逻辑归宿》，《现代城市
　　研究》2011 年第 5 期。

赵东方、武春友、商华：《国家级新区绿色增长能力提升路径研究》，
　　《当代经济管理》2017 年第 12 期。

赵吉：《权力重塑与政策叠加：中国国家级新区发展机制研究》，《中南
　　大学学报》（社会科学版）2020 年第 2 期。

赵立兵：《重庆两江新区行政管理体制改革路径》，《重庆与世界》2011
　　年第 9 期。

赵婷茹、李世杰、朱沛祺：《基于实验设计的政策绩效评估计量方法述
　　评》，《统计与决策》2021 年第 4 期。

周家新、郭卫民、刘为民：《我国开发区管理体制改革探讨》，《中国行
　　政管理》2010 年第 5 期。

周立群、丁锟华：《滨海新区与京津冀都市圈的崛起》，《天津师范大学
　　学报》（社会科学版）2007 年第 1 期。

朱光磊、杨智雄：《职责序构：中国政府职责体系的一种演进形态》，
　　《学术界》2020 年第 5 期。

朱光磊、张志红：《"职责同构"批判》，《北京大学学报》（哲学社会
　　科学版）2005 年第 1 期。

朱江涛、卢向虎：《国家级新区行政管理体制比较研究》，《行政管理改
　　革》2016 年第 11 期。

朱孟珏、周春山：《改革开放以来我国城市新区开发的演变历程、特征
　　及机制研究》，《现代城市研究》2012 年第 9 期。

（三）外文文献

Adam Moore, "Rethinking Scale as a Geographical Category: From Analysis
　　to Practice", *Progress in Human Geography*, No. 2, 2008.

Alberto Abadie, Alexis Diamond, Jens Hainmueller, "Synth: An R
　　Package for Synthetic Control Methods in Comparative Case Studies",
　　Journal of Statistical Software, Issue13, No. 42, June 2011.

Alberto Abadie, Alexis Diamond, Jens Hainmueller, "Synthetic Control
　　Methods for Comparative Case Studies: Estimating the Effect of California's
　　Tobacco Control Program", *Journal of the American Statistical Association*,
　　No. 105, 2010.

Alberto Abadie, Javier Gardeazabal, "The Economic Costs of Conflict: a
　　Case Study of the Basque Country", *American Economic Review*, No. 1,
　　2003.

Gardeazabal Javier, Vega-Bayo Ainhoa, "An Empirical Comparison Between
　　the Synthetic Control Method and HSIAO etal's Panel Data Approach to
　　Program Evaluation", *Journal of Applied Econometrics*, No. 5, 2017.

Huang Xianjin, Yili, Lain Hay, "Polycentric City-regions in the State-scalar Politics of Land Development: The Case of China", *Land Use Policy*, No. 59, 2016.

Hui E, Lam M., "A Study of Commuting Patterns of New Town Residents in Hong Kong", *Habitat International*, No. 3, 2005.

James, Anderson, "The Shifting Stage of Politics: New Medieval and Post-modern Territorialities?" *Environment and Planning D : Society and Space*, No. 14, 1996.

Jones M R., "Spatial Selectivity of the State? The Regulationist Enigma and Local Struggles over Economic Governance", *Environment and Planning A*, No. 5, 1997.

Jones Martin, Macleodt Gordon, "Towards a Regional Renaissance? Reconfiguring and Rescaling England's Economic Governance", *Transactions of the Institute of British Geographers*, No. 3, 1999.

Julie MacLeavy, John Harrison, "New State Spatialities: Perspectives on State, Space, and Scalar Geographies", *Antipode*, No. 5, 2010.

Lee Beattie, Haarhoff Errol, "Urban Growth, Liveability and Quality Urban Design: Questions about the Efficacy of Urban Planning Systems in Auckland, New Zealand", *Journal of Contemporary Urban Affairs*, No. 2, 2018.

Neil Brenner, "Beyond State-centrism? Space, Territoriality, and Geographical Scale in Globalization Studies", *Theory and Society*, No. 1, 1999.

Neil Brenner, "Globalisation as Reterritorialisation: The Re-scaling of Urban Governance in the European Union", *Urban Planning International*, No. 3, 2008.

Neil Brenner, *New State Spaces: Urban Governance and the Rescaling of Statehood*, Oxford University Press, 2004.

Neil Brenner, "Urban Governance and the Production of New State Spaces in

Western Europe, 1960-2000", *Review of International Political Economy*, No. 3, 2004.

Neil Smith, Ward Dennis, "The Restructuring of Geographical Scale: Coalescence and Fragmentation of the Northern Core Region", *Economic Geography*, 1987.

Neil Smith, *Geography, Difference and the Politics of Scale*, Palgrave Macmillan UK, 1992.

Oliver-Ling-Hoon Leh, Aziz Muhammad-Hanif-Abdul, Mahbot Norseha-Mohd, et al. "A Study of Urban Liveability in a City and a Suburban. Case Study: Kuala Lumpur and Puncak Alam, Malaysia", *Journal of Surveying, Construction and Property*, No. 2, 2020.

Raquel Insa-Ciriza, "Two Ways of New Towns Development: A Tale of Two Cities", *Urban Development*, 2012.

Richard Howitt, "Scale and the Other: Levinas and Geography", *Geoforum*, No. 3, 2002.

Soldatenko M, David Harvey, *The Urbanization of Capital*, Johns Hopkins University Press, 1985.

Tommy Firman, "New Town Development in Jakarta Metropolitan Region: A Perspective of Spatial Segregation", *Habitat International*, No. 3, 2004.

William Petersen, "The Ideological Origins of Britain's New Towns", *Journal of the American Institute of Planners*, No. 3, 1968.

Yong-Sook Lee, Hae Ran Shin, "Negotiating the Polycentric City-region: Developmental State Politics of New Town Development in the Seoul Capital Region", *Urban Studies*, No. 6, 2012.

（四）学位论文

毕铁居：《开发区与行政区融合发展模式及转换机制研究》，博士学位论文，中南财经政法大学，2018 年。

韩雪：《雄安新区发展功能定位研究》，博士学位论文，中共中央党校，

2019 年。

黄飚：《当代中国政府的试点选择》，博士学位论文，浙江大学，
2018 年。

姜宝中：《中国国家级新区对城市经济发展的影响研究》，博士学位论
文，吉林大学，2020 年。

李先涛：《改革开放四十年来县级行政区划改革研究》，博士学位论文，
山东大学，2019 年。

梁宏志：《城市新区建设开发模式研究》，博士学位论文，武汉理工大
学，2010 年。

林立勇：《功能区块论——国家级新区空间发展研究》，博士学位论文，
重庆大学，2017 年。

刘洋：《新时代高新区管理体制转型研究》，博士学位论文，苏州大学，
2021 年。

马海韵：《国家级新区全民共建共享社会治理创新研究》，博士学位论
文，苏州大学，2017 年。

全永波：《海洋污染跨区域治理的逻辑基础与制度建构》，博士学位论
文，浙江大学，2017 年。

石峰：《制度变迁与空间转型》，博士学位论文，东南大学，2018 年。

孙煜泽：《中国开发区发展转型治理研究》，博士学位论文，哈尔滨工
业大学，2016 年。

王海荣：《空间理论视阈下当代中国城市治理研究》，博士学位论文，
吉林大学，2019 年。

徐岩：《基于政策转移的新区开发体制创新研究》，博士学位论文，南
京大学，2016 年。

于棋：《国家级新区建设中的制度建构研究》，博士学位论文，山东大
学，2022 年。

于棋：《国家空间的理论演变及国家级新区的建构实践》，硕士学位论
文，山东大学，2018 年。

周望：《中国"政策试验"研究》，博士学位论文，南开大学，2012 年。

附录一 合成控制法相关数据

年份	市区	人均GDP（万元）	固定资产投资占比（%）	工业规模（万元/平方千米）	出口占比（%）	政府收入占比（%）	政府支出占比（%）	人口密度（万人/平方千米）	第一产业占比（%）	第二产业占比（%）	第三产业占比（%）
2007	西海岸新区	11.34987	33.037	9.186344	16.665	2.965	3.361	6.320855	3.552	65.950	30.498
2008	西海岸新区	11.50668	33.490	9.48254	9.983	5.759	4.567	6.321413	3.362	64.697	31.941
2009	西海岸新区	11.63104	45.914	9.679983	10.854	5.490	4.848	6.31968	3.073	63.802	33.124
2010	西海岸新区	11.81138	46.635	9.903377	9.149	5.356	9.012	6.309224	3.053	62.819	34.128
2011	西海岸新区	11.79139	46.990	9.89653	9.422	5.602	4.733	6.478423	2.911	62.090	34.999
2012	西海岸新区	11.92041	50.254	10.2544	10.020	6.137	5.846	6.486362	2.720	61.248	36.032

续表

年份	市区	人均 GDP（万元）	固定资产投资占比（%）	工业规模（万元/平方千米）	出口占比（%）	政府收入占比（%）	政府支出占比（%）	人口密度（万人/平方千米）	第一产业占比（%）	第二产业占比（%）	第三产业占比（%）
2013	西海岸新区	12.21562	53.970	10.09192	9.790	6.094	6.332	6.282837	2.727	60.059	37.214
2014	西海岸新区	12.16816	63.396	10.08917	5.511	7.363	6.844	6.32327	2.651	51.302	46.047
2015	西海岸新区	12.25877	68.397	10.11279	5.565	7.509	6.817	6.328341	2.468	49.082	48.450
2016	西海岸新区	12.3349	72.441	10.07449	5.922	7.680	6.698	6.348363	2.287	46.327	51.385
2017	西海岸新区	12.42016	73.154	10.11783	8.265	7.881	6.421	6.374665	2.181	46.582	51.237
2018	西海岸新区	12.47226	75.518	9.872587	7.266	7.753	6.545	6.413397	2.176	45.537	52.287
2019	西海岸新区	12.4967	95.080	9.746675	7.233	7.541	6.500	6.436999	2.211	38.139	59.650
2007	Q市市南区	11.02953	19.962	10.75093	10.062	5.985	5.007	9.798127	0.000	13.903	86.097
2008	Q市市南区	11.2863	18.847	10.79154	5.499	5.275	5.001	9.844909	0.000	12.899	87.101
2009	Q市市南区	11.37097	22.158	10.81189	5.555	5.108	4.045	9.818293	0.000	11.904	88.096
2010	Q市市南区	11.5014	26.114	10.8016	5.382	4.950	4.261	9.816476	0.000	10.944	89.056
2011	Q市市南区	11.65903	20.986	10.90283	5.384	5.267	4.699	9.812833	0.000	9.942	90.059
2012	Q市市南区	11.77025	22.094	10.97696	5.323	14.332	5.018	9.814656	0.000	8.893	91.107
2013	Q市市南区	11.87895	23.409	10.74326	4.590	21.927	5.711	9.812833	0.000	8.888	91.112

续表

年份	市区	人均GDP（万元）	固定资产投资占比（%）	工业规模（万元/平方千米）	出口占比（%）	政府收入占比（%）	政府支出占比（%）	人口密度（万人/平方千米）	第一产业占比（%）	第二产业占比（%）	第三产业占比（%）
2014	Q市市南区	11.98124	17.002	10.74412	4.380	20.074	5.302	9.811007	0.000	8.896	91.104
2015	Q市市南区	12.06539	13.260	10.73313	4.216	11.783	4.724	9.805507	0.000	8.418	91.582
2016	Q市市南区	12.07376	12.652	10.38378	3.942	9.922	5.118	9.869425	0.000	8.185	91.815
2017	Q市市南区	12.21084	9.703	11.17118	4.109	9.138	4.958	9.737196	0.000	9.201	90.799
2018	Q市市南区	12.29589	10.244	8.961879	4.200	7.660	5.107	9.751938	0.000	9.566	90.434
2019	Q市市南区	12.30572	11.664	9.021749	4.150	7.164	4.075	9.753755	0.000	10.767	89.233
2007	Q市市北区	10.46343	25.211	10.73361	3.030	5.264	6.477	9.518973	0.000	33.648	66.352
2008	Q市市北区	10.63817	28.847	10.74332	1.961	6.480	5.874	9.470406	0.000	29.999	70.001
2009	Q市市北区	10.72785	42.892	10.85436	1.713	5.052	6.123	9.512757	0.000	29.623	70.378
2010	Q市市北区	10.86209	52.763	10.85745	1.642	5.080	6.115	9.510445	0.000	28.553	71.447
2011	Q市市北区	10.98758	50.430	10.85919	1.939	5.777	5.793	9.513911	0.000	26.355	73.645
2012	Q市市北区	11.01208	43.583	10.87426	1.586	12.513	7.302	9.519662	0.000	25.866	74.134
2013	Q市市北区	11.05258	50.902	10.80607	1.125	14.506	8.576	9.537701	0.000	27.013	72.987
2014	Q市市北区	11.06498	54.256	10.78062	1.222	15.434	13.622	9.574984	0.000	20.467	79.533

续表

年份	市区	人均GDP（万元）	固定资产投资占比（%）	工业规模（万元/平方千米）	出口占比（%）	政府收入占比（%）	政府支出占比（%）	人口密度（万人/平方千米）	第一产业占比（%）	第二产业占比（%）	第三产业占比（%）
2015	Q市市北区	11.13304	50.687	10.76949	1.125	15.631	11.020	9.574984	0.000	19.804	80.196
2016	Q市市北区	11.20659	35.325	10.69209	0.655	14.818	12.146	9.570983	0.000	19.185	80.815
2017	Q市市北区	11.29584	20.096	10.69846	0.725	14.131	9.828	9.566407	0.000	20.272	79.728
2018	Q市市北区	11.43238	18.927	10.51941	0.780	13.233	8.212	9.522715	0.000	20.940	79.060
2019	Q市市北区	11.51156	19.914	10.47618	1.107	10.376	7.181	9.535931	0.000	18.753	81.247
2007	Q市崂山区	11.62957	42.073	9.424473	5.440	7.637	7.678	6.355375	1.856	59.718	38.426
2008	Q市崂山区	11.64228	42.558	9.457146	2.686	8.719	8.232	6.386594	1.647	57.946	40.407
2009	Q市崂山区	11.69624	45.330	9.476405	2.705	8.741	7.753	6.390173	1.542	57.157	41.301
2010	Q市崂山区	11.78387	35.289	9.535096	2.253	9.223	9.216	6.433114	1.532	56.144	42.325
2011	Q市崂山区	11.89054	34.649	9.634798	2.231	10.759	10.587	6.465637	1.360	55.862	42.778
2012	Q市崂山区	11.95205	38.611	9.602641	2.600	19.024	12.102	6.504858	1.344	55.178	43.478
2013	Q市崂山区	12.02307	42.829	9.66283	2.765	20.356	14.269	6.50229	1.342	54.412	44.246
2014	Q市崂山区	12.10488	42.197	9.712355	3.164	21.657	13.663	6.506071	1.155	50.690	48.155
2015	Q市崂山区	12.16345	43.102	9.636197	3.440	23.345	14.682	6.509837	1.132	47.984	50.885

续表

年份	市区	人均GDP（万元）	固定资产投资占比（%）	工业规模（万元/平方千米）	出口占比（%）	政府收入占比（%）	政府支出占比（%）	人口密度（万人/平方千米）	第一产业占比（%）	第二产业占比（%）	第三产业占比（%）
2016	Q市崂山区	12.16712	32.950	9.386431	3.566	23.822	16.484	6.582333	1.056	45.562	53.382
2017	Q市崂山区	12.26206	29.423	9.40969	3.219	22.757	14.628	6.611959	1.040	44.960	54.000
2018	Q市崂山区	12.3394	30.408	9.49339	2.952	21.983	14.172	6.646653	1.194	45.133	53.673
2019	Q市崂山区	12.46106	32.797	9.555844	3.139	19.203	12.488	6.685243	0.810	31.268	67.921
2007	Q市李沧区	10.99402	34.704	11.02703	2.320	4.921	5.997	8.027237	0.050	63.934	36.016
2008	Q市李沧区	11.02329	41.225	11.10725	1.538	8.116	5.187	8.023063	0.065	57.116	42.819
2009	Q市李沧区	11.03468	55.050	10.97463	1.112	7.970	5.205	8.033215	0.027	56.287	43.686
2010	Q市李沧区	11.15513	64.204	11.32096	0.744	8.950	6.320	8.063719	0.009	55.299	44.692
2011	Q市李沧区	11.28728	78.522	11.32725	0.733	9.805	7.285	8.049208	0.008	51.957	48.035
2012	Q市李沧区	11.36869	93.219	11.07625	0.825	12.840	8.571	8.065208	0.000	49.078	50.922
2013	Q市李沧区	11.44059	107.623	11.09346	0.640	14.128	9.205	8.080956	0.000	47.704	52.296
2014	Q市李沧区	11.41456	123.002	10.76414	0.665	16.812	10.408	8.123776	0.000	37.082	62.918
2015	Q市李沧区	11.44048	135.049	10.35784	0.695	17.745	12.531	8.167707	0.000	35.134	64.866
2016	Q市李沧区	11.52431	141.526	10.12022	0.426	17.517	13.972	8.175257	0.000	32.382	67.618

续表

年份	市区	人均GDP（万元）	固定资产投资占比（%）	工业规模（万元/平方千米）	出口占比（%）	政府收入占比（%）	政府支出占比（%）	人口密度（万人/平方千米）	第一产业占比（%）	第二产业占比（%）	第三产业占比（%）
2017	Q市李沧区	11.63667	134.516	10.02431	0.643	20.009	18.087	8.180923	0.000	30.507	69.493
2018	Q市李沧区	11.63603	137.600	10.21553	0.615	22.087	19.181	8.306597	0.000	29.317	70.683
2019	Q市李沧区	11.71559	152.753	10.28607	0.546	20.512	16.158	8.360007	0.000	29.545	70.455
2007	Q市城阳区	11.48633	42.876	9.667638	9.723	2.509	3.343	6.792906	2.610	64.386	33.004
2008	Q市城阳区	11.65933	43.328	9.871873	5.702	4.337	4.065	6.78476	2.127	63.860	34.013
2009	Q市城阳区	11.75458	47.838	10.0218	6.788	4.502	3.568	6.772414	1.974	63.041	34.985
2010	Q市城阳区	11.89163	51.880	10.18064	5.763	5.107	3.441	6.768265	2.034	61.899	36.067
2011	Q市城阳区	12.03532	44.983	10.23894	5.176	5.882	4.203	6.770341	1.773	60.736	37.491
2012	Q市城阳区	11.91507	63.791	10.30177	6.047	8.749	5.786	6.81732	0.418	59.914	39.668
2013	Q市城阳区	12.00793	68.922	10.54153	6.116	9.537	8.878	6.827556	0.411	58.630	40.959
2014	Q市城阳区	12.03539	76.796	10.5029	5.710	10.690	9.030	6.796955	0.415	55.262	44.323
2015	Q市城阳区	12.10084	84.813	10.46586	5.720	11.263	9.508	6.786803	0.387	53.938	45.676
2016	Q市城阳区	12.30645	74.551	10.18256	4.016	10.215	7.777	6.637403	0.379	52.214	47.407
2017	Q市城阳区	12.18452	93.628	10.13509	4.498	12.846	9.717	6.783574	0.357	51.244	48.399

续表

年份	市区	人均GDP（万元）	固定资产投资占比（%）	工业规模（万元/平方千米）	出口占比（%）	政府收入占比（%）	政府支出占比（%）	人口密度（万人/平方千米）	第一产业占比（%）	第二产业占比（%）	第三产业占比（%）
2018	Q市城阳区	12.18319	90.670	9.989267	4.155	13.379	9.482	6.851402	0.304	49.941	49.755
2019	Q市城阳区	12.20059	109.274	10.19284	4.954	13.674	10.731	6.872909	1.536	49.584	48.880
2007	J市历下区	11.23483	14.999	10.02331	0.493	2.888	2.218	8.647527	0.016	20.505	79.478
2008	J市历下区	11.4	25.993	10.24111	0.459	3.241	2.237	8.620571	0.000	19.395	80.605
2009	J市历下区	11.5775	28.232	10.12287	0.384	3.545	2.378	8.602553	0.000	18.980	81.020
2010	J市历下区	11.71172	28.509	10.27356	0.384	4.539	4.273	8.587901	0.000	17.635	82.365
2011	J市历下区	11.849	24.642	10.45978	0.436	4.921	4.005	8.584204	0.000	17.560	82.440
2012	J市历下区	11.93137	25.746	10.43257	0.525	5.623	4.811	8.604369	0.000	16.959	83.041
2013	J市历下区	12.08277	26.666	10.34889	0.538	10.881	4.898	8.556033	0.000	15.514	84.486
2014	J市历下区	12.09617	28.683	10.50723	0.568	11.578	5.176	8.627689	0.000	15.565	84.435
2015	J市历下区	12.16106	20.340	10.30417	0.463	12.197	5.252	8.620571	0.000	13.982	86.018
2016	J市历下区	12.14984	20.980	10.25172	0.514	10.768	4.836	8.734292	0.000	13.888	86.112
2017	J市历下区	12.31141	21.857	10.10595	0.355	9.842	4.695	8.689565	0.000	14.115	85.885
2018	J市历下区	12.29471	22.498	10.29492	0.236	9.646	5.403	8.820593	0.000	15.594	84.406

续表

年份	市区	人均GDP（万元）	固定资产投资占比（%）	工业规模（万元/平方千米）	出口占比（%）	政府收入占比（%）	政府支出占比（%）	人口密度（万人/平方千米）	第一产业占比（%）	第二产业占比（%）	第三产业占比（%）
2019	J市历下区	12.3718	23.286	10.43902	0.268	8.776	5.151	8.863518	0.000	19.040	80.960
2007	J市市中区	10.95292	20.354	9.363524	0.660	3.785	2.783	7.615967	0.699	21.390	77.911
2008	J市市中区	11.12077	33.186	9.516265	0.678	4.020	2.917	7.615087	0.691	20.866	78.444
2009	J市市中区	11.24384	37.508	9.587029	0.820	4.205	3.068	7.616846	0.642	19.852	79.506
2010	J市市中区	11.36503	39.356	9.766091	0.732	4.706	3.721	7.620355	0.609	20.305	79.086
2011	J市市中区	11.3673	39.583	9.39658	1.355	5.391	4.292	7.635994	0.698	18.648	80.654
2012	J市市中区	11.46667	37.063	9.230439	1.053	5.938	4.345	7.642867	0.646	18.239	81.116
2013	J市市中区	11.52313	30.794	9.37943	0.318	12.064	5.397	7.661527	0.665	16.636	82.698
2014	J市市中区	11.64073	23.926	9.440129	0.210	12.027	5.301	7.669895	0.557	16.867	82.576
2015	J市市中区	11.72291	25.728	9.294077	0.231	12.283	5.195	7.684784	0.506	16.835	82.659
2016	J市市中区	11.80406	26.279	9.469265	0.262	11.097	5.722	7.695248	0.468	15.991	83.540
2017	J市市中区	11.87346	28.118	9.923243	0.272	9.413	5.917	7.716002	0.375	18.391	81.234
2018	J市市中区	11.9887	26.990	10.0039	0.196	8.953	5.354	7.739739	0.221	20.445	79.334
2019	J市市中区	11.97963	29.114	9.93133	0.505	9.454	5.805	7.765635	0.170	27.223	72.607

续表

年份	市区	人均GDP（万元）	固定资产投资占比（%）	工业规模（万元/平方千米）	出口占比（%）	政府收入占比（%）	政府支出占比（%）	人口密度（万人/平方千米）	第一产业占比（%）	第二产业占比（%）	第三产业占比（%）
2007	J市槐荫区	10.47152	25.504	9.039065	0.207	3.686	5.285	7.813394	1.745	36.039	62.216
2008	J市槐荫区	10.65402	61.952	9.359795	0.181	3.873	4.997	7.818769	1.674	36.118	62.208
2009	J市槐荫区	10.90896	75.574	9.347066	0.126	3.879	4.901	7.818769	1.384	30.086	68.530
2010	J市槐荫区	11.0263	98.530	9.20156	0.139	4.399	5.851	7.826674	1.366	29.535	69.099
2011	J市槐荫区	11.14643	83.346	9.180899	0.167	5.324	6.544	7.824046	1.329	29.309	69.362
2012	J市槐荫区	11.19241	95.400	9.158123	0.221	6.052	7.430	7.851481	1.314	26.243	72.443
2013	J市槐荫区	11.31697	71.681	9.288485	0.238	10.300	7.139	7.856622	1.248	27.511	71.241
2014	J市槐荫区	11.40116	81.111	9.311623	0.235	10.910	7.426	7.88194	1.118	27.397	71.484
2015	J市槐荫区	11.48516	66.170	9.307313	0.220	11.638	8.231	7.876927	1.033	27.151	71.816
2016	J市槐荫区	11.56755	62.045	9.278111	0.252	10.227	8.501	7.900056	0.931	26.802	72.268
2017	J市槐荫区	11.63392	66.243	9.345068	0.215	9.583	8.427	7.927457	0.736	27.208	72.056
2018	J市槐荫区	11.71136	70.275	9.423879	0.198	9.469	7.959	7.961517	0.489	28.555	70.956
2019	J市槐荫区	11.80685	71.445	9.498058	0.172	8.743	7.498	7.995342	0.380	30.177	69.443
2007	J市天桥区	10.67709	31.847	8.263578	0.792	2.884	3.633	7.612879	1.053	22.939	76.008

续表

年份	市区	人均GDP（万元）	固定资产投资占比（%）	工业规模（万元/平方千米）	出口占比（%）	政府收入占比（%）	政府支出占比（%）	人口密度（万人/平方千米）	第一产业占比（%）	第二产业占比（%）	第三产业占比（%）
2008	J市天桥区	10.84655	15.022	8.301795	0.870	2.958	3.461	7.569527	1.040	21.380	77.580
2009	J市天桥区	10.57668	66.803	7.890701	0.436	4.347	5.420	7.606908	1.436	25.794	72.770
2010	J市天桥区	10.71177	52.832	7.976243	0.485	4.475	5.757	7.612879	1.327	26.493	72.180
2011	J市天桥区	10.85446	28.037	8.073231	0.520	4.966	5.942	7.585338	1.250	26.374	72.376
2012	J市天桥区	10.96752	30.118	8.037248	0.215	5.236	6.093	7.624713	1.184	25.237	73.579
2013	J市天桥区	11.09575	41.112	8.061928	0.238	9.136	5.851	7.626672	1.129	26.441	72.430
2014	J市天桥区	11.18491	44.684	7.907339	0.244	9.354	6.882	7.597034	1.022	26.715	72.263
2015	J市天桥区	11.22174	51.013	7.656843	0.248	10.147	7.472	7.595094	1.039	24.942	74.019
2016	J市天桥区	11.30101	40.533	7.714231	0.274	9.142	8.150	7.598278	1.007	24.898	74.094
2017	J市天桥区	11.43142	42.522	7.923249	0.313	8.560	7.729	7.604756	0.876	24.974	74.150
2018	J市天桥区	11.51956	43.918	8.025805	0.286	8.530	7.133	7.616229	0.699	27.044	72.257
2019	J市天桥区	11.53026	44.851	8.095331	0.311	8.147	7.020	7.627571	0.240	34.620	65.139
2007	J市历城区	10.9183	35.003	8.867921	2.714	2.633	3.289	6.579829	4.303	65.214	30.484
2008	J市历城区	10.99442	41.080	8.950985	1.462	2.868	3.536	6.564043	4.724	60.908	34.368

续表

年份	市区	人均GDP（万元）	固定资产投资占比（%）	工业规模（万元/平方千米）	出口占比（%）	政府收入占比（%）	政府支出占比（%）	人口密度（万人/平方千米）	第一产业占比（%）	第二产业占比（%）	第三产业占比（%）
2009	J市历城区	11.05686	54.101	8.823632	0.835	3.269	4.024	6.478925	5.189	55.309	39.502
2010	J市历城区	11.08214	58.118	8.974181	0.846	3.430	4.523	6.56495	5.391	53.788	40.821
2011	J市历城区	11.19939	37.152	9.053992	0.919	3.532	4.652	6.57359	5.400	52.369	42.231
2012	J市历城区	11.12767	49.879	8.603165	0.736	4.426	5.792	6.57758	6.145	42.461	51.394
2013	J市历城区	11.32289	47.456	8.55223	0.527	7.544	5.806	6.489107	6.231	42.665	51.105
2014	J市历城区	11.42954	52.925	8.547271	0.684	7.841	6.105	6.465837	5.857	42.548	51.594
2015	J市历城区	11.44245	63.149	8.383231	0.777	8.676	6.964	6.503444	5.978	40.854	53.168
2016	J市历城区	11.31645	74.508	8.267225	0.670	10.180	7.517	6.615861	5.550	37.647	56.802
2017	J市历城区	11.50619	80.381	8.32186	0.636	11.376	7.286	6.534111	4.932	35.991	59.077
2018	J市历城区	11.47379	96.024	8.097466	0.735	12.044	7.932	6.539688	2.105	34.425	63.470
2019	J市历城区	11.48225	107.134	8.126456	0.337	11.753	7.883	6.593329	2.149	26.365	71.486
2007	J市长清区	10.26606	83.659	7.770453	0.166	2.122	4.625	6.183221	12.825	56.160	31.015
2008	J市长清区	10.42916	88.804	7.872545	0.146	2.092	4.183	6.156769	12.574	55.606	31.820
2009	J市长清区	10.47689	78.952	8.067045	0.114	2.232	4.933	6.171236	12.886	56.241	30.873

续表

年份	市区	人均GDP（万元）	固定资产投资占比（%）	工业规模（万元/平方千米）	出口占比（%）	政府收入占比（%）	政府支出占比（%）	人口密度（万人/平方千米）	第一产业占比（%）	第二产业占比（%）	第三产业占比（%）
2010	J市长清区	10.6522	57.657	8.219213	0.104	2.197	5.366	6.164119	12.590	55.471	31.939
2011	J市长清区	10.63388	47.733	8.181285	0.108	2.519	6.053	6.164119	10.791	53.654	35.555
2012	J市长清区	10.51404	154.884	7.092391	0.099	3.604	8.973	6.15515	13.014	41.977	45.010
2013	J市长清区	10.64405	73.047	7.251365	0.036	5.878	8.527	6.15695	12.859	43.206	43.935
2014	J市长清区	10.71838	83.542	7.409529	0.042	6.290	8.665	6.164119	12.213	42.846	44.941
2015	J市长清区	10.76547	101.316	7.438893	0.045	6.765	10.728	6.164119	12.519	40.799	46.682
2016	J市长清区	10.85274	86.628	7.308478	0.057	6.047	10.967	6.138372	12.313	39.268	48.419
2017	J市长清区	10.95224	47.538	7.339371	0.063	6.330	10.762	6.144197	11.132	39.055	49.813
2018	J市长清区	11.07589	49.836	7.424631	0.065	6.405	18.206	6.152328	8.476	41.810	49.714
2019	J市长清区	10.92552	66.663	7.485725	0.066	8.063	18.402	6.159346	10.066	48.097	41.837
2007	Y市芝罘区	9.930743	113.045	10.27715	4.560	6.342	7.888	8.317876	1.544	37.199	61.256
2008	Y市芝罘区	10.10392	96.688	10.44079	2.229	21.962	30.926	8.310191	1.246	36.158	62.596
2009	Y市芝罘区	10.19679	99.077	10.48618	1.700	22.211	34.875	8.305815	1.241	34.520	64.239
2010	Y市芝罘区	10.38102	91.782	10.65848	2.354	20.154	31.258	8.302886	1.278	32.707	66.015

续表

年份	市区	人均GDP（万元）	固定资产投资占比（%）	工业规模（万元/平方千米）	出口占比（%）	政府收入占比（%）	政府支出占比（%）	人口密度（万人/平方千米）	第一产业占比（%）	第二产业占比（%）	第三产业占比（%）
2011	Y市芝罘区	10.52856	95.588	10.77347	1.492	18.575	28.535	8.304352	1.313	31.190	67.497
2012	Y市芝罘区	10.65889	96.584	10.91129	0.988	17.430	25.895	8.286756	1.262	29.394	69.344
2013	Y市芝罘区	10.73572	92.502	9.084827	1.110	14.554	8.127	8.282814	1.223	28.031	70.746
2014	Y市芝罘区	10.83812	96.881	9.057843	1.086	14.631	7.616	8.288447	1.065	19.207	79.729
2015	Y市芝罘区	10.94957	42.675	8.960731	1.138	15.167	8.356	8.264281	1.026	17.672	81.302
2016	Y市芝罘区	11.03862	96.762	8.912085	0.727	14.618	10.916	8.266447	0.992	17.288	81.719
2017	Y市芝罘区	11.14239	90.698	10.4535	0.769	14.350	10.173	8.248181	0.957	16.877	82.166
2018	Y市芝罘区	11.18501	92.975	8.885244	0.801	13.819	8.371	8.284225	0.881	16.649	82.470
2019	Y市芝罘区	11.81101	53.620	8.646161	1.087	7.141	3.930	8.282814	0.710	19.870	79.420
2007	Y市福山区	10.08714	292.677	9.911072	17.987	6.266	7.328	6.391256	9.571	60.544	29.885
2008	Y市福山区	10.26667	306.770	10.31527	13.828	22.560	23.883	6.525081	5.931	63.762	30.307
2009	Y市福山区	10.35695	287.188	10.34181	16.699	23.548	25.769	6.41182	5.919	63.139	30.942
2010	Y市福山区	10.54088	265.693	10.52119	15.974	25.103	27.727	6.421016	5.772	61.280	32.948
2011	Y市福山区	10.6631	268.928	10.63147	12.207	28.077	33.366	6.4338	5.414	60.201	34.385

续表

年份	市区	人均GDP（万元）	固定资产投资占比（%）	工业规模（万元/平方千米）	出口占比（%）	政府收入占比（%）	政府支出占比（%）	人口密度（万人/平方千米）	第一产业占比（%）	第二产业占比（%）	第三产业占比（%）
2012	Y市福山区	10.75724	246.976	10.66971	12.090	31.741	35.429	6.445049	5.097	58.679	36.225
2013	Y市福山区	10.8604	279.542	10.77349	12.919	36.175	35.103	6.456975	5.291	56.929	37.780
2014	Y市福山区	10.79913	342.514	10.89777	11.836	43.606	38.894	6.474481	6.169	54.781	39.050
2015	Y市福山区	10.84882	366.693	10.97563	10.689	45.456	42.301	6.487412	5.978	53.790	40.232
2016	Y市福山区	11.44627	178.789	8.909714	0.648	10.794	10.627	6.354911	5.820	53.159	41.021
2017	Y市福山区	10.87509	173.857	8.359577	10.073	47.675	39.855	6.45018	5.570	52.675	41.755
2018	Y市福山区	10.91028	171.941	8.457702	9.014	47.659	38.882	6.472003	4.763	53.136	42.101
2019	Y市福山区	10.93607	177.040	8.323736	7.321	42.531	39.249	6.492095	4.984	48.068	46.948
2007	Y市牟平区	10.23146	41.039	7.476883	0.783	4.312	6.182	5.695139	11.397	58.782	29.821
2008	Y市牟平区	10.36739	48.587	7.682406	0.617	4.122	6.106	5.693874	13.932	55.572	30.496
2009	Y市牟平区	10.49078	85.625	7.800747	0.591	4.267	6.763	5.660017	13.273	55.157	31.570
2010	Y市牟平区	10.69335	96.290	8.109445	0.547	5.005	7.318	5.655622	14.007	53.004	32.988
2011	Y市牟平区	10.80248	112.603	8.2266	0.560	6.703	8.858	5.660017	13.138	52.506	34.357
2012	Y市牟平区	10.93222	111.686	8.41757	0.549	7.795	9.654	5.631094	12.599	51.156	36.245

续表

年份	市区	人均GDP（万元）	固定资产投资占比（%）	工业规模（万元/平方千米）	出口占比（%）	政府收入占比（%）	政府支出占比（%）	人口密度（万人/平方千米）	第一产业占比（%）	第二产业占比（%）	第三产业占比（%）
2013	Y市牟平区	11.00436	113.949	8.774314	0.584	8.535	9.345	5.804039	13.008	49.344	37.649
2014	Y市牟平区	11.0073	132.308	8.907463	0.480	9.340	9.795	5.80623	13.550	48.650	37.799
2015	Y市牟平区	11.05245	141.023	8.885308	0.468	7.998	10.564	5.70872	13.194	47.653	39.152
2016	Y市牟平区	11.14661	149.078	9.039285	0.491	7.526	8.836	5.810947	12.921	46.672	40.408
2017	Y市牟平区	11.2158	108.729	8.435662	0.505	7.311	9.661	5.723848	12.312	46.660	41.028
2018	Y市牟平区	11.30396	74.687	7.929445	0.533	9.075	2.866	5.695153	13.080	45.895	41.025
2007	Y市莱山区	10.71803	107.463	8.571432	1.302	6.826	6.865	6.718432	1.643	58.718	39.639
2008	Y市莱山区	10.95621	118.066	8.603299	0.764	7.032	6.954	6.682672	2.142	55.655	42.203
2009	Y市莱山区	11.04626	127.171	8.743214	0.763	7.324	7.817	6.63291	1.810	53.435	44.755
2010	Y市莱山区	11.15294	140.402	9.005179	0.678	8.454	9.544	6.730074	1.798	50.902	47.299
2011	Y市莱山区	11.31368	133.966	9.047255	0.610	8.989	9.400	6.720772	1.682	49.384	48.934
2012	Y市莱山区	11.4274	115.230	9.055625	0.630	10.069	9.990	6.739291	1.554	47.694	50.752
2013	Y市莱山区	11.64857	120.110	9.134096	0.660	11.968	11.202	6.53847	1.560	45.758	52.682
2014	Y市莱山区	11.52161	154.361	9.258426	0.659	14.851	13.260	6.568472	1.670	40.399	57.930

续表

年份	市区	人均GDP（万元）	固定资产投资占比（%）	工业规模（万元/平方千米）	出口占比（%）	政府收入占比（%）	政府支出占比（%）	人口密度（万人/平方千米）	第一产业占比（%）	第二产业占比（%）	第三产业占比（%）
2015	Y市莱山区	11.43549	184.558	9.268268	0.735	18.550	17.360	6.5562	1.637	39.386	58.977
2016	Y市莱山区	11.6134	173.699	9.418283	0.632	13.095	13.238	6.622139	1.588	38.196	60.216
2017	Y市莱山区	11.53895	194.237	9.160717	0.660	17.366	15.809	6.630004	1.452	37.621	60.927
2018	Y市莱山区	11.57209	89.519	8.384596	0.631	15.683	15.719	6.672564	1.264	37.242	61.495

资料来源：山东省及相关地市统计局历年官方发布的"地方统计年鉴"。其中，人均GDP、工业规模、人口规模、人口密度、人均社会消费等项目为取对数处理后的数据。

附录二 国家级新区所在城市部分空间数据

省份	城市	行政区土地面积/平方千米	年末户籍人口/万人	人口自然增长率/‰	GDP/亿元	GDP增长率/%	地方一般公共财政收入/万元	人均地区生产总值/元	规模以上工业企业数/个
北京市	北京市	16410	1397	7.44	35371	6.10	58170994	164220	3121
天津市	天津市	11967	1108	2.78	14104	4.80	24102520	90371	4614
河北省	保定市	22185	1215	5.97	3772	6.66	3048669	31856	1575
辽宁省	大连市	13739	599	0.91	7002	6.50	6928397	99996	1846
吉林省	长春市	20594	754	2.15	5904	3.00	4200168	78456	1015
黑龙江省	哈尔滨市	53076	951	0.57	5249	4.35	3709066	55175	1127

续表

省份	城市	行政区土地面积/平方千米	年末户籍人口/万人	人口自然增长率/	GDP/亿元	GDP增长率/%	地方一般公共财政收入/万元	人均地区生产总值/元	规模以上工业企业数/个
上海市	上海市	6341	1469	-2.30	38156	6.00	71650984	157279	8776
江苏省	南京市	6587	710	4.09	14031	7.80	15800300	165681	2707
浙江省	舟山市	1459	97	-1.47	1372	9.15	1548600	116781	376
福建省	福州市	12255	710	7.26	9392	7.90	6680760	120879	2539
江西省	南昌市	7195	536	7.12	5596	8.00	4769998	100415	1451
江西省	九江市	19077	525	7.43	3121	8.37	2833617	63584	1866
山东省	青岛市	11293	831	—	11741	6.50	12417359	124282	3536
湖南省	长沙市	11816	738	4.51	11574	8.08	9502290	139877	2974
广东省	广州市	7434	954	9.59	23629	6.80	16990383	156427	5804
重庆市	重庆市	82402	3416	2.79	23606	6.30	21349326	75828	6694
四川省	成都市	14335	1500	2.11	17013	7.80	14829607	103386	3614
四川省	眉山市	7140	342	-5.61	1380	7.50	1107681	46168	617
贵州省	贵阳市	8043	428	11.87	4040	7.40	4172610	81995	758
贵州省	安顺市	9267	307	11.40	924	8.10	646485	39177	385

续表

省份	城市	行政区土地面积/平方千米	年末户籍人口/万人	人口自然增长率/	GDP/亿元	GDP增长率/%	地方一般公共财政收入/万元	人均地区生产总值/元	规模以上工业企业数/个
云南省	昆明市	21013	578	6.45	6476	6.50	6300303	93853	1006
陕西省	咸阳市	9544	458	3.85	2195	2.10	891009	50338	698
甘肃省	兰州市	13192	332	6.81	2837	6.00	2332261	75217	353

资料来源：《中国城市统计年鉴2020》中"二、地级以上城市统计资料"部分。

后　记

握笔至此，平静如斯。作为个人出版的首部专著，本书是对笔者过去数年研究志趣的阶段总结。学习行管专业十年有余，其间经历，更可被视为一场在新区中求真、求知的修炼。从本科到硕士再到博士，个人始终保持对国家级新区议题的持续关注，研究国家级新区仿佛成为自己求学路上的最大"倔强"。本科阶段求学在新区，硕博学位论文皆以新区为题，与新区相遇，是命运安排的莫大的缘分。初心所在，以文为记，此所以为快哉者。

回望国家级新区的发展进程，自己在惊叹各种新区具备重塑城市格局巨大能量的同时，也在不断思考：作为一类政策主导的产物，制度建构维度上的国家级新区到底是如何实现的，又能带来何种复合影响？尤其是置身在中国改革开放的宏观历史进程中，对于上述问题的有效回应，显然需要在政策试验等既有理论基础上不断探索。因此，本书聚焦国家级新区由"政策理念"转变为"政策现实"的建设进路，并试图从国家级新区的制度建构内容、空间—制度影响及其内在建构机理等方面有所回应。

本书幸得中共山东省委党校（山东行政学院）创新工程等校（院）项目的大力资助，使此成果迅速付梓成为可能。山东大学王佃利教授对本书的修订给予了大力支持，谆谆教导仍时刻感念在心。在本书编写过程中，幸得公共管理教研部王格芳教授等领导同事的莫大肯定，同时也感谢山东大学李辉教授、刘华兴副教授、黄晴副教授、山东师范大学王玉龙博士所提出的宝贵意见。感谢耿晓明编辑的辛勤付出，您的丰富经验为本书增色良多。

本书由博士学位论文修改而来的，既是对过往岁月的些许回望，更是对未来时光的踮脚期盼。愿以此为节点，不坠纷繁琐事，恒持修行本色。作为公共管理研究者，自己在不断认识到国家治理现代化复杂性的同时，更感念党和国家在百年未有之大变局中的默默守护。许书生以岁月静好，佑万家灯火常明。

谨以此书，献给过去无虞时光和未来美好。

于祺

笔耕于燕山

2023 年春